14th cent Hadamar von Laber, Karl Stejskal

Jagd

mit Einleitung und erklärendem Commentar

14th cent Hadamar von Laber, Karl Stejskal

Jagd
mit Einleitung und erklärendem Commentar

ISBN/EAN: 9783742896858

Hergestellt in Europa, USA, Kanada, Australien, Japan

Cover: Foto ©ninafisch / pixelio.de

Manufactured and distributed by brebook publishing software
(www.brebook.com)

14th cent Hadamar von Laber, Karl Stejskal

Jagd

Einleitung.

In der blüthezeit der höfischen dichtung hatte sich das gefühl der frauenachtung und frauenverehrung unmittelbar im eigentlichen minnesang ausgesprochen, später aber, als die lyrik von ihrer künstlerischen vollendung herabsank, als das lehrhafte element das übergewicht· erhielt und der verstand über fantasie und gefühl immer mehr die herschaft gewann, da ward die minne nicht blos mehr besungen, sondern sie wurde gegenstand der reflexion und doctrin oder gegenstand allegorischer abstraction. in ersterer richtung war von gröfstem einfluss die bekanntwerdung und verbreitung von Ovids Ars amandi und seiner Remedia amoris, für die anwendung der allegorie auf die minne jedoch der bald so beliebt gewordene Roman de la rose des Guillaume de Lorris.

Bereits im 13. jh. ist, wie ich schon Zeitschrift f. d. a. 22, 263 f. erwähnt, eine gewisse vorliebe unserer dichter für die allegorie deutlich bemerkbar und namen wie die Gottfrieds von Strafsburg, Albrechts von Scharfenberg, Ulrichs von Lichtenstein u. a. begegnen uns, wenn wir den ersten spuren und ansätzen allegorischer darstellung nachgehen. zu einer eigenen poetischen gattung aber bildete sich die allegorie erst im 14. jh. aus und war es Hadamars von Laber Jagd, die bahnbrechend und mustergiltig wurde für diese und die kommende zeit.

I.

Hadamar gehört dem berühmten oberpfälzischen geschlechte der herren von Laber an, deren stammburg auf einem steilen felsen oberhalb der schwarzen Laber erbaut war und die von kräftigen quadermauern umgeben und überragt von einem mächtigen turm sich schon von ferne als der sitz einer alten adelsfamilie ankündete.

Hadamar mag um 1300 geboren sein, da der eintritt seiner grofsjährigkeit in die zeit von 1317—1324 fällt. im jahre 1317 werden nämlich noch Hadamar und sein bruder Ulrich in der urkunde vom 2. februar mit ihrer mutter Agnes (von Abensberg) genannt[1]), in der urkunde vom 27. märz 1324 dagegen erscheinen schon die beiden brüder mit ihrem vater.[2])

Die nächsten jahre scheint Hadamar in zurückgezogenheit auf seinem gute verbracht zu haben, da keine der zahlreichen urkunden aus jener zeit seines namens erwähnung thut. in diese periode fällt seine vermählung mit Elsbeth (von Vainingen)[3]) und an das ende derselben, in die jahre

---

[1]) Lang Reg. boic. 5, 347; Bayr. akad. der wiss. 1814, 122; Hist. verh. Niederbayerns 2, 1, 32.

[2]) Lang Reg. boic. 6, 127: *Hadmar der freie von Laber und seine grofsjährigen söhne Hadamar und Ulrich setzen Gottfried dem reichen, bürger zu Regensburg, für eine schuld von 50 pfd. 30 dn. als bürgen Hilpolt von Stein und ihre vasallen Heinrich den alten Reuter, Ulrich und Chunrad die Chemnater.*

[3]) wofern die mittheilung Röders in seinem Geogr. stat.-topogr. lexicon von Schwaben 1791 f. 1, sp. 821 auf richtigkeit beruht: *Die ehemaligen besitzer der herschaft Illertissen waren ums jahr 1300 die herren von Speth von Wainingen, wovon der letztere Hermann hiefs, dessen tochter an Hadmar von Laber verheirathet war. dieser verkaufte 1343 diese herschaft an den grafen Wilh. v. Kirchberg mit noch anderen orten für 1500 pfunde heller.* unter jener tochter Hermanns ist wol nur die gemahlin unseres Hadamars (III.), Elsbeth, zu verstehen, da sein vater Hadamar (II.) schon 1337 starb. übrigens hiefs auch Hadamars II. (dritte) gemahlin Elsbeth von Vainingen, die in erster ehe mit Friedrich Spät vermält war; s. Plass Die herren von Laber in Verh. d. hist. vereines von Oberpfalz und Regensburg 21, 159. (aus dieser ehe stammt wahrscheinlich jene *jungfrau Anna, weiland Herrn Friedrich des speten von Vayningen sel. Tochter*, die als schwester der beiden herren von Laber angeführt wird: J. D. Köhler Historia genealogica dominorum et comitum de Wolfstein. Frankfurt und Leipzig 1726 s. 40; Plass s. 159 f.).

1335—1340, die conception und vollendung seines jagdgedichtes; vgl. a. a. o. 275 ff.

Erst mit dem jahre 1341 tritt er wieder in die öffentlichkeit, indem er mit seinem bruder Ulrich, mit Ulrich von Abensberg, Hiltpolt von Stein u. a. 500 fl. für den Regensburger bischof Heinrich an Berthold grafen zu Greifsbach und Harsteten zahlt (Ried Cod. 2, 849.

1342 schenken er und Ulrich dem kloster Rohr 2 güter und 2 äcker zu Lengenfeld (Mon. boic. 16. 170, in demselben jahre schliefsen auch die beiden brüder mit willen ihrer gattinnen einen vertrag *ihrer hausfrauen zubrachten Guts halber* (Hund Bayr. stammen buch 1598, s. 260).

1343 verloben *Hadmar von Laber und Elspet sein Hausfrawe, Ulrich von Laber und Ursula sein Hausfrawe* ihre schwester Anna mit herrn Götzen, Leupolds von Wolfstein sohn (Köhler a. a. o.; Plass a. a. o.). Hadamar verkauft die herschaft Illertissen an den grafen Wilhelm von Kirchberg Röder a. a. o.).

1345 schreibt Hiltpolt von Stein seinen *lieben besunderen Freunden Herrn Hadmar und Herrn Ulrich von Laber*, dafs er vom bischofe von Regensburg mit 1000 fl. bezahlt sei, und dafs sie mit der veste Luppurg dem bischofe zu dienen haben, wofür sie 200 fl. erhalten werden (Ried Cod. 2, 864).

Von dieser zeit ab finden wir die lebensschicksale Hadamars innig verknüpft mit dem schicksale seines kaisers, seines vaterlandes. man möge mir daher gestatten, in kurzen zügen an bekannte facta der bayerischen geschichte zu erinnern.

Kaiser Ludwig hatte die gelegenheit, die sich ihm in den letzten jahren seines lebens darbot, seine hausmacht durch erwerbung Tirols zu vergröfsern, nicht unbenutzt vorüber gehen lassen: er trennte die verbindung zwischen Johann, dem sohne des böhmerkönigs, und Margaretha Maultasch, der erbin von Tirol und vermählte sie mit seinem sohne, dem markgrafen von Brandenburg. dieser schritt des kaisers brachte aber pabst und könig zur höchsten erbitterung. der pabst schleuderte bannfluch auf bannfluch, Johann aber suchte dem hause Wittelsbach unter den kurfürsten feinde zu erregen. und nicht ohne erfolg, denn auf der zu Rhense gehaltenen kurfürstenversammlung behielten die gegner der Wittels-

bachischen partei die oberhand und die erhebung Karls kam
schon offen zur sprache. der kaiser berief nun seine söhne
und freunde zu sich — ein heer von 20.000 streitern —, dem
der feind nicht entgegenzutreten wagte. [1]) als aber kurz
darauf kaiser Ludwig auch Holland, Seeland, Friesland und
Hennegau gewann, brach der sturm von neuem los, Ludwig
wurde entsetzt, herzog Karl auf den deutschen königsstuhl
erhoben. der kaiser sammelte abermals seine freunde und
rief ganz Bayern in die waffen. dafs auch Hadamar diesem
rufe gefolgt sei, ist um so wahrscheinlicher, als kaiser Ludwig
den beiden brüdern Hadamar und Ulrich wol nur für ihre
thatkräftige unterstützung seiner sache Vainingen, Falkenstein,
Steinhart und ortschaften im Ries verpfändete [5]) (Hund a. a.
o. s. 260). mitten in diesem kampfeslärm stirbt kaiser Ludwig.

Markgraf Ludwig eilt nun aus Tirol, wohin er an der
spitze bayerischer krieger gezogen war, um die in das land
eingefallenen Böhmen zu verdrängen, nach Bayern und ist
hier bemüht, alle freunde enger an sich zu schliefsen — neue
zu gewinnen. in der ersten hälfte des november 1347 hält
er zu Landshut in gemeinschaft mit seinen brüdern einen
landtag ab, zu dem die grafen, ritter, knechte und bürger des
oberlandes geladen worden waren. hier leisten sie huldigung
und empfangen dafür feierliche bestätigung aller ihrer rechte
und freiheiten. zu Landshut schliefst auch Ludwig einen
dienstvertrag auf 15 monate, vom *Mittwoch nach S. Agnesen
Tag 1348 bis auf S. Georgi schierst und darnach über ein
ganzes jahr, mit den edlen Mannen Hadmar und Ulrich Gebrüdern
von Laber*, verspricht ihnen für ihre *Hülfe mit 30 Mannen mit
Helmen und allen ihren Vesten 3000 Pfd. Heller und verschreibt
ihnen dafür, sowohl als für eine Schuld von 800 Pf. Heller,
darüber sie ihm Rydelenburg ledig gelassen, und von 800 Pf.,
darüber sie die Feste Arensberg von den festen Mannen Hartwig
und Altmann von Degenberg gelediget, die letztgenannte Veste*

---

[1]) Vitoduranus im Corp. hist. medii ævi 1. col. 1912 erzählt, der kaiser
habe das heer *circa civitatem Nürenberg et urbem Ratisponam* gesammelt.

[5]) Diese pfandschaften giengen später in den besitz der herren von Laber
über; s. den theilungsbrief bei Oefele Rerum boic. script. 2, 176 b.

Arensberg mit allen Rechten, Nutzen und Gülten (Bayr. akad.
der wiss. 1837, s. 68 anm.; vgl. s. 177).

Einige tage früher, am *Erchtag nach dem Perchentage*
1348, hatte *unser lieb getrewe Hadmar von Laber* den vertrag
zwischen den, herzoglichen brüdern Ludwig, Stephan und
Ludwig dem Römer und zwischen ihrer mutter Margaretha
unterfertigt, dem zufolge ihnen die gemeinschaftliche benutzung
der schlösser Grünwald und Wolfstein zur jagd und belusti-
gung überlassen blieb (Oefele Rerum boic. script. 2. 175).
aus dieser wie aus der urkunde vom 20. januar 1348, in
welcher Hadamar als zeuge der schenkung erscheint. die
die herzoge Ludwig und Stephan dem kloster Schönfeld
machen (Mon. boic. 16 149), läfst sich entnehmen, dafs
Hadamar wenigstens zu dieser zeit in der beständigen um-
gebung der bayerischen herzoge war und sein beistand nicht
allein in sachen des landes, sondern auch in ihren ganz
privaten angelegenheiten in anspruch genommen wurde.

Ludwig war aber nicht undankbar für die anhänglich-
keit, die ihm Hadamar bewies und schenkte ihm für seine
treu geleisteten dienste am 1. märz 1349 ein haus in Ingol-
stadt (Lang Reg. boic. 8, 154).

Bald darauf begegnen wir Hadamars namen in dem be-
kannten theilungsbriefe des landes von Bayern (Litera divi-
sionis terrarum superioris et inferioris . . ., datum Lantsperch
anno Dom. MCCCXLVIIII. Dominicâ ante Nativitatem Beate
Marie). hier kommt unter anderem auch folgende stelle vor:
Ez sol auch bey uns [6]) *beleibn der Edel Mann Hadmars und Ulrich
von Laber unser getriwen, swaz si ze Swabn* [7]) *habnt, mit Fai-
mingen, Volckenstain und Stainhart halbes swaz zu den Vesten und
Guten gehört und waz si in den Riezz* [8]) *habnt halbs mit allen zu-
gehörndn Rechten Eren und Nutzen, als si diselben von Laber inne
gehabt habnt* . . . (Oefele Rerum boic. script. 2, 176 b; Freiberg
Gesch. d. landst. 1, 141; Aettenkofer Bayr. gesch. 267.)

1350 stellen Hadamar und sein sohn Hadamar (IV.) eine

---

[6]) Bei Ludwig, markgrafen von Brandenburg.
[7]) Von den Vainingschen gütern.
[8]) Bei Nördlingen.

urkunde privaten charakters aus (Verh. d. hist. vereins 23. 122).

Wenige jahre darauf (1354) wurde Hadamar von Ludwig dem Brandenburger, der dem herzog Albrecht von Österreich als pfleger des jungen herzogs Meinhard, seines sohnes, die verwaltung Oberbayerns auf 3 jahre übergeben hatte, zum rathe des landes ernannt und ihm bedeutet, am 8. tage nach weihnachten zu München zu sein und dem hauptmanne des landes, Hilpolt von Stein, zu schwören (Insbruck 30. november 1354. Bayr. akad. der wiss. 1837, s. 122).

Noch in demselben decennium scheint Hadamar gestorben zu sein. es tritt zwar noch einmal unseres dichters namen auf, allein die ganze stelle, in der er genannt wird, bringt des unrichtigen so viel, dafs von vorn herein vorsicht geboten ist. Aventin nämlich schildert im 7. buche seiner Annales Bojorum (1554) s. 795 die vorgänge nach markgrafs Ludwigs tode (18. september 1361) und berichtet hiebei, wie folgt: *Vlricus tertius Abusinus, Hadmarus de Labar, Hyltpoldus de Stain, accito in societatem Friderico duce filio Stephani, in quorum potestate, ut amicorum parentis Menardus erat, suo arbitrio Rempublicam, posthabitis patruis pueri, administrabant, se testamento tutores datos a Ludorico jactitabant[2]).* nun bringt aber der

[2]) Ihm folgte J. Adlzreiter in den Annal. Bojorum tom. 2. lib. 5. p. 88 f. ... *Igitur Vlricus Abenspergius, Ademarus Labarius et Hilpoldus a Lapide, ciri inter snos, illustres, ut arreptam rei pupillaris administrationem tuerentur, ausi sunt arma parare* ... ähnliche nachrichten liegen uns auch vor in den bayerischen chroniken Ebrans von Wildenberg, Udalrichs Onsorg, Joh. Staindels, des Andreas Presbyter und Veit Arnpekh; keiner dieser genannten chronisten aber weifs den vornamen Labers anzugeben. Wildenberg schreibt: .. *,Des Fürsten unterstunden sich ain Herr von Abensberg und ein Herr von Laber ...'* (Oefele Rerum boic. script. 1, 308 a), Onsorg: .. *quem gubernant et Absperg et de Laber ...'* (Oefele a. a. o. 1, 366 b) und Staindel: .. *quem, eam jurenis erat, quidam Barones et milites, praecipue de Abensperg et de Labar Liberi quorum progenies omnino defecit gubernabant ...'* (Oefele a. a. o. 1, 522 b). Andreas Presbyter führt als leiter der regierung nur an: *quidam Barones et Milites et liberi de Abinsperg et liber quidam etiam dictus de Lapide ministerialis ...* (bei Schilter in Collect. script. rer. Germ. p. 37.) Arnpekh endlich sagt, dafs den jungen Meinhard *,quidam Barones et milites de Abensperg et Laber, et Lapide nec non et alii potentes ... gubernant.'* (Bei Pez im Thesaurus 3, 3, 352.)

bei L. Westenrieder ,Über berichtigungen der regierungs-
geschichte des herz. Mainhard 1361—1363. München 1792. V. bei-
lage` gedruckte bundbrief vom 29. september 1361 [10]) als theil-
nehmer jenes ritterbundes, der die regierung des landes an
sich zu reifsen suchte, nicht Hadamar, sondern Ulrich von Laber,
seinen bruder: Hadamar dürfte nicht mehr am leben ge-
wesen sein.

Was sich aus der Jagd selbst für die fixierung und
charakteristik unseres dichters gewinnen läfst, ist in kürze
folgendes:

Hadamar war ein zeitgenosse des herzogs Ludwig *des
grisen con Decke* (str. 293—295) und hat sein werk als junger
mann geschrieben (vgl. str. 53, 109, 124, 167, 169, 230, 231,
241, 255, 258, 262, 268, 270, 546), zwei momente, welche zu-
sammengehalten als abfassungszeit der Jagd die jahre 1335
bis 1340 ergeben (s. a. a. o. s. 272—280). von charakterzügen
Hadamars lassen sich aus dem gedichte nur noch seine ab-
neigung gegen die rechtsgelehrten (str. 207, 527), sein wider-
wille gegen die geistlichkeit (str. 456) und endlich seine
weidenlich gelwze anführen, die er dadurch documentierte, dafs
er als weidgerechter jäger nicht nur in die subtilitäten der
edlen jagdkunst eingeweiht war, sondern auch all die ausdrücke,
die schon zu jener zeit in weidmannskreisen üblich waren,
innehatte und sie *gercht* anzuwenden wufste.

Hadamar war — dies geht ferner aus dem gedichte zur
genüge hervor — mit der literatur der blüthe- und epigonen-
zeit wol vertraut. vor allen waren es Wolfram von Eschen-
bach und Albrecht von Scharfenberg, die auf ihn einwirkten
und ihm muster wurden. zeuge dessen der umstand, dafs
Hadamar ohne zweifel durch einen abschnitt im Titurel, die

---

[10]) ,*Wir Fridrich von Gotes genaden, pfallentzgrafe ze Rein, vnd Hertzog
in Beyrn, vnd Wir Mänhart von Gotes Genaden Margfe ze Brandenburch ...
Bekennen offenlich mit dem brief, Daz Wir genomen vnd gemacht haben. Nach
vnser selbes willen vnd vberdachtem mut ein Gesellschaft alz hernach gescriben
stät, vnd haben auch zu vns darein gefulert, vnd genommen, vnser lieben
getreuen die hernach genanten Herren. Rittr. vnd knecht, Bey dem Ersten.
Vlreich von Abensperch den Alten. Graf Hanns ze Wurthaim, Vlreichen von
Laber. Graf Wilhelm von Scharnberch. Hipolden von Stain ...'*

jagd Schionatulanders nach dem mysteriösen brackenseil, die
anregung zu seiner jagd nach der minne erhielt, eine ver-
muthung, die durch die verwandtschaft, welche zwischen Wolfram
und seiner schule einerseits und Hadamar andererseits besteht,
zur gewissheit erhoben wird. diese verwandtschaft zeigt sich
nicht nur in der wahl derselben strophe (Titurelstrophe), und
in einer reihe von ähnlichkeitspunkten des wortschatzes und
der syntax, sie zeigt sich auch in der oft ganz offenbaren
nachahmung Wolframs oder Albrechts. es würde den mir
hier zugemessenen raum weit überschreiten, wollte ich diesen
punkt, so sehr auch die gelegenheit dazu reizt, eingehender
behandeln. ich beschränke mich daher nur auf den hinweis,
dafs Hadamar neben dem Titurel Wolframs auch dessen
Parzival kannte und führe zum beweise nur folgende parallel-
stelle an:

Parz. 118.   ,erne kunde niht gesorgen.
    15. er enweere ob im der vogelsanc,
        die süeze in siu herze drang:
        daz erstracte im sinin brästelin.
        al weinde er lief zer künegin.
        sô sprach si ,wer hât dir getân!
    20. du waere hin ûz ûf den plân.‘
        ern kunde es ir gesagen niht,
        als kinden lihte noch geschiht.
        dem maere giene si lange nâch,
        eins tages si in kapfen sach
    25. ûf die boume nâch der vogele schal.
        si wart wol innen daz zeswal
        von der stimme ir kindes brust.

Had. str. 23. Min muot was dô entrüste:
        der voglin dôn daz schaffet;
        daz herze in miner brüste
        vor luste swal, daz er diu ougen saffet.
        er senet sich dô verre und gar verre
        reht als ein kint, daz weinet
        und nieman kan gesagen, was im werre.

Hadamar kannte ferner gewiss auch jenes allegorische jagdgedicht, das uns in der Königsberger handschrift nr. 898 (perg. 14. jh. fol. 102a—103 b)[11]) erhalten ist, und wenn er auch den hier zu grunde liegenden gedanken unbenützt läfst — denn dieser läuft auf einen herben vorwurf der frauen hinaus, die durch *Trôst, Triuwe, Huwe, Stæte* leider vergeblich, leicht aber durch *Zwîfel, Wenc* und *Valsch* erjagt werden können — so borgt er doch von dem dichter dieser *rede* den gedanken der canificierung und folgt ihm in der bezeichnung der oben angeführten allegorischen hundenamen. auch die bekanntschaft mit dem sog. Seifried Helbling ist kaum abzuweisen, denn von ihm scheint Hadamar es gelernt zu haben, die zahl der hunde zu vergröfsern und alle erdenklichen gemütsaffecte und seelenzustände in seiner weise zu allegorisieren: überdies weisen Helbling und Hadamar 3 gleiche hundenamen auf: *Wenc, Werre* und *Triuwe*. ob unser dichter auch das jagdstück im Nibelungenliede und jenes in Gottfrieds Tristan gekannt habe, mufs offene frage bleiben: für erstere annahme spräche vielleicht als äufserer grund der, dafs Wig. Hund im jahre 1575 auf dem schlosse Prunn an der Altmühl, das einst im besitze der herren von Laber war, eine Nibelungenhandschrift des 13/14. jh. fand (gegenwärtig Cgm. 31)[12].

In welch hohem ansehen der dichter der jagd bei seinen zeitgenossen und nachkommen gestanden hat, habe ich schon a. a. o. s. 264—269 ausführlich gezeigt, ich will daher hier nur in kürze die hauptpunkte wiederholend hervorheben. Hadamars werk geniefst allgemeine verbreitung, es wird viel gelesen und **viel abgeschrieben**: beweis dessen, dafs auf des *Labers buch* als auf etwas ganz bekanntes hingewiesen wird[13]).

---

[11]) Eine sorgfältige abschrift verdanke ich der güte des herrn dr. Fritz Schulz in Königsberg.

[12]) s. Schmeller Hadamars von Laber Jagd. Stuttgart 1850 (20. publication des lit. ver. in Stuttgart) vorr. IX. anm. und besonders Zarncke in Germ. 1. 207.

[13]) In dem gedichte *Von einer stätten und von einer fürwitzen* v. 187, gedruckt im Liederbuch der Cl. Hätzlerin s. 138—143, vgl. Cgm. 429. fol. 148a—157b; Cgm. 713, fol. 72a—84b und die umarbeitung fol. 200a—213b; cod. Pal. 313, fol. 400; Bechsteins liederb. (s. Liederbuch s. XXXVIII) fol. 39b; endlich die Stuttgarter hs. des 15. jh. s. 96—111 (s. Diutisca 2, 103).

dafs stellen seines werkes citiert werden [14]) und dafs uns heute noch eine verhältnismäfsig grofse zahl an alter verschiedener handschriften vorliegt. Hadamars namen wird stets mit grofser achtung und mit dem ausdruck des höchsten lobes erwähnt [15]) und lebte mehr denn 2 jahrhunderte fort in der erinnerung des deutschen volkes. [16]) sein werk findet endlich zahlreiche nachahmungen, die sich theils auf die nachbildung seiner allegorie, theils auf die seines stils und seiner strophe beziehen. [17])

II.

Die handschriften, die uns Hadamars gedicht erhalten haben, sind folgende.

[14]) Str. 15 im Cgm. 379, fol. 34; vgl. Cgm. 270, fol. 71. str. 223 in dem gedichte ‚*Von ainer stätten*..‘ v. 191 ff. str. 550 ebendaselbst v. 163 ff.

[15]) s. Der Minne-Falkner str. 170; Püterichs Ehrenbrief str. 48—50; gedicht *von der unminne* (cod. Pal. 313) str. 6.

[16]) Der Laber oder der Lauber galt noch den meistersängerschulen als hohes vorbild, dessen ton viel und gern nachgebildet wurde.

[17]) Zu den ersteren sind zu zählen: *a)* Daz geiaid Peter Suchenwirts (in Reimparen; nr. XXVI der ausgabe A. Primissers); *b)* ein gedicht Hugos von Montfort beginnend: *Ez ist mir an beschehen zwir* (abgedr. von Weinhold in den Mittheilungen des hist. vereins für Steiermark 7. heft, s. 169, nr. 9); *c)* Der Minne-Falkner (185 Titurelstrophen; Schmeller a. a. o. s. 171 —208); *d)* Der Minne jagd (in reimparen; Lassbergs Ls. nr. CXXVI); *e)* ein niederdeutsches gedicht, beginnend: *Wil gy reten wo myr ghescuch* (cod. Vind. 2940*, fol. 15a—16a); *f)* eine mystische jagd auf einen hirsch (Clm. 4307, fol. 80—105) und *g)* Des hirschengeiaids gaistliche auslegung des Benediktinermönches Wolfg. Sedelius aus dem j. 1545 (Cgm. 4304 a).

Nachbildungen von Hadamars stil und strophe: *a)* Des minners klage (Schmeller s. 147—162); *b)* Der minnenden zwist und versöhnung (Schmeller s. 163—170); *c)* 5 gedichte von der minne, handschriftlich in nr. 2796 der Wiener k. k. hofbibliothek; *d)* ein minnegedicht *in titurels done* (MSH. 3, 432 b —436 b); *e)* der *Löberer*, handschriftlich auf der fürstlich Lobkowitzischen bibliothek zu Raudnitz an der Elbe (papier, 15. jh, fol. 201—223, vgl. J. Petters im Anzeiger für kunde der deutschen vorzeit 4 (1857), sp. 78 f. und 387); *f)* der Ehrenbrief Jacob Püterichs *In des von Laber gemainen Thonn* 1462, endlich *g)* einige kleinere gedichte wie ein Pater noster, ein Ave maria, ein Lied über ewiges und zeitliches leben (handschriftlich im cod. Vind. 2880 nr. 1, 3, 11) und die Räthselfragen *In Labers ton* (gedr. im Liederbuch aus dem 16. jh. von K. Goedeke und J. Tittmann 1857, s. 353).

1. A (bei Schmeller V^a), nr. 2720 der Wiener k. k. hof-
bibliothek, perg., 14. jh., gr. 8°. die Jagd beginnt mit grofser
roth und schwarz gemalter initiale: *Swie minn ein auerahen*
und schliefst mit den unter der 546. strophe (ausg. 565) roth
geschriebenen worten *Der lied habent ein ende*. die hs. hat
somit deutlichen anfang und deutlichen schluss.¹⁵)

2. B, pergamenths. der Münchener hof- und staatsbiblio-
thek (Cgm. 179), 14. jh., kl. 4°, am anfang und ende un-
vollständig. unser gedicht beginnt auf fol. 3^a und schliefst
auf fol. 81^b. ihm gehen 15 strophen des gedichtes Des minners
klage voran, auf die letzte strophe der Jagd (ausg. 565)
folgen 24 strophen, die dem gedichte Der minnenden zwist
und versöhnung angehören.

3. C (K), pergamenths. der gräfl. Batthyanyischen biblio-
thek zu Karlsburg (k 5. VI 6), 14. jh. 8°. die handschrift
vielfach lückenhaft.

4. D (L^w), fragment, aufgeklebt auf einen deckel von
Erasmi Roterodami enarationes in psalmos Col. Ag. 1521 in der
bibliothek der universität Löwen. perg. 14. jh., 8°. s. Mone
Quellen und forschungen 1, 224.

5. E (P^c), nr. 455 der Heidelberger universitäts-bibliothek,
perg. 15 jh., kl. 8°. die Jagd beginnt auf fol. 1^a mit den
letzten worten der str. 18 und schliefst mit dem worte *trost*
der 564. str. der ausgabe; es fehlt ihr also anfang und
schluss.

6. F (A), pergamenths. in 8° aus der mitte des 15. jh.,
einst im besitze des herzogs von Würtemberg, Eberhart im
bart. die hs. hatte keinen schluss. s. Mafsmann in Mones
Quellen und forschungen 1, 223 anm.

7. a (V^c), nr. 2931 der Wiener k. k. hofbibliothek, papier,
14. jh., gr. 8°, fol. 1^a—58^a.

8. b (P^a), nr. 326 der Heidelberger universitäts-biblio-
thek, papier, 15. jh., fol. dem *gdichte* Hadamars (auf fol. 8^b
—61^a) gehen als einleitung 76 strophen voran, wie ihm 41
als nachtrag folgen; erstere als Des minners klage, letztere

---

¹⁵) Mein freund prof. Albert Schandera hatte die güte gehabt, mir im
frühjahr 1877 eine sehr genaue abschrift derselben zu besorgen.

als Der minnenden zwist und versöhnung bei Schmeller s. 147
—162 und 163—170 gedruckt.

9. c (P^b). nr. 376 derselben bibliothek, papier, 15. jh.,
gr. 8°. die Jagd auf den ersten 87 blättern.

10. d (P^d), nr. 729 derselben bibliothek, papier, 15. jh.,
gr. 8°. von unserem gedichte, das auf fol. 6ª mit str. 1 der
ausgabe anhebt, stehen 2 bruchstücke des jüng. Titurel. [19])

[19]) Hiemit berichtige ich meine angabe in Z. f. d. a. 22, 283; vgl. Lachmann
Wolfram von Eschenbach XXVII anm. 2, Zarncke Graltempel s. 10. das erste
der beiden stücke liefert durch die abfolge seiner strophen einen interessanten
beleg für die art und weise, mit der sammler und schreiber mhd. dichtungen
oft verfuhren. es bringt folgende strophen nach Hahns abdruck: 3614, 544,
5889—5897. 349, 332, 2320, 507—510, hierauf 2 str., die bei Hahn fehlen,

> Das nünde liecht so planch
> so' dir mit sälden prunnē
> also das din gedank
> behüt sy vil stät in dinen synne
> das du dinez nächsten icht sygest beclärent
> so bist du klares liecht
> in dem tempel wol nach hohen wirden jarent.
>
> Das schent liecht so klar
> die sunne über blicket
> das din gedank mit var
> gross ode' klain sich nymē' dar geschicket,
> ob dis gemachet deins nächsten dir nun kunde
> das du doch vor im
> an swäre bliben woldes ze aller stunde,

wie eine nähere betrachtung lehrt sind hier eine reihe von strophen aus dem
jüngeren Titurel zu einem neuen gedichte compiliert. zur compilation gewählt
sind aber nur solche strophen, die streng christlich-religiösen inhalts sind und
jeder hindeutung auf Scharfenbergs gedicht entbehren (die einmalige er-
wähnung des grals in str. 5892 und diese nur zu zwecken eines vergleiches
kann hier nicht in die wagschale fallen). der compilator ging bei seiner arbeit
mit einer gewissen verständigkeit zu werke, denn er begnügte sich nicht damit,
jene strophen, die ihm zweckdienlich erschienen, blofs herauszugreifen und sie
in jener reihenfolge, in der er sie vorfand, wiederzugeben, sondern er suchte
sie ihrem inhalte nach in ein neues ganze zu bringen. so wählte er aus der
zahl der zu verwendenden strophen vorerst jene aus, die ihm den besten
anfang für ein moralisierendes gedicht zu bieten schien und fand diese in
Hahn 3614: *Mœris mayt prone usw.*, str. 544, die sich ihrem inhalte nach an
3614 anschließen konnte, bot ihm zugleich einen willkommenen übergang zu

11. e (E), papierhandschrift der universitäts-bibliothek zu Erlangen, 15. jh., gr. 8°; sie liegt der ausgabe Schmellers zu grunde.

12. f (H), papierhandschrift von 1467, nach Schmeller auf der fürstl. bibliothek zu Hohenlohe-Kirchberg.

13. g (L), 1493, einst im besitze des freih. von Lassberg zu Mersburg am Bodensee.

14. h (V^b), nr. 2799* der Wiener k. k. hofbibliothek. papierhs. aus der scheide des 15. und 16. jh., kl. fol.

Die genannten handschriften unterscheiden sich nun abgesehen von ihrem texte ebenso durch die verschiedenheit ihrer strophenzahl [20]) als durch die ihrer strophenabfolge, ja diese

---

5889—5897. nachdem hier die 8 himmelsspeisen angeführt worden, der man zu *hofe alda ist lebent* fügt der compilator str. 349, in der von der *hymmel pfründe* die rede ist, mit der gott *di werlt vil gespeiset* hat, an diese mußten sich dann jene strophen anschließen, in denen des mittels zur erlangung der himmlischen seligkeit erwähnung gethan wird und das in der befolgung der zehn gebote gottes besteht (str. 332, 2320), worauf deren erörterung in str. 507—510 und in den beiden letzten bei Hahn fehlenden strophen das ‚gedicht‘ schließt.

Das zweite bruchstück weist 48 strophen auf, die den str. 1838—1878, 1882—1888 bei Hahn entsprechen (str. 1879—1881 fehlen). fast genau dasselbe bruchstück des jüngeren Titurel (str. 1837—1892) findet sich neben der Jagd Hadamars und der dieser nachgebildeten allegorischen Falkenjagd nach Schmellers angabe (a. a. o. s. XIII) in der papierhandschrift von 1467 auf der fürstl bibliothek zu Hohenlohe-Kirchberg; vgl. Zarncke Graltempel s. 10 ich habe a. a. o. s. 291 aus der strophenfolge, die der cod. Pal d und der Hohenlohe-Kirchbergische (f) für Hadamars jagdgedicht bieten, auf eine nahe verwandtschaft der beiden hss. geschlossen und glaube jetzt meinen schluss durch ein neues moment gekräftigt zu sehen.

[20]) e hat 601 (und die wiederholungen abgerechnet 572 str.)

g	„	574 (573) str.		
h	„	574 (567) „		
f	„	568 (559) „		
a	„	551 (549) „		
A	„	546 (543) „		
E	„	541 (538) „	ursprünglich mit 559 (556) str.	
B	„	531 (528) „		
b	„	531 (501) „		
F	„	525 (524) „	„	„ 525 + ? (524 + ?) str.
c	„	520 (518) „		

ist markiert genug, um einen schluss auf das abhängigkeits-
verhältnis jener zu erlauben. denn schon eine flüchtige be-
trachtung lehrt. dafs wir zwei grofse handschriftenfamilien
y und x° zu unterscheiden haben. wobei der ersten A Bb C
D df cFg, der zweiten aE e h angehören; s. a. a. o. s. 289 ff.
und s. 295 anm. 2. bevor ich mit der erörterung dieses
punktes abschliefse, will ich noch mit einigen worten das ver-
hältnis zwischen lesarten und strophenordnung festzustellen
suchen.

Was für Freidank, was für den deutschen Cato gilt,
gilt im wesentlichen auch für Hadamars gedicht: lesarten
und strophenordnung stimmen genug oft zusammen, um das
aus der abfolge der strophen erschlossene abhängigkeitsver-
hältnis der handschriften zu bekräftigen, daneben treten aber
wieder lesarten auf, deren erscheinen sich nur dadurch er-
klären läfst, dafs der schreiber der hs. das gedicht oder
wenigstens einzelne strophen und zeilen auswendig kannte und
sich nun oft dort, wo seine vorlage nicht dieselbe überlieferung
bot, als er sie im gedächtnis hatte, eine änderung erlaubte.
in vielen fällen endlich liegt einer variante (besonders in den
jüngeren handschriften) blofses misverständnis zu grunde. vgl.
die a. a. o. s. 294 ff. unter den text gestellten lesarten: das
hier gebotene material ist zwar sehr gering. beleuchtet aber
immerhin zur genüge meine eben gemachte bemerkung.

Ich wende mich jetzt einem neuen punkte zu und zwar
der frage: welches war die mutmafslich ursprüngliche strophen-
folge der Labrer'schen Jagd? denn dafs sie uns durch keine
der erhaltenen handschriften gewahrt ist, liegt klar zu tage.
schon die abfolge der anfangsstrophen traut dem dichter bare
unmöglichkeiten zu: sollte denn wirklich Hadamar, der an
so vielen stellen seines gedichtes ein gewisses künstlerisches
geschick verräth, seine jagdallegorie nicht besser einzuleiten
gewufst haben, als uns durch fast alle handschriften über-
liefert wird? können wir ihm ferner zumuten, dafs er, wie uns
A und b aufweisen, zwischen zwei eng verbundene strophen

C hat 345 (345) str. ursprünglich mit 505 (504) str.
d „ 317 (317)   „ 492 (489) „ endlich
b „ 17 (17   „   „ ? + 17 + ? (17 + ?) str.

(171 und 172) ein conglomerat von 39 resp. 13 str. [21] eingeschoben, bei deren abfolge von einem gedankengang oder überhaupt nur von einem sinne nicht die rede sein kann? und endlich, um diese unerquickliche reihe von schreiber-extravaganzen abzuschliefsen, könnte es einem dichter, der nicht geradezu aller logik ins gesicht schlagen will, beifallen strophen an ganz ungehöriger stelle und ohne jede veranlassung zu wiederholen? [22]) gewiss nichts von alledem. und doch ist bei der reconstruction der ursprünglichen reihenfolge grofse vorsicht nötig. Hadamar ist gewiss ein dichter im guten sinne des wortes, ein dichter in dem noch die traditionen der schönen alten classischen periode fortlebten, in dem noch einmal und zum letztenmale das licht der poesie aufflackerte, bevor es erlosch für lange; Hadamar ist aber ebenso gewiss ein verworener kopf, der seine phantasie nicht zu zähmen versteht, der alle gedanken, wie sie sein gehirn durchkreuzen mochten, auch zu papier bringen zu müssen meint, der ohne festen plan, ohne feste disposition hinein ins blaue arbeitet, dem endlich die selbst gewählte form der allegorie nichts ist als eitel spielerei.

Über das verfahren, das man einzuschlagen hat, um die mutmafslich ursprüngliche strophenfolge wieder herzustellen, habe ich mich schon a. a. o. s. 295 ausgesprochen und es dahin bestimmt, dafs man im allgemeinen an jenen stellen, die in allen oder doch den meisten handschriften dieselbe überlieferung bezüglich der abfolge ihrer strophen bieten (die also in y und x zusammenfallen, die richtige strophenabfolge anzuerkennen haben wird und verbesserungen nur dort anbringen kann, wo sie der gedankengang unbedingt fordert, dafs aber an jenen stellen, deren abfolge (in y und x oder in einer der beiden handschriftenfamilien) sich als ungeschickte zusammenstellung der ersten schreiber erweist, eine freiere bewegung gestattet sein dürfte.

Was nun die überlieferung im einzelnen betrifft, so gebe ich im folgenden eine übersichtstabelle für die arg zerrüttete

[21]) s. anm. 23.
[22]) s. die anmerkungen 23 ff.

abfoge der ersten 21 strophen und füge zur erklärung der-
selben bei, dafs die in jeder hauptcolumne links gedruckten
zahlen die strophennummern meiner ausgabe, die rechts ge-
druckten die der betreffenden handschrift angeben.

Aus-gabe	A	B b	d f	e F g	a e	E	h
							6 1
							7 2
							11 3
							12 4
							13 5
							14 6
							15 7
		8 1		8 1	9 8 1		8 9
		9 2		9 2	8 9 2		9 10
1	—	1 3	1 1	1 3	1 3		1 11
2	2 1	2 4	2 2	2 4	2 4		2 12
3	3 2	3 5	3 3	3 5	3 5		3 13
				5 6	5 6		5 14
4	4 3	4 6	4 4	4 7	4 7		4 15
5	fehlt	fehlt	fehlt	—	—		—
6	6 4	6 7	6 5	6 8	6 8		—
7	7 5	7 8	7 6	—	7 9		—
8	fehlt	--	fehlt	—	—		—
9	fehlt	—	fehlt	—	—		—
10	10 6	10 9	10 7	—	—		—
11	11 7	11 10	11 8	11 9	11 10		—
12	12 8	12 11	12 9	fehlt	12 11		—
13	13 9	13 12	13 10	13 10	13 12		—
14	14 10	14 13	14 11	14 11	14 13		—
15	15 11	15 14	15 12	15 12	15 14		—
16	16 12	16 15	16 13	16 13	16 15		—
17	17 13	17 16	17 14	17 14	17 16		17 16
				10 15	10 17		10 17
18	18 14	18 17	18 15	18 16	18 18	18 1	18 18
19	19 15	19 18	19 16	19 17	19 19	19 2	19 19
20	20 16	20 19	20 17	20 18	20 20	20 3	20 20
				7 19			
21	21 17	21 20	21 18	21 20	21 21	21 4	21 21

(E-columne: Die ersten 17 strophen fehlen.)

Zur rechtfertigung meiner eben angesetzten strophenfolge,
die im wesentlichen mit der von A d f übereinstimmt, diene
folgendes. str. 1 enthält in ihren ersten 4 verszeilen einen
allgemeinen gedanken, mit dem die minneallegorie ganz wol
anheben kann: zarte und geziemende bitte schafft freude, un-
ziemliche begibt sich selbst des erfolges. ferner haben die

worte *hie ist ein a u r a u e aller miner fröuden* eine entsprechung
in den worten der schlusstrophe *Ein e n d e diser strangen*. an
1 schliefsen sich str. 2, 3, 4: die mahnung sich mit der wahl
der geliebten nicht zu übereilen, wenn man aber gewählt, treu
zu bleiben. 5 bietet einen, übrigens ganz überflüssigen zusatz
zu 4: die strophe, wie es in a e h c F g geschieht, zwischen
3 und 4 zu belassen, empfiehlt sich nicht, da hiedurch die
enge verbindung, die zwischen 3 und 4 besteht, durch eine
nichtssagende strophe zerrissen würde.

Nach dieser einleitung beginnt mit str. 6 die eigent-
liche erzählung: der minnejäger zieht eines morgens aus, um
der spur eines edlen wildes nachzugehen; frau *Minne* lehrt
ihn nach einer fährte jagen. er nimmt (str. 7) das *Herze*, das
canificiert erscheint, mit, um sich nach der richtigen fährte
weisen zu lassen und ermahnt es (str. 8) stets auf der hut
zu sein und sich nicht zu übereilen. hierauf die apostrophe
an das brackenseil, das symbol seiner treue (str. 9). mit
str. 10 nimmt die erzählung wieder ihren fortgang. der jäger
führt *Fröude*, *Wille*, *Wunne*, *Tröst*, *Stæte* und *Triuwe* mit
sich, um sie ebenfalls auf die spur des wildes zu hetzen
(str. 10). er besetzt (str. 11—13) die wechselplätze desselben.
in str. 14. 15 übergibt er *Liebe* und *Leit* einem jägerknechte
mit dem auftrage beide hunde zurückzuhalten. auch *Genâde*
läfst er zurück, um ihn in der stunde der noth verwenden
zu können (str. 16). nachdem der jäger noch allen knechten
wachsamkeit eingeschärft str. 17) und auch *Harren* mit auf
die jagd zu nehmen beschlossen (str. 18, 19). wendet er sich
dem walde zu (str. 20).

Nun folgen in allen handschriften im grofsen und ganzen
ziemlich übereinstimmend die strophen 21—241.[25]) freilich

[25]) Von abweichungen merke ich an: abfolge von 51, 54, 52, 53, 55 in A;
74 fehlt in d: abfolge von 82, 84, 83, 85 in A; 91 fehlt in C b; zwischen
str. 107 und 108 in C: str. 128—151; mit 109 schliefst das 1. fragment in d:
zwischen 111 und 112 in b: 119—124 (dieselben strophen kehren wieder
zwischen 118 und 125); zwischen 114 und 115 in h: str. a: 116 fehlt
in b; zwischen 121 und 122 in A: 59⁶ (mit einem sternchen sind die
wiederholten strophen bezeichnet); zwischen 169 und 170 in F: 172—177.
171 und 172 in a E zu einer strophe geworden; zwischen 171 und 172 in A:

wird auch hier der gedankengang nicht immer stricte ein-
gehalten und manche strophe und strophenreihe würde man
lieber an einem anderen platze und in anderer umgebung zu
sehen wünschen [24]), doch die überlieferung schützt die abfolge
und so müssen wir uns gut oder übel dazu verstehen die ge-
gebene strophenfolge beizubehalten.

Mit strophe 241 beginnen die handschriften wieder aus-
einanderzugehen, denn während gruppe x von 241 bis 292
dieselbe reihenfolge wie die vorliegende ausgabe bietet [25]), bringt
gruppe y auf 241: 271—273, 562, 274—277, 242—270.
278—283, 286—291, 285, 284, 292. [26]) dafs hier nur der gruppe
x zu folgen war, lag auf der hand; denn ebenso wenig ge-
rechtfertigt als der einschub zwischen 241 und 242 ist, ebenso
wenig ist es die abfolge von 283, 286 u. s. w. übrigens scheint
im zweiten falle ein versehen des schreibers von y vorzuliegen.

Von 292 ab bis 519 ist gegen die reihenfolge der strophen.
wie sie uns handschriftlich überliefert ist [27]), wenig einzu-

178, 179, 1, 509, 497, 798, b, 363, c, 506—508, d, e, 446, 337—341,
322—326, f. 457—461, 515—518, 500, 462—464; in h: 171, 3*, 203, 498.
b, c, 506, 507, d, e, 337—341, f, 172; 172—177 fehlen in B b C f e; 189
fehlt in A; zwischen 185 und 186 in h: 197—200; 189 fehlt in a E h: 221
und 228 fehlen in a E; 231 fehlt in A; zwischen 232 und 243 in f: 161'.
162*, in h: 161; 240 fehlt in A; auf 239 in C: 307—406, hierauf 240.

[24]) so str. 34 zwischen str. 32 und 33. der weidmann hatte in str. 32
gesagt: trachte nach einem weidgerechten benehmen. du findest wild genug:
jage das, von dem du glaubst, dals es dir *gemäze* sei. zur näheren erklärung
fügt er dann (str. 34) hinzu: jage das wild im buschwerk, dort kannst du
bald ein *ciuraltie wilt* finden. hier im walde ist es schon vorsichtiger und
entflieht leicht. darauf (str. 35) der jäger: nach deinem rathe will ich handeln.
weidmann: halte aber den *Willen* fest und lass nur *Stote* und *Triure* jagen.
diese erwähnung von *Stote* und *Triure* veranlaßt dann (str. 35) unseren
minnejäger (mit ausserachtlassung der allegorie) zur frage: *Wâ sol man rehte
ciure gerihtliche erkennen?* u. s. w.

[25]) nur steht zwischen str. 286 und 287 in a E: 87*; zwischen 291
und 292 in E: 285*, 284*.

[26]) Str. 275 fehlt in A B b C f e; 265—283 fehlen in C, 262—275
in b; 280, 282, 281, 283 in B; 286 fehlt in C; mit 289 beginnt das zweite
fragment von d; 285 fehlt in C.

[27]) Zwischen 300 und 301 in h: 191*—213'; 305, 306 fehlen in C,
307—312 in b; zwischen 319 und 320 in h: 339*, 340, 341, 322—326; 324
fehlt in C b; 329—334 fehlen in E; in A 337*; zwischen 341 und 342 in

wenden und nur in einem punkte einsprache zu erheben. sie
betrifft den einschub der str. 338—341 zwischen 322 und
323 in y.

Mit 519 brach y ab und die auf diese quelle zurück-
gehenden handschriften folgen von nun ab, falls sie über-
haupt einen schluss bringen, den handschriften der gruppe x.
der leichteren übersicht wegen füge ich auch hier eine
tabelle an:

A f e h	B b	g a E
520		520
521		521
522	fehlen	522
523		523
524		524
	m	
	n	
	o	
525	525	525
526	526	526
527	527	527
	p	
528	528	528
		p
529	529	529
530	530	530
		q
531	531	531
532	532	532
533	533	533

a E e : 323—326; 338—357 fehlen in C: 344 fehlt in a E: 355 in d   400
fehlt in A ; 401—418 fehlen in b; 405 fehlt in C; 407—433 fehlen in C
(auf 406 folgt 240 ff.); 424—426 in a E; zwischen 426 und 427 in A B b (C
d f e F g : 213*; 444—473 fehlen in C; 449, 450 in b; 454—463 in d; zwi-
schen 464 und 465 in c F g : g; mit 475 beginnt D; zwischen 478 und 479
in c F g : h, 529; 483 fehlt in D; mit 492 schliefst D; 494—505 fehlen in d;
496 und 500 in a zu einer strophe geworden; 497—500 fehlen in a; 499 fehlt
in A; 501 in A b; zwischen 501 und 502 in a E e : 13*, in B f : 13*, 14* ;
502 fehlt in A h; in h 506*, 507*; 511 fehlt in A, 512 in A b b; 512, 514,
513, 515 in B b C d f e F g; 513 fehlt in A. Mit 519 schliefsen oder brechen
ab C d; in c F folgen auf 519 nur mehr hinzudichtungen; in c : i k l, in F :
i k; g mit c f innig verwandt läfst zwar ebenfalls auf 519 i k l folgen, bietet
aber dann den schluss nach vorlage s (der quelle für a E).

A f e h	B b	g a E
	r	r
534	534	534
565	565	565 [28])

hier hat jedenfalls die gruppe, der A f e h angehören, die bessere, sinngemäfsere überlieferung. was sollen auch jene eingeschobenen strophen der zweiten gruppe? in keiner wird auch nur éin gedanke ausgesprochen, der durch eine bemerkung oder ein wort der vorigen veranlafst worden wäre. mit str. 565 schliefst das gedicht.

Nun ein wort über das ganze. Hadamars gedicht behandelt das ritterliche liebeswerben unter der form einer jagdallegorie. um einem edlen wilde nachzujagen, reitet eines morgens der minnejäger aus, an der hand das *Herze* führend, das ihn auf die rechte fährte bringen soll. ihn begleiten überdies, von knechten gehalten, die schon erwähnten hunde *Fröude*, *Wille*, *Wunne*, *Trôst*, *State*, *Triuwe*, *Gelücke*, *Lust*, *Liebe*, *Leit*, *Genâde*, *Harre*. der jäger hat eben die wechselplätze des wildes besetzen lassen und sich nach den fährten umgesehen, als er einem erfahrenen weidmanne begegnete, den er über sein weiteres beginnen um rat fragt. bald darauf findet das *Herz* die fährte eines edlen, preiswerten wildes, dem nun der jäger nacheilt. ihm nahegekommen entrinnt das *Herz* und wird vom wilde verwundet. zu diesem unfalle gesellt sich der zweite, dafs wölfe (merker) erscheinen und die hunde verjagen. zu fufse laufend — denn sein pferd hat ein eisen verloren — begegnet unser held einem zweiten weidmanne, einem ehrenhaften, biederen greise, mit dem er ein langes gespräch führt, während *Wille*, *State* und *Triuwe*, das wunde

28) 520—521 in b ins gedicht Der minnenden zwist und versöhnung gerathen; 527 fehlt A; zwischen 530 und 531 in e f 153 : 543 fehlt A; mit 535 brechen B b ab; 535—538 fehlen in A; zwischen 538 und 539 in e f h 136*, 155 ; 539—542 fehlen in A; 547, 549 und 553 fehlen in A; mit 557 bricht a ab; 552* in f; mit 564 bricht E ab; zwischen 564 und 565 in f: g f k l; mit 565 schliessen A f g h; in e endlich folgen auf 565 : p q r s. 539 543*, 545* 20*, 146*, 154*, 509*, 497*, 498*, b. c. 507*, 508, e, 335*, 515 509*, 462*, 189 , 232 , 234 , 183 . 501 , 502 , 512*, 551*.

Herze voran, das flüchtige wild verfolgen, das endlich mit *Wunne* und *Fröude* von dem jäger erreicht wird. entzückt steht er vor demselben, wagt aber trotz der dringenden aufforderung eines seiner knechte nicht, den hund *Ende* auf das wild zu hetzen. da zeigen sich plötzlich wieder wölfe, die alle hunde in die flucht schlagen; das wild entflieht. hierauf abermalige begegnung und wechselrede des jägers, dessen *Herz*, jetzt nur noch tiefer verwundet ist, mit einem dritten und vierten weidmanne.[22]) klagen des dichters über sein misgeschick. in die sich jedoch die hoffnung mischt, *Triuwe* und *Harre* werden das wild doch einmal erjagen helfen. beschliefsen das gedicht.

In diese allegorie nun, die durch ihre monotonie und gleichförmigkeit bald ermüdend wirkt, werden so viele liebesklagen, so viele betrachtungen und sprüche der lebensklugheit eingeflochten, dafs jene wenn nicht gestört so doch vielfach unterbrochen erscheint. aber gerade in dieser schwäche des gedichtes liegt die stärke des dichters; denn nur in diesen von der eigentlichen allegorie abgetrennten stücken zeigt Hadamar seine ganze kunst: hier zieht er durch überraschende gleichnisse und bilder an, hier spricht er in würdig-schöner form treffende ansichten über menschen und dinge, über leben und lieben aus, hier weifs er endlich liebliche züge, wie sie nur das volkslied kennt, zu bieten und töne anzuschlagen, die vom herzen kommend auch zum herzen dringen.

Bemerkenswert noch ein punkt. Hadamar führt seine allegorie nicht in der weise durch, dafs jede seiner gestalten eine bestimmte aufgabe zu lösen hätte und durch ihr ganzes thun und lassen eine charakterisierung ermöglichen würde, sondern ihm ist oft der hund *Triuwe* nichts als *triuwe*, der hund *State* nichts als *state* u. s. f. will also z. b. der dichter sagen, die geliebte scheine ihm nicht mehr gnädig zu sein, so heifst es *daz wil sich mit Genäden rerrt* (str. 115) ohne rücksicht darauf, dafs der hund *Genäde* von einem knechte gehalten wird. diese auffassung der allegorie vor augen gehalten, ver-

---

[22]) Die composition dieses abschnittes (str. 411 ff.) ist bei weitem die schwächste der ganzen dichtung.

schwindet eine grofse reihe von widersprüchen, die jeder aufmerksame leser in Hadamars gedicht leicht zu finden vermag und wird es erklärlich, warum die zahl der canificierten gestalten nicht mit jener oben angeführten menge ihren abschluss findet, sondern im weiteren verlaufe der erzählung immer neue und neue derartige jagdgesellen auftreten. [30])

III.

Die strophe, die Hadamar für sein gedicht verwandte, ist die des jüngeren Titurel: doch ebenso wie sich Albrecht bei der übernahme der strophe von Wolfram eine änderung erlaubte, ebenso erlaubte sich auch Hadamar eine solche, freilich eine weniger eingreifende. doch davon später.

Auf die ähnlichkeit, welche zwischen der Titurelstrophe und der epischen strophe, insbesondere der Kudrunstrophe, besteht, wies schon Lachmann in seiner ausgabe der Wolframschen werke hin (vorrede XXVIII); ihm folgten Gervinus[5] (1, 604), Koberstein[5] (1, 124), Rieger (Verskunst s. 300), Bartsch (Germ. 2, 263), Pfeiffer (Germ. 4, 305), Martin (Kudrun vorr. VII) u. a. vgl. dagegen Scherer Deutsche studien 1, 3 [31]). während nun Gervinus den hauptsächlichsten unterschied zwischen Kudrun- und Titurelstrophe darin sieht. dafs letztere die dritte zeile der ersteren in eine kurzzeile verwandelt, sagt Martin: „die zwei ersten zeilen der Titurelstrophe sind den

[30]) Canificiert erscheinen: *Herze*, *Fründe*, *Wille*, *Wunne*, *Trôst*, *Stæte*, *Triuwe*, *Gelücke*, *Lust*, *Liebe*, *Leit*, *Gewalt*, *Haere*, *Schale*, *Giede*, *Êwige*, *Helfe*, *Rât*, *Stiure*, *Muot*, *Ehrbâr*), *Spitzmût*, *Heil*, *Faije*, *Gedinge*, *Twinge*, *Lide*, *Wâr*, *Wal*, *Êwwe*, *Gedulde*, *Wâge*, *Klage*, *Mâze*, *Gedanke*, *Waere*, *leer*, *Triege*, *Swige*, *Mat*, *Elie*, *Ende*, *Smnot*, *Schrenke*, *Sene*, *Tromst*, *Entriuwe*, *Günde*, *Genæz*, *Sinne* und *Gewalt*.

[31]) Scherer sucht hier eine selbständige entstehung der Titurelstrophe aus der form B:

4 heb. stumpf *a.*

4 heb. stumpf *a.*

3 heb. klingend *b.*

4 heb. stumpf waise.   5 heb. klingend *b.*

über eine zwischenform B[b] zu erweisen; die Kudrunstrophe ist nach ihm eine schwesterbildung der Titurelstrophe (da gleichfalls aus B[b] hervorgegangen).

2 letzten der Kudrunstrophe gleich, die 4. gibt nochmals die letzte zeile der kudrunstrophe wieder, die 3. aber hat 5 hebungen mit klingendem ausgange.' so richtig diese beobachtung auch ist, so läfst sich doch der erklärungsweise Martins eine andere und jedenfalls einfachere gegenüberstellen, ich meine die, dafs die Titurelstrophe Wolframs vielleicht durch die blofse wiederholung der letzten 2 langzeilen der Kudrunstrophe entstanden ist [32]) und hiebei nur die 3. langzeile auf die zahl von 5 hebungen (mit klingendem schluss) beschränkt wurde. ich sage ‚vielleicht‘, denn es scheint überhaupt wahrscheinlicher, dafs Wolfram eine der ganzen Kudrunstrophe ähnliche schaffen wollte. es ergibt sich somit als das schema der Wolfram'schen Titurelstrophe:

$$
\begin{array}{ll}
\prime\ \prime\ \prime\ \backslash\ \prime\ \prime & \text{a} \\
\prime\ \prime\ \prime\ \backslash\ \prime\ \prime\ \prime\ \prime & \text{a} \\
\prime\ \prime\ \prime\ \prime & \text{b} \\
\prime\ \prime\ \prime\ \backslash\ \prime\ \prime\ \prime\ \prime\ \prime\ & \text{b}\ [33]) \\
\end{array}
$$

erwähnenswert, dafs die erste hälfte der 1. 2. und 4. verszeile neben klingendem häufig auch stumpfen ausgang hat (*Dô sich der starke Tyturel* str. 1).

Albrecht ging bei der umbildung der strophe einen schritt weiter: er führte in den zwei ersten zeilen cäsurreime (klingender oder zuweilen stumpfer art) ein, so dafs wir folgenden grundriss der strophe Albrechts erhalten:

$$
\begin{array}{ll}
\prime\ \prime\ \prime\ \backslash & \text{a} \\
\prime\ \prime\ \prime\ \backslash & \text{b} \\
\prime\ \prime\ \prime\ \backslash & \text{a} \\
\prime\ \prime\ \prime\ \prime & \text{b} \\
\end{array}
$$

[32]) Ähnlich setzt sich die strophe der Rabenschlacht zusammen aus den beiden letzten zeilen der Nibelungen- und der letzten der Kudrunstrophe. s. Martin a. a. o. VII. vgl. Scherer a. a. o. s. 2 f.

[33]) Tit. 156: *Zwên jungfrouwen sprângen hi'r û; für die andere. ich klage der le ezginni blanc hinde: op das wd die zerphere, wez muig ich dis! ez was von steinen hiete Gürdexüz; ücte und spränc durch gühen nâch hwatwildes çerte.*

Hadamar wollte nun ebenso wenig wie Albrecht die über-
nommene strophe ohne jedwede veränderung acceptieren und
liefs um wenigstens in einer hinsicht bei gebrauch der Titurel-
strophe original zu sein alle stumpfen reime ganz auf und
verwandte nur klingenden schluss:

Hadamar handhabt seine strophe, die in ihrer ‚klangvoll
tönenden weise‘ der lyrisch bewegten darstellung des ge-
dichtes vollkommen entspricht, mit grofser leichtigkeit und
gewandtheit.

³⁴) Tit. 63: *Din breit rud ouch din lenge,*
        stent immer ungemezzen,
        Die ie nach ancginge,
        du bist gewesen noch nimmer wirt vergizzen.
        Diner gotlich ewikeit an ende,
        Des bi mich were geniezzen,
        daz ich gote ze diner zesam hende.
    Tit. 42: *Der airament der meist teil,*
        mit wazze wirt geblümit,
        Du mit aller ersten heil
        wirt ewiclich von engelschar gerümet u. s. w.
    Had. 1: *Bite ersenftie riuwe,*
        gerihticlich begeren
        erwirbet friunde niuwe;
        unbetli h bie kan selbe sich entweren
        hie ist ein anvanc aller miner frouden;
        nu wünschet gout geuilin,
        daz von dem ende frœlich wird ze gouden.

Im versbau hält sich Hadamar streng an die in der lyrischen poesie bald zum gesetz erhobene abwechslung von hebung und senkung. nirgends begegnet uns im inneren verse ein ausfall der senkung, durchwegs dagegen ein ununterbrochenes steigen und fallen der silben.

Größere freiheit gestattet sich der dichter im versanfange, im auftakte, wiewol auch hier das abweichen von jenem waltenden gesetze innerhalb bescheidener grenzen auftritt und derselbe nur fehlt a) wenn auf das erste wort des verses ein besonderer nachdruck gelegt wird und dasselbe durch einen stärkeren stimmton hervorgehoben werden soll (häufig auch bei strophenanfängen oder nach starker interpunktion: 1, 1: 5. 1; 10, 1; 10, 2; 21. 4; 22, 6; 28, 1: 33, 4; 38, 5: 43, 7; 45, 2; 46. 5; 49, 4; 54, 5 u. s. f. oder b) wenn worte, die ihrer natur nach innig zusammengehören, durch versschluss getrennt werden oder allgemein wenn der satz aus dem einen vers in den darauf folgenden übergeht (enjambement): 4, 2; 6. 7; 11. 2; 13, 2; 14, 5; 15, 2; 16, 2; 18, 7; 21. 2; 24, 2; 26, 4; 27, 3; 27, 7; 28, 2; 29, 3; 32, 3; 34, 2; 36, 2; 42, 2; 42, 7; 46, 4; 47, 5 . . . . 68, 5 . . . (wider- | vart) 511 6. 7 u. s. f.

Die oben berührte sitte hebung und senkung regelmäßig abwechseln zu lassen widerstrebt oft dem deutschen betonungsgesetze und wenn auch Hadamar bemüht ist einen solchen widerstreit zwischen vers- und wortaccent zu vermeiden, so geräth er doch zuweilen mit jenem gesetze in conflict. freilich sind seine verstöße fast durchwegs nur geringerer art (vernachlässigung hochtoniger gegenüber tieftoniger silbe) und lassen sich bei mündlicher reproduction durch schwebende betonung leicht corrigieren. ich führe an: *Dáz ieglich geliche* 5, 1; *und hetzet ir iemin zwo sinen hunden* 17, 5; *dáz iegliche sunder* 22, 6; *Fürbaz úf den gedingen* 25, 1; *manic gerinte wilde* 26, 2; *dar umbe daz mir mich alsô geschahe* 29, 5; *Eines forstmeister klungen* 30, 1; *kuntlich die ougenschouwe* 37, 2; *abjág; den sol din jagen lieplich grüezen* 52, 4; *Dich kan niemin gwisen* 53, 1; *sô tuo in gietliche* 54, 4; *mit urloub scheit ich von dem getriuwen* 54, 5; *de soll niemin für letzen* 54, 6; *ez schrei toblichen als ez wolde wüeten* 58, 5; *ich sprich: schöne, geselle lieber, bite!* 60, 5; *din béine: alsô kan sich diu minne*

rechen 61, 4: *ach sîn trôstlîchin rart diu wil sich langen* 74, 5:
niemen kan mir gelcîden 91, 6; *niemen weiz, waz ein unverzagtez*
kobern 114, 5 u. a.

Hiatus findet sich im gedichte oft: *wie ez* 6, 26: *wîde*
oder 7: *dû erkünde* 7; *wîlde oder* 10: *diu ez* 14: *wünne in* 22:
dü entrûste 23: *vêre ünd* 23: *Swie ez* 24: *ê ez* 48: *ê êr* 51:
lâ i 54: *gê ez* 96 u. s. f.

Eine eingehendere erörterung jener mittel, deren Hadamar
sich bedient, um einsilbigkeit von hebung und senkung zu
gewinnen, kann ich hier füglich bei seite lassen, da er sich
nach dieser richtung hin in nichts wesentlichem von seinen
vorgängern unterscheidet. für den text der ausgabe habe ich
bei der elision von der hebung zur senkung das tonlose e
beibehalten, tonloses e von der senkung zur hebung aber ent-
fernt: *Bête cesinftic*, dagegen *hût ûlwce*; apocope und syncope
sind überall durchgeführt; inclination erscheint in folgenden
fällen: a) inclisis: *mirz (mir ez)* 86: *ichz* 93, 300, 415: *rihtz* 213:
derz 259: *manz* 320; *ez* 544; *ders (der es)* 147: *mirs (mir si)* 151,
b) proclisis: *zeinem (ze einem)* 89, 475; *zaller* 220; *zerkennen* 238:
zallen 370: *zerbarmen* 421, 507: *zeinmal* 496; *zeiner* 532:
zuozin (zuo ze im) 370. synäresis in str. 415: *deist (dar ist)*.

Der reimgebrauch unseres dichters dagegen bietet ein-
zelne sehr beachtenswerte punkte, die nicht allein zur weiteren
charakterisierung der kunst Hadamars zahlreiche beiträge
liefern, sondern auch ein streiflicht auf die historische ent-
wicklung unserer neuhochdeutschen schriftsprache werfen.

Ich beginne mit dem äufserlichsten:

Hadamar ist reimarm, denn unter seinen 1695 reimen
wiederholt sich ein und derselbe reim nicht blofs drei- oder
viermal, sondern zehn- und zwölfmal, dasselbe reimwort oft
fünfzehn- und zwanzigmal und wenn wir von der verschieden-
heit der form absehen, sogar dreifsigmal und darüber. [*]
Einige beispiele mögen meine behauptung unterstützen. *sachen*:
machen in str. 53, 101, 127, 207, 217, 249, 297, 443, 492.

---

[*] Das Nibelungenlied ist freilich noch viel ärmer, begegnet man doch
unter den 4632 reimen (der Lachmannschen ausgabe) reimen, die sich nach
Pressel (Reimbuch zu den Nibelungen 1853) 70, 90, 107mal *getân : man*, ja
wie der reim *wîp : lîp* 171mal wiederholen.

walde : balde 12, 34, 44, 69, 153, 311, 406, 424. 428, 469.
wolde : solde 64, 204, 342, 347, 350, 359, 417, 422, 492,
559. *jagen : verzagen* 128, 131, 179, 185, 194, 231, 297.
335, 336, 506. *welle : geselle* 8, 21, 57, 67, 73, 81, 83,
278, 362, 403, 450, 536. *mühen :* 21, 51, 70, 141, 152,
190, 221. 259, 289, 303, 348, 388, 412, 426, 434. 489, 517.
leide : 24, 103, 143, 200, 210, 213, 216, 242, 281. 323, 391,
410, 412, 476, 501, 505, 529, 542, 554 *trinken :* 9, 50,
126. 170, 217, 220, 243, 260, 286, 296, 335, 387, 390,
405, 461, 466, 534, 539, 563; *trinke :* 10, 35, 51, 52, 102,
182, 222, 265, 297. 340, 353, 438, 512, 522. *handen :* 17,
45, 221, 305, 313, 393, 446, 448. 449, 529, 558; hunde:
20, 32, 47, 57, 101, 127, 129. 134, 178, 182, 272, 274,
287, 304. 322, 370, 392, 435, 480, 487. 546. endlich führe
ich einige reime an, die fast unmittelbar aufeinander folgen.
begunde : kunde 55. 56 (:hunde 57). *erschricket : erblicket* 59,
60. *widergangen : vergangen* 80, 81, 89. *gnaden : schaden*
168, 170, 171. *knehte : rehte* 66, 68. *gälte : mähte* 103, 105.
köre : möre 310, 312. *fuoge : buoge* 452, 453.

Binnenreim verzeichne ich in str. 498: *sin jagen mir ver-*
zagen dicke starte: mittelreim in str. 9: *es ist gebunden und*
wirt niht entbunden. 37: *die alten wisen grisen*. 71: *der wunder-*
minne kunder. 280: *in zorne wirt erlorne*, 466: *mit diser cart*
verninwen wänket rinwen, 498: *Helf ist gewis, sô hoeret man Triegen*
liegen und 523: *wie man den bruch mit state widerstate*.

Reinhäufung in str. 177 *gebreste : weste*, *reste : beste*; 370
entriden : liden, *liden : miden*: 457 *Tantenberge : herberge*, *Tan-*
tenberge : twerge; 533 *loufe : koufe*, *loufen : koufen*.

Reimlosigkeit in str. 112: *dônes : dônes*.

Vocalschwächung im reime tritt ein bei *ieman* und
nieman, so *riemen : niemen* 9, 543: *niemen : iemen* 281, 355; s. 223,
238, 341, 322. vgl. Weinhold BGr. § 13.

Anfügung eines unorganischen *e* im reime: *zorn(e) : horne*
39, 128: *härte : ort(e)* 119; *gên(e) : swêne* 219; *tempærie : bî(e)*
250, 309; *leckerie : dabî(e)* 427, : *bî(e)* 438, 440; *frî(e) : melancolie*
470; *danne : wiltbann(e)* 438. vgl. Weinhold BGr. § 17, Mhd.
Gr. 31, Pfeiffer Nic. von Jeroschin LVIII, Bartsch Herzog
Ernst s. 220: eines unorganischen *n*: *sinnen : minne(n)* 36;

Wille(n) : grillen 323; *erkennen(n) : genennen* 340; *wan(m) : schramen* 342; *naschen : tasche(n)* 399; eines unorganischen d: *vorjehend : schend)* 256.

Gleichheit der reimsilben wird ferner bewerkstelligt durch abwurf des endvocals: *(erschricket : erblicket* 59, 60), *erwendet : blendet* 128, *verrigelt : versigelt* 204, *wandelt : handelt* 211, *vorjehend : schend* 256, *immer : zimmer* 263, *verharret : vernarret* 267, *gestäfet : reifet* 296, *erwendet : phendet* 352, *säret : däret* 368; des endconsonanten: *erleschen : hin dreschen(t)* 164, *grise(n) : wise* 181, *faste(s) : geraste* 271, *weltgesellschafte : behafte(t)* 404, *kerne(n) : gerne* 491; durch metathesis: *lesen : geren (gerne)* 24, *kirte : gerirte (gevirt)* 25, *verte : unerverte (unernervet)* 87, *verlorne (verloren) : zorne* 280, *: horne* 449, *toeret : hoeret (hoerte)* 343, *nähet (näihte) : ergähet* 343, *hatzte : unbeschatzte (unbeschatzet)* 416; endlich durch syncope: *zorne : verlorse(n)e* 259.

Reimfreiheiten (im streng mhd. sinne) finden sich vielfach; sie haben im dialecte des dichters ihre erklärung. es wird gereimt:

a) â : ô — *ônen : linen* 264, 274. Weinhold BGr. 56.

    î : ei — *sweigen : erzeigen* 63, *gesinet : peinet* 117; *seiget : neiget* 386, *leide : reide* 591; *meinen : seinen* 415. BGr. 78.

    ie : i — *immer : zimmer* 263; *winder : hinder* 511. BGr. 19.

    oe : ô — *höre : vôre* 425, 502.

    ou : a — *abe : erlâbe* 80 BGr. 40.

    u : o — *zoget : toget* 157. BGr. 336; *burgen : ervorgen* 321. BGr. 21.

    û : ou — *versoume : bonme* 87; *troumen : versoumen* 371; *versoumet : übergoumet* 543; *beschouwen : bouwen* 103; *fürgebouwen : verbouwen* 269; *bouwen : schouwen* 435; *loufe : houfe* 273, 348; *houfen : widerloufen* 314, *: koufen* 344, *: entloufen* 567; *beschoute : loute* 348; *koume : zoume* 402; *toube: roube* 528. BGr. 100.

    iu : i — *phlihte : dihte* 165. BGr. 19.

    iu : ou — *getrouwen : verhouwen* 122, 283, *: schouwen* 344. BGr. 101.

iu : öu — *fröuden : göuden* 1, 232, 341, 364. 504; *göude :*
fröude 49.

b) h : ch — *brechen : rechen* 22. BGr. 183.

w : b — *gebe : stebe* 47; *schoubet : erloubet* 94 ; *farbe :*
darbe 248 : *(sterben : serben* 445, 464). BGr. 125.

endlich finden wir noch

c) folgende ungenaue reime: *werre (werre) : herre* 92 ; *kunde :*
brunne 113; *hazzen : lazzen (lâzen)* 133 [38]). BGr. 49 ; *hazze : lazze*
(lâze) 237. [39]) BGr. 49 : *werren : berren (bêren)* 239 ; *Mâze : hazze*
309 [38]) und *quelen : gesellen* 381.

Nicht als reimungenauigkeiten zu betrachten sind reime
wie *Genâden : (über)luden* 15. 205, : *schaden* 168. 170, 171 ; *hêre :*
here 98, *slahen : höhen* 317, *jagen : wâgen* 329. *hörte : borte* 356,
weren : satelgêren 423 , *rube : lûbe* 432. *â: wuten : gerâten* 444,
traten : râten 508, *bewaren : vâren* 537 , *jäger : wæger* 551 [39]) ; denn
der unterschied zwischen hochbetonten langen und kurzen
stammsilben hat dem wesen nach in Hadamars gedicht bereits
zu walten aufgehört; vgl. Pfeiffer Nicolaus v. Jeroschin
XXXVIII; Bartsch Germ. 1, 199; Bech. Germ. 8, 78.

Schon im 13. jahrhunderte werden zuweilen zwei der
verschleifung fähige silben, die demnach nur stumpfen reim
bilden sollten, klingend gebraucht, ja dieser gebrauch geht bei
niederdeutschen dichtern bis ins 12. jahrhundert zurück und
läfst sich schon bei Heinrich von Veldecke nachweisen. [40]

Wie aber Hadamar überall und alles auf die spitze
trieb, so auch dies. ein minimum von ausnahmen abgerechnet,
begegnen uns bei ihm nirgends mehr, weder im reime
noch innerhalb des verses, zwei silben, die durch silben-
verschleifung zu einer einsilbigen geworden wären. dem
früheren *begéren* steht also nunmehr gegenüber ein *begérin,*
dem *kómen* ein *kómen* u. s. f. vgl. Pfeiffer a. a. o. es ist

---

[37]) W. Grimm führt in der Geschichte des reims s 63 nur das beispiel
aus Des minners klage (Schmeller str. 657) an: *auch saget man von in wunder*
ei besunder.

[38]) Vgl. *mâze : lâze* 4, 44, 198, 539; *lâzen : Mâzen* 299, 453; *mâze : sâze* 46.

[39]) Vgl. BGr. 36, 55.

[40]) Vgl. Sommer zu Flore s. 269; Pfeiffer in der Germ. 3, 501 f,
Bartsch ebenda 5, 420.

dies auffällig, da bei späteren schriftstellern wie bei dem verfasser des gedichtes auf Ludwig den Bayer, der dasselbe nach Pfeiffer (Forschung und kritik, 1, 54) zwischen 1343—1346 schrieb, und beim Suchenwirt noch sehr häufig reime begegnen, bei denen die längung der hochbetonten kurzen stammsilbe noch nicht eingetreten ist; ich erinnere an *Gelúkes fúnt vnd sélden régen: | Lasse álles schówen índerwégen* (Pfeiffer a. a. o. s. 58 v. 47 f.), *Dis wil ich lássen índerwégen | Vnd der crónik áber pflégen* (62, 96 f.), *Des kéísers ére énde frúmen | Dis hán ich álles wól vernúmen* (63, 11 f.), *Der wélte lún vnd góttes ségen. | Ey wie der kéíserliche dégen* (65, 26 f.) [1]) u. s. f. für Suchenwirt verweise ich auf Kobersteins untersuchung (Über die sprache des österr. dichters Peter Suchenwirt. Naumburg 1828. programm) s. 7—13. bei Hadamar dagegen ist, wie erwähnt, der unterschied zwischen langer und kurzer hochbetonter stammsilbe schon gefallen. es wäre gewiss nicht uninteressant die historische entwicklung dieses sprachprocesses in einer eingehenden untersuchung darzulegen und es mag als ein kleiner beitrag hiezu angesehen werden, wenn ich nachstehend eine zusammenstellung aller jener wörter im reime oder in der waise, bei denen jene längung bereits eingetreten ist, folgen lasse.

aben. *haben* 162, *: laben* 245, 396, 471. *: begraben* 369, 482. *: knaben* 414, 471, *: raben* 529.

ade. *rade* 419.

age. *jage* 115.

agen. *jagen* 459. *: zagen* 128. *: verzagen* 131, 179, 185, 194, 231, 297, 335, 336, 463, 506, 548, *: geslagen* 205, *: klagen* 202, 478, *: behagen* 271, *: sagen* 318, 565.

  kragen : nagen 345.

  gesagen : geslagen 86, *: klagen* 373.

  angeslagen : nagen 95.

  tragen : klagen 373.

  verzagen 136, *: klagen* 145, *: sagen* 333, 538.

---

[1]) Dagegen *Du rúme hát enlitten | Mit ûgentlichen sitten* (63, 21 f).

agent. *jagent* 29, 40. 111, *: klagent* 210, *: verzagent* 338.

äger. *jäger* 44, 449.

amen. *namen : schamen* 349.

are. *rare* 73.

aren. *caren* 196; *ervaren : bewaren :* 48, 278.

aten. *bestaten* 512; *schaten : erstaten* 87; *staten : saten* 507.

ebe. *gebe : stebe* 47.

eben. *leben* 232, 281, 364, 482, *: geben* 123, 167, 253, 283, 400, 484. 531, *: heben* 140.
streben : geben 136.

ebent. *gebent* 174.

egen. *wegen : pflegen* 302, 481.

egent. *wegent : pflegent* 477.

eben. *sehen* 57, 209, *: ihen* 64, 166, 184, 259, *: wehen* 119, *: geschehen* 187, 249, 262, 295, 413, 502, *: spehen* 436, 462.
geschehen 244, *: wehen* 129, *: ihen* 395.
flehen 195.

ehent. *jehent* 414, *: sehent* 256.

elen. *verholen : abstolen* 260.
welen : zelen 261, 393.

emen. *nemen : gezemen* 39, 261.

enen. *denen : anmenen* 57.
senen : wenen 367, 372, 383, *: widerspenen* 421.

enet. *gewenet : senet* 24, 379, 395.

eren. *begeren* 550, *: entweren* 1; *geweren : geren* 247.
weren : verzeren 124, 163, *: weren* 165, 376, 378, 470, 549, *: geweren* 472.

erent. *gerent : swerent* 472.

eret. *neret : weret* 152, 244.

esen. *wesen :* 128, 384, *: genesen* 108, 172, 237, 445, 460, 465, 471, 556, 564, *: resen* 186, 224, *: lesen* 365, 542.

eten. *getreten : gebeten* 41, 91.

iben. *abgeschriben : vertriben* 295.

ider. *nider : sider* 58, 215, *: vider* 378, *: wider* 438.
wider 511, *: sider* 171.

igelt.   *versigelt* 105, : *verrigelt* 106, 204, 527.

igen.   *gesrigen* 360; *verligen : verswigen* 198.

ime.   *ime* 551.

obern.   *kobern* 337. 406. 506, : *überobern* 114, 233.

obert.   *erobert : erkobert* 196; *überobert : kobert* 230, 305, 467.

obet.   *tobet : überobet* 93.

ogen.   *betrogen : gelogen* 458, : *erzogen* 443.

omen.   *komen : benomen* 202, 478, : *abgenomen* 324; *wider-
         komen : genomen* 227; *volkomen : genomen* 302.

oren.   *geboren* 137, : *verloren* 429.

umen.   *durchkumen : frumen* 240.

IV.

Nun einige bemerkungen über Hadamars sprache und stil.

Betreffs des wortschatzes verweise ich auf die anmer-
kungen: hier erwähne ich nur, dafs Hadamars gedicht eine
reihe von wörtern aufweist, die in den mhd. wörterbüchern
entweder nicht weiter belegt erscheinen oder aber — und es
sind deren etwa siebzig — ihnen ganz fehlen.

Rhetorische mittel zur belebung des ausdruckes und zur
erhöhung der anschaulichkeit wandte Hadamar in grofser zahl
an, wobei er aber auch hier nicht selten in die schon wieder-
holt erwähnten fehler der übertreibung und maniriertheit
verfällt. es kann natürlich nicht absicht der folgenden
zeilen sein auf all und jedes rhetorische mittel, dessen sich
der dichter bediente, hinzuweisen, wol aber sollen die wich-
tigsten und zur charakteristik seines dichterischen vermögens
brauchbarsten momente hervorgehoben und durch eine aus-
wahl von belegstellen erläutert werden.

Alliteration [42]) begegnet oft, so str. 21, 3—4: *durch
senftez, süez enphähen, | daz mir möhte wenden sûren smerzen;*
21, 7 : *daz uns von senden sorgen scheiden welle;* 28, 3 : *durch*

---

[42]) Zingerle liefs in seiner ,alliteration bei mhd. dichtern' Hadamars
Jagd unberücksichtigt, wiewol gerade sie reiche ausbeute geliefert hätte.

weidenlichen wandel; 30. 5 : der walt hât klugez wilt und wolfe
wunder; 36, 6 : var fürbaz, frâg die guoten; 40. 3 : ich sag dir
sunder smeichen; 44, 4 : daz ich mich solher site sicher mâze;
89, 6 : war ez sich welle wenden; 119, 1—2 : Dô ich hüglichen
hôrte | die hunde alsô wehen; 125, 4 : weder ruo noch raste; 148,
4 : sin herze ruolich rastet; 153, 6 : doch mit des wildes willen;
157. 4 : daz sich muoz leider sust vil lange hugen; 182, 4 : dâ
kobert hin vor al der hunde houfen; 191, 3 Amôr dich heizzet
harren; 191, 4 : der dir din zit an fröuden hin verzihet; 208,
6—7 : nein, tûsent tôde sterben | tegelichen; 214, 3 : sô si die wolfe
wolken; 225, 5 : sich sament, daz ist süez ein giftig galle; 228,
1 : Wunschlicher wunne wunder; 228, 4 : mischet sich und meinet
solhez meinen; 229, 6 : Harre hât geharret; 273, 3 : dâ herren hund
der houfen; 321, 6 nieman weiz wô und wenne; 344. 5 : dâ Triuwen
stân vor aller hunde houfen; 344, 7 : wan daz sich lât durch gâb
mit gelde koufen; 424, 1—2 : Ich huop ûf disem walde | und
hôrte herren hunde: 470. 1 : Ich bin der fröuden frie; 502, 7 : ît
Harre hin, hoer zuo den lieben, hôre; vgl. hiezu die unten ange-
führten verbindungen stammverwandter wörter, sowie die
formelhaften liebe und leit (Liebe und Leit), liebe und last, Wille
und Wunne. hin und her, dar und danne u. a.

Ebenso häufig ist assonanz: 19, 4 : solt ez mir und im
immer ligen harte; 47, 7 : wol fruo hin für zuo guoter naht muoz
triben; 93. 5 : swie mich doch kratzen scharpfe scharhes brâmen;
120.1 : Unheiles heil ze teile; 135, 5—7 : muot guotin dine ze
guoten dingen bringet; | unmuot begert unguotes. , danc hab sin, diu
unmuot ze muote twinget; 138, 1—3 : Da zartiu muotes muoter | diu
kranken muot bequicket, | nie muot wart alsô guoter; 228, 1 :
Wunschlicher wunne wunder; 281, 3 : lebt iendert iezuo iemen;
286. 7 : ob er die vart niur niuwe müg vernuwen; 319, 1 : Lîden,
Swîgen, Mîden.

Chiastische wortstellung findet sich in str. 61, 3—4:
Ich stuont . . . die hende lam, erkrummet diu beine; 61, 5 : der
ougen sehen, daz hoeren von den ôren; 88, 5 : mit spur ein hirz,
ein lewe gên unprîse; 154, 1—3 : Nâch lufte ringe und swere |
nâch erde, heiz nâch fiure | nâch wazzer küele ich ware; 473,
5—7 : ir lieblich blic für hitze ein küeliu fiukte | gên kalt ir
mundes brennen | ist wol erzenie . . .

Eine weitere charakteristische eigenthümlichkeit der aus-
drucksweise Hadamars ist die conjunctionslose anreihung
coordinierter begriffe: *wider zucken, phnurren | ich ez kunde* 55.
3: *ich sach, ich greif* 77, 5; *Klein fuoge kunnen suochen | ronch,*
wazzer, swer si cühet 144. 2: *min herz ... kan sich .. winden |*
für wazzer, ronch 144, 6 u. s. f. — *Bete, ersüftic rinne, ge-*
rihticlich begern 1. 1—2: *ob Fründe, Wunne, Trôst ze cêren*
setzen 50. 5: *Ûfwerfen, schrien, denen* 57. 1; *trit ez ân aller*
schulde, carbe, meile 71, 7; *für tanzen, springen, lachen* 153,
5; *ez walze | ez lige, ez stê* 212 3—4 u. s. f. — *bluomen, gras,*
loup, rôsen 5i. 3; *waz ist ein rât, ein trôst, ein helfe, ein stiure*
156, 5; *Rein, lûter, klâr, durchliuhtet* 176 1; *lip und guot, diu*
sêl, diu ir, daz leben 253, 5; *Mâze, Lust, Gird, Willen* 323. 1;
arbeiten, reiten, halden für, beschüren 401, 5. — *waz walt, heil,*
anger, ouwe, velt gesprenget 56, 7; *Ein ruo, ein hube, ein stiure,*
| ein schraue, ein restin werre 92, 1—2: *ich rite, ich gê, ich lige, ich*
stê, ich sitze, 231. 4: *Harren, Staten, Twingen, Senen, Liden* 370,
4. — *Man suoch, man lôz, man henge, | man birs, man jag, man*
schieze 45. 1—2: *bir grüen, wiz, rôt, blâ, gel, swarz gemenget*
56, 5 und *Hovieren, tanzen, singen, | jagen, vischen, beizen*
455, 1—2.

Der gröfste spielraum und das weiteste gebiet aber ist
den wortspielen eingeräumt, die wir in verschwenderischer
fülle über das ganze gedicht ausgestreut sehen.

Vor allen liebt es Hadamar dasselbe wort sei es in der-
selben (a) sei es in anderer form (b) zu wiederholen.

ad a): *ach ach* 13, 68, 146, 372, 534; *hin hin* 67, 70, 79,
83; *owê owê* 162, 522; *sêht sêht* 71, 480; *huer huer* 80; *hoert*
hoert 168, 360; *losâ losâ* 115; *los los* 342; *nâch im jag, nâch*
im jage 115, *ît nâch im Harr, nâch ime* 551; *mir wehset munt,*
die wile im wehset êre 355; *hôch über hôch* 378; *hilf lieb, hilf*
zart, hilf triutel, | hilf helflich Trôst 468.

ad b): *von art sin art* 63; *von blick gên liebem blicke* 325;
in fründen ouch zuo fründen 485; *genâde s.* 171; *in der ge-*
sellischaft | dâ lât gesell gesellen trûric selten 400; *(ich*
zinhe) güet ûz ir güet 165; *heil vor allem heile* 273; *kraft mit*
krefte 154; *hilf, Lieb, mit lieb von leide mir genesen* 172; *sô*
daz sich liep vereine mit lieb .... und daz diu liebe sich ..

mit lieb ie lieber machet 243: *Ich suoche . . herzen liebe ân leide.
min suochen muoz ervinden, wan ich vor liebe leide nindert scheide.
ez si ie leit zu liebe sô gemenget* . . 476: *Sit liebe und leit ist
regent . . . . diu mir git lieb und leide* . . 477: *lob gên ir lob* 302:
Lust und Mâze s. 309: *die mâze ir in ir mâze* 539: minne s.
254: *min herz ich tiefe senke | al durch der minne grunt in die
unminne. swer durch die minne unminne hât ergründet* . . 541:
ich schrei, daz mort mit mordes übergolde 338: muot — unmuot s.
135—139; *ein senen . . kan wol mit senen . . schaffen* 375; *Swâ
Stæt nâch Staete kobert* 467: *ob im noch ward ze teile | ein liep-
lich teil* 74: *von warte hin ze warte* 12; *du frâgest . . frâg
die guoten. du frâgest* . . 36: *Kêrâ zuo mir kêre* 98: *schônâ
herre, schône* 98: *hoert. ob in ieman hôrte* 168: *hœrâ frönden,
herre, hoer zuo hoere* 341: *lûten schrien schreit* 40∶: *ie huote
und immer hüete* 453. jâ und nein s. 384: wê s. 465: ach
s. 494.

Ebenso beliebt ist die verbindung stammverwandter wörter.
um in die unzahl der hieher gehörigen beispiele ordnung zu
bringen, unterscheide ich 9 gruppen.

1. subst. und subst.: *unheiles heil* 120; *der sache ist ein
ursache* 140; *unmuotes muot* 148. 378, 513; *der gruntvesten veste*
177; *ich hân daz gotes reht mit allen rehten* 207; *ir beljet in bî
fröuden zît ze fröuden* 232; *vor aller wunne wunnen* 276; *brüch
gên widerbrüchen* 492.

2. adj. und subst.: *unbetlich bet* 1: *itelîche tât* 16. 425, 485:
unerschrocken sehen, sihtic handel 37 : *rîchez rîche* 54: *liebez lieb* 78;
girdiclîche girde 99; *brestenlich gebreste* 147: *leitlich leit* 147,
531, 542; *gemediclich gemüde* 172; *diner wirde . . unwirde* 177;
wirker gird . . . ungirdec 177; *gift in sô süezer süeze* 187: *zuo
inuern lieben lieben* 232; *Verwerrenlichez werren* 239: *daz din
liebe . . sich mit lieben fünden müeze niuwen* 243; *eine eigenschaft
für eigen beliben* 246; *Owê der leiden varbe, | die ich mit leide
erkenne* 278; *gunstlich gunnen* 276; *senelich senen* 299: *volkomen:
volkomen* 302: *lebendic leben* 364; *gerehte rektickeit* 387: *der schatz
ist . . unbeschatzte* 416; *muozlich muoze* 451: *geilez geilen* 502:
lebndez leben 531.

3. verb. und subst.: *mit gedanken niht gedenke* 97: *den
nar . . neren* 124; *owê daz ist vor aller klag ze klagen* 145:

ei Leit. soll dâ.. leiden 147; fiuhte.. fiuhtet 148: dar âz
erblüet der fröuden blüet 159; mit êren blüet geblüemet 173:
prîs in prîset 174: ich rât dir niht von êren. der rât wære
unbehende 196: meinet solhez meinen 228: Harre hât geharret
229: werren.. wirret 239: der die zal wil überzeln 261: ê
ich ez mit solhen phanden phendet 352; saffes entsaffen 375;
gewonheit gewenen 379; von reht.. solt man.. rihten 419; sin
versinnet 427; schale beschalket 431: Rüege rüeget 451; kranken
bekrenken 474; liebe liebet 475: mit willen wille 483: gelonbe
gelonbet 520; der frâg frâg ich 522: mit brüchen widerbrichet
523: lonfe loufen 533; leit.. leidet 542.

4. adv. und subst.: minn ez minneclicher eil gesellet 33:
die hât leider Leit benomen 201: daz diu liebe.. ie lieber
machet 243: ob mir.. Trôst troestlich si gehetzet 405: ich jag
mit Snen seneclichen harte 405: riudet schalclich niuwes schalkes
fuude 431: swie dicke was ein dicke 498: Leit... sich leider
nimmer zît von mir gescheidet 542; ich möhte leide den studenten
lesen, des bin ich leider meister 542.

5. adv. und adj.: gewalticlich gewaltee 171; wildiclich
wilde 175: zartlicher zart 187.

6. verb. und verb.: ez widermachet swaz ie frönde
machet 455.

7. adv. und verb.: hôhe hochet 36; lange lengen 157, 222;
waz kan schreckliche erschrecken 226: klârlich beklaret 252; warlich
bewaret 252: daz smutzerlichen smutze 326: ez verret sich mir
verre 379; din krümme niemau slehte kan geslihten 419; dô ich
nâch dem fuoze | mäslichen hôrte mäsen 451; dâ luglichen wirt
gelogen 458.

8. adj. und verb.: erschrac von schreckenlichem heschen 130;
hâst dû gesehen, daz ich dâ juge, ist ez jagebære 184: wan der
kluglichen kummer hab ze klagen 365; hilf helflich Trôst 468.

9. adv. und adv.: colliclichen colle 555.

Oxymora begegnen uns in str. 120: unheiles heil ze teile
wart mir; 123: wie sol ein lebndie tôter; 363: der sol mich heizen
den lebendie tôten; 464: ein lebendie sterben; 511: ich trag den
lebnden tôt in minen herzen; 137: er ist ez dû... du bist ez
er... er ist von dir geboren und was doch ê, din leben half er
sterben; 182: alt bi jungen jâren; 225: daz ist süez ein giftic

galle; 368: *der minne süeze sich in herzen sûret;* 372: *du kanst mich mit gesehnden ougen blenden;* 445: *blint mit gesehnden ougen.*

Schliefslich führe ich an, dafs Hadamar sein gedicht durch sentenzen und sprichwörter, die in bündiger form manch tiefen gedanken bergen, würzt:

37, 3—7: *(die alten wisen grisen*
   die sprechent daz, ez si man oder frouwe.)
  daz unerschrocken sehen, sihtic handel
  an state selten triegen:
   des herzen muot bediutet ûzer wandel.

43, 6—7: *swer alliu dinc ûzrihtet,*
   der kan nimmer fuoglich werden grîse.

70, 1—2: *.... waz ist beschaffen,*
   daz kan doch nieman wenden.

128, 5: *kein geschehen dinc nieman ervendet.*

135, 5—6: *muot guotiu dinc ze guoten dingen bringet;*
   unmuot begert unguotes.

183, 4—7: *.... swer gerehticlich den orden*
  in herzen treit und man des niht erkennet,
  ez ist niht ungefüege,
  ob man den alt bî jungen jâren nennet.

185, 6—7: *(.. ich hân ie gehoeret:)*
   si müezen ab dem schiffe, die verzagen.

189, 4: *(man spricht:) ie mêr rint, ie mêr ôren.*

189, 6—7: *drî schelke für daz netze*
   gehoerent, ê man einen dar în bringe.

197, 1—2: *Swer der weide wær gesezzen,*
   der mac ir wol geniezen.

227, 6—7: *man mac vil balder vallen*
   ab tûsent mîl, dan eine hin ûf klimmen.

240, 5: *wâger gwinner, vlieser sint genennet.*

253, 1—2: *... zuo liebem kinde*
   gehoeret besem grôze.

279, 6—7: *(du hâst doch vil gehoeret,)*
   daz man von boesen gesellen dicke sieche.

395, 6—7: *(ez ist wâr,) der dâ wænet*
   der weiz êt niht, (daz muoz ich immer jehen.)

407, 5 :   *ein smit der sol die zangen wol erkennen.*
407, 6—7 : *swelh lantman wol sin sprâche*
                vernimt, den sol man niht unwise nennen.
413, 6—7 : *ich næme ein wilt gevangen*
                für tôsent, din ich fliehen solde sehen.
430, 5 :   *die vohen man mit vohen widerstillet.*
430, 6—7 : *swie man ze walde ruofet,*
                billich alsô der galm widerhillet.
439, 7 :   *von kleinen fonken siht man grôze brunste.*
481, 1—2 : *Niht ring, niht überswære*
                sint alliu dinc ze wegen.
541, 7 :   *man büezet dâ mit, mit dem man dâ sündet.* vgl. 294, 5.
562, 7 :   *man gert ie mêr des besten dan des bœsten.*

Neben diesen vorzügen, welche die diction Hadamars
auszeichnen, lassen sich auch einige mehr oder minder auf-
fallende stilistische mängel und unebenheiten namhaft machen.
ich greife zwei und zwar die wichtigsten heraus : a) die häufig
vorkommende starke interpunktion mitten im verse, wodurch
nicht selten die leichtigkeit und glätte desselben beeinträchtigt
wird [43] und b) die jedenfalls unabsichtliche wiederholung von
wörtern und verszeilen kurz aufeinander, welche dem leser
die vermuthung nahelegt, es habe das gedicht einer letzten
feile entbehren müssen.

Starke interpunktion im verse notire ich in folgenden
str. 4, 20, 21, 32, 52, 57, 60, 61, 62, 66, 67, 69, 77, 81, 85,
91, 92, 94, 96, 98, 108, 120, 123, 124, 140, 144, 148, 162,
179, 184, 185, 186, 189, 190, 200, 204, 217, 238, 248, 253,
260, 262, 270, 271, 273, 293, 295, 312, 313, 314, 322, 326,
336, 348, 351, 352, 353, 354, 360, 374, 394, 395, 411, 415,
416, 422, 427, 433, 445, 449, 451, 480, 488, 490, 504, 506,
519, 547, 548, 557, 562 und 564.

Als unabsichtliche wiederholung erscheinen : *handen —
handen — hande* 11; *min Herz aldâ begunde* 55, 2 und 57, 2
ich aldâ begunde 56, 2; *erschricket : erblicket* 59, 60; *begunde*

---

[43] Oder sollte in dieser kunstlosigkeit absicht und kunst liegen ? (vgl.
Wackernagel Litt. gesch.² 1, 175). auch Wolfram und Albrecht von Scharfenberg
interpunctieren sehr gerne mitten im verse.

ich an ez hetzen 106, 2 und 126, 2; *Genâden : schaden* 168, 170,
171; *ungenozzen : unverdrozzen* 112, *unverdrozzen : genozzen* 113;
ze füezen 179, 180; *geräten* 289, 290; *under stunden* 290, 291,
558, 559; *under ougen* 324, 325; *dar an sô brichet niemen* 431,
6 und 432, 6 u. a.

Hiemit bin ich am schlusse meiner erörterungen über
Hadamar von Laber und sein gedicht angekommen. es erübrigt
mir nur noch mit einigen worten das verfahren, das ich bei
der herstellung des textes beobachtete, anzudeuten. die grofse
verschiedenheit der in den hss. vorliegenden texte, die mannig-
fachen ,verbesserungen' der schreiber, die vielen misverständ-
nisse endlich, die sich in allen, jungen wie alten, handschriften
finden, liefsen es mir schon von vornherein gebotener er-
scheinen, mich nicht auf die wiedergabe des textes éiner hand-
schrift zu beschränken, wie dies mehr oder weniger Schmeller
gethan, sondern denselben auf die überlieferung aller oder
doch wenigstens aller alten handschriften aufzubauen. und
diesen letzteren weg habe ich auch nach gewonnener über-
zeugung, dass den änderungen der jüngeren handschriften fast
nur mehr unverstand der schreiber zu grunde liegt, einge-
schlagen: A B (C) D a wurden wort für wort collationiert und
auf diese basis hin die textrecension vorgenommen. [44]) ob ich
überall das richtige getroffen, muss ich der gütigen beur-
theilung und entscheidung meiner freundlichen leser überlassen,
dafs ich es aber überall zu finden angestrebt und hiebei fleifs
und mühe nicht gespart habe, glaube ich nicht erst ausdrück-
lich erwähnen zu müssen. wie Schmeller habe auch ich mich
mit rücksicht auf die entstehungszeit des gedichtes für be-
rechtigt gehalten im texte die formen und die orthographie
des 14. und 13. jahrhundertes durchzuführen, ja ich ver-
meinte auch oberdeutsche eigenheiten wie die nichtverhärtung
des schliefsenden b g d zu p k v mit recht unberücksichtigt
lassen zu können, da die ältesten handschriften wiederholt

---

[44]) Was irgend eine dieser genannten handschriften an lesarten bietet,
ist möglichst gewissenhaft s. 151—172 verzeichnet. hier und da fügte ich
auch bemerkenswerte lesarten aus jüngeren hss. bei. orthographische und
dialektische varianten blieben meist unberücksichtigt.

inlautender media auslautende tenuis gegenüberstellen. auch
das feminine und neutrale -*iu* erscheint bei mir erhalten,
da es in den handschriften oft genug durch *ew* oder *eu* wieder-
gegeben wird. in dingen indifferenter natur endlich wie in
der schreibung von -*ec* oder -*ic*, von anlautendem *v* oder *f*
folgte ich fast durchwegs der ältesten und sorgfältigsten
handschrift, der hs. A. [45])

---

[45]) Leider sind im texte folgende druckfehler stehen geblieben, die
ich vor gebranch desselben zu verbessern bitte: 9, 7 l. *undertæniclichen*; 36,
3 ist nach *hoekct* ein strichpunkt zu setzen; 80, 1 l. *ez*; 83, 1 l. *Daz*; 103,
7 l. *Fröude*; 132, 3 l. *gieng*; 176, 7 l. *würken*; 181, 4 l. *ræten*; 204, 7 l. *er-
ziugen*; 207, 2 l. *vor*; 224, 4 und 293, 4 l. *unmære*; 256, 4 l. *ábentiure*;
266 l. *êwiclichen*; 271, 5 l. *noch*; 510, 6 l. *riten*.

T e x t.

1. Bete, ersiuftic riuwe.
   gerehticlich begeren
   erwirbet fröude niuwe;
   unbetlich bet kan selbe sich entweren.
   hie ist ein anvanc aller miner fröuden.
   nu wünschet, guot gesellen,
       daz von dem ende froelich werd ze gönden.

2. Swie minne ein anevâhen
   sî fröuden aller meiste,
   doch râte ich niht vergâhen
   sich allen den, den ich nu triuwe leiste.
   swer im durch minne ein liep ze fröuden kiese.
   der warte ê wol und schouwe,
       daz er sin beste zît iht dâ verliese.

3. Ich mein die stæten alle,
   die dâ ân allez wenken
   gar sunder brüche galle
   ir triuw durch nieman wellent überdenken.
   swâ sich der einer mit unstæte wirret,
   der toetet sich an fröuden
       und ist sîn leben hie und dort verirret.

---

   1. A 171; B 18; b 79; C —; D —; d 1; f 1; e 3; F 3; g 3;
a 3; E —; e 3; h 11.
   2. A 1; B 19; b 80; C —; D —; d 2; f 2; e 4; F 4; g 4;
a 4; E —; e 4; h 12.
   3. A 2; B 20; b 81; C —; D —; d 3; f 3; e 5; F 5; g 5;
a 5; E —; e 5; h 13.

4

4. Wie manic herz verhouwen
wirt in solher mâze!
ein jäger muoz beschouwen
vil dicke ein vart, daz er iht misselâze,
die wîle er henget: daz muoz er besinnen.
alsô. ir jungen, hüetet,
lât iu daz herze niht ze fruo entrinnen!

5. Daz ieglich geliche
sîn glîchen wol erkande,
sô wœr diu werlde rîche.
wan glîche sînem glîchen kumber wande,
die stæten kunden stæte wol genüegen,
sô möht man den unstæten
mit brüchen ouch ir fröude niht verbüegen.

6. Durch suochen wildes genge
fuor ich an einem morgen.
wie ez wirt mangem strenge,
daz hân ich sît erfunden wol mit sorgen:
doch lêrte mich dô jagen frouwe Minne
ein vart, dâ mir sît dicke
ist zerunnen aller mîner sinne.

7. Durch wisen nâch den verten
nam ich min selbes Herze,
swâ si die strâze berten,
ez wære an weide oder sust an scherze,
ûf walde, in onwen oder ûf der sæte,
ob ich iht dâ erkande
mit spur ein vart, diu weidenlichen træte.

---

4. A 3; B 21; b 82; C —: D —; d 4; f 4; c 7; F 7; ʒ 7;
a 7; E —; c 7; h 15.
5. A —; B —; b —; C —; D —; d —; f —; c 6; F 6; ʒ 6;
a 6; E —; c 6; h 14.
6. A 4; B 22; b 83; C —; D —; d 5; f 5; c 8; F 8; ʒ 8;
a 8; E —; c 8; h 1.
7. A 5; B 23; b 84; C —; D —; d 6; f 6; c 19; F 19; ʒ 19;
a 9; E —; c 9; h 2.

8. ‚Hüet alwec dîn, geselle!
des bis êt stæt gewarnet,
ez welle swar ez welle.
vil manic liep mit leide man erarnet.
din halse dich ûf halte für vergâhen,‘
sprach ich zuo mînem Herzen,
dô ich ez an die strangen wolde vâhen.

9. Bant, mîner stæten riemen,
ein slôz der mînen triuwen,
den mac enbinden niemen
in liebe, in leide, in fröuden noch in riuwen!
ez ist gebunden und wirt niht enbunden.
mîn herze daz sol stæte
ir undertæniclichen werden funden!

10. Fröude, Wille und Wunne,
Trôste, Stæte und Triuwe
— die hunde ich sô erkunne —
die lâzent niht beliben swaz ist niuwe.
ez sî ûf walde oder in dem muore:
die hiez ich mit mir ziehen,
daz ich si wolde hetzen in die ruore.

11. Besetzen mir ein warte
ich aldâ begunde
gên manger widerparte
mit guoten hunden, als ich beste kunde,
mit alten hunden und dar zuo mit welfen,
ob ez die warte næme,
daz die geruoten hunde solten helfen.

8. A —; B 16; b 77; C —; D —; d —; f —; c 1; F 1; g 1;
a 2; E —; e 1; h 9.
9. A —; B 17; b 78; C —; D —; d —; f —; c 2; F 2; g 2;
a 1; E —; e 2; h 10.
10. A 6; B 24; b 85; C —; D —; d 7; f 7; c 15; F 15; g 15;
a 17; E —; e 17; h 17.
11. A 7; B 25; b 86; C —; D —; d 8; f 8; c 9; F 9; g 9;
a 10; E —; e 10; b 3.

12. Gelücken ich für satzte
hin gên dem Schalkeswalde;
ob man den rehte hatzte,
er weret im die leckerîe albalde:
der hunt tribt ez von warte hin ze warte.
wirt er ouch niht gehetzet,
 sô lît ez Triuwn und Stæte sicher harte.

13. Lust hiez ich niht gar verre
für Gelücken halten.
der hunt ist wol ein herre;
swer mit im jagt, der mac mit sælden alten.
næm ez die warte hin gên iener nône,
— ach ach, wes wünsche ich tumber! —
die wal næm ich für aller künge krône.

14. Die hunde hiez ich vâhen
und wolte hân gescheiden.
mit den, die ez dô sâhen,
bewîse ich, daz sich Liebe nie von Leiden
wolte lâzen ziehen oder wisen.
bi Lieb vil manic junger
belib, den Leit mit leide kan wol grisen.

15. ,Sît daz kein underscheide
si an diesen beiden,
nim e zuo Lieben Leide
— si kan die lenge nieman wol gescheiden —
und halte si hin für wol ûf ein raste.
geselle, hetzâ Lieben
die wil du mügst, sô habe Leiden vaste.

 12. A 8; B 26; b 87; C —; D —; d 9; f 9; e —; F —; g —;
a 11; E —; e 11; h 4.
 13. A 9; B 27; b 88; C —; D —; d 10; f 10; e 10; F 10; g 10;
a 12; E —; e 12; h 5.
 14. A 10; B 28, 511; b 89; C —; D —; d 11; f 11, 496; e 11, 499;
F 11; g 11; a 13, 491; E —; e 13; h 6
 15. A 11; B 29, 512; b 90; C —; D —; d 12; f 12, 497; e 12; F 12;
g 12; a 14; E —; e 14; h 7.

16. Nu halte für Genâden
verre manic mîle;
ob ich werd überladen
mit ungelückes îliclîcher île,
sô dinge ich ez an in von allem rehte;
und stande êt sunder slâfen.
los eben!“ sprach ich zuo dem jägerknehte.

17. ‚Iuch selben niht betoeret,‘
sprach ich zuo jedem knehte,
‚gar wol und eben hoeret:
ûf mîne hunde sult ir merken rehte.
und hetzet ir ieman zuo sînen hunden,
sô wizzet sicherlîchen,
mîn hant in iuwern ougen wirt erfunden.‘

18. Ich wil den alten Harren
ouch in die ruore ziehen.
ob disen jungen narren
geschæhe ein bruch von überlistic fliehen,
ich kum hin nâch, daz weiz ich, mit im eine.
Harr ist zuo mangem bîle
komen, swie sîn jagen ist doch seine.

19. Ich dâht, war ez sich neiget,
næm ez nu keine warte,
nâch im mir Harre zeiget.
solt ez mir und im immer ligen harte,
in tribet dâ von nieman wan ein sterben.
ich wil bî im belîben,
genâde erjagen oder gar verderben.

16. A 12; B 30; b 91; C —; D —; d 13; f 13; c 13; F 13; g 13; a 15; E —; e 15; h 8.
17. A 13; B 31; b 92; C —; D —; d 14; f 14; c 14; F 14; g 14; a 16; E —; e 16; h 16.
18. A 14; B 32; b 93; C —; D —; d 15; f 15; c 16; F 16; g 16; a 18; E 1; e 18; h 18.
19. A 15; B 33; b 94; C —; D —; d 16; f 16; c 17; F 17; g 17; a 19; E 2; e 19; h 19.

20. An warte, in ruor geschicket
het ich dô mîne hunde,
die jungen underspicket
mit alten, ob ez schalclich fliehen kunde,
die jungen solten rihten ab die alten.
ich huop mich gên dem walde
und sprach: ‚wol dan, lâ sîn gelücke walten.‘

21. Dem walde fuor ich nâhen
hin mit mînem Herzen
durch senftez. süez enphâhen,
daz mir möhte wenden sûren smerzen.
ich sprach: ‚Herze, lieber mîn geselle,
wâ sol ez überfliehen,
daz uns von senden sorgen scheiden welle?‘

22. Dô was der sunnen brehen
ouch komen gên dem morgen.
die voglîn kuuden zechen
ir leben sô, daz keinez wolte sorgen.
diu wunne in ir herze sô durchgimmet,
daz ieglichez sunder
lie lûte hoeren, wie ez was gestimmet.

23. Mîn muot was dô entrüste:
der voglîn dôn daz schaffet:
daz herze in mîner brüste
vor luste swal, daz ez diu ougen saffet.
ez senet sich dô verre und gar verre
reht als ein kint, daz weinet
und nieman kan gesagen, waz im werre.

20. A 16; B 34; b 95; C —; D —; d 17; f 17; e 18; F 18; g 18;
a 20; E 3; e 20. 579; h 20.
21. A 17; B 35; b 96; C —; D —; d 18; f 18; e 29; F 20; g 20;
a 21; E 4; e 21; h 21.
22. A 18; B 36; b 97; C —; D —; d 19; f 19; e 21; F 21; g 21;
a 22; E 5; e 22; h 22.
23. A 19; B 37; b 98; C —; D —; d 20; f 20; e 22; F 22; g 22;
a 23; E 6; e 23; h 23.

24. Swie ez was ungewenet
liebes unde leide,
ez fröut sich unde senet:
im was unkunt ir würkens underscheide.
sîn angeborniu fruot ez muoste lêren
als einen jungen bracken,
der nie gesach wilt und doch suochet geren.

25. Fürbaz ûf den gedingen
an den gesuoch ich kêrte
durch fröude widerbringen.
swâ ich si mit gedanken het gerêrte.
ich fuor, dâ ich vil manic vart beschoute;
etlîchiu was verbrochen,
dâ kêrte ich von, swie si doch nieman boute.

26. An diesem walde ich suochte
manic geriute wilde,
ob indert wilt geruochte
durch die weide suochen daz gevilde.
und ob mîn Herze danne daz vervienge.
sô wolte ich selbe schouwen.
wie ez von velde hin ze walde gienge.

27. Ich vant ouch mangen anger
mit varben-underscheide
bluomen kurz und langer,
swaz ich erdenken mohte, sleht und reide.
gebogen gras von touwes-tropfen swære.
diu sich ûf gên der sunnen
rihtten, sô siu touwes wurden lære.

---

24. A 20; B 38; b 9); C —; D —; d 21; f 21; c 23; F 23; g 23;
a 24; E 7; e 24; h 24.
25. A 21; B 39; b 100; C —; D —; d 22; f 22; c 24; F 24; g 24;
a 25; E 8; e 25; h 25.
26. A 22; B 40; b 101; C —; D —; d 23; f 23; c 25: F 25; g 25;
a 26; E 9; e 26; h 26.
27. A 23; B 41; b 102; C —; D —; d 24; f 24; c 26: F 26; g 26;
a 27; E 10; e 27; h 27.

28. Alsô was mîn handel
hin her, dar und danne
durch weidenlîchen wandel,
den ich dâ sach von mangem weidemanne.
vil herren wiltban ich durchfuor mit suochen
durch weideliute erkennen,
   ob mîn ir helfe fürbaz wolde ruochen.

29. Ez jeit her ein geselle,
ich kêrte von der verte
swîgent ân geschelle,
daz ich iht sînen hunden jagen werte,
darumbe daz mir ouch alsô geschache,
und würde ich immer jagent,
   daz ich mich danne ieman irren sæhe.

30. Einen forstmeister kluogen
vant ich an dem gesuoche.
er sprach zuo mir durch fuogen:
,gelücke dînes jungen suochens ruoche!
der walt hât kluogez wilt und wolfe wunder,
vil herren jägermeister;
   dîn suochen ich alhie besorg dar under.

31. Ez ist wol guot hie rennen,
swer hât des waldes künde;
er muoz ouch wol erkennen
die löufe, wan die brüeche sint durchgründe;
dar inne lât man dich mit willen strûchen.
kumst dû von dînen hunden,
   ich fürhte, daz die wolfe dar ûf lûchen.'

   28. A 24; B 42; b 103; C —; D —; d 25; f 25; c 27; F 27; g 27;
a 28; E 11; e 28; h 28.
   29. A 25; B 43; b 104; C —; D —; d 26; f 26; c 28; F 28; g 28;
a 29; E 12; e 29; h 29.
   30. A 26; B 44; b 105; C —; D —; d 27; f 27; c 29; F 29; g 29;
a 30; E 13; e 30; h 30.
   31. A 27; B 45; b 106; C —; D —; d 28; f 28; c 30; F 30; g 30;
a 31; E 14; e 31; h 31.

32. Ein weidenlìchez frâgen
ich von wilde kunde.
ich sprach: „ich wil ez wâgen:
gelücke walte mîn und mîner hunde.‟
er sprach: ‚sô suoche weidenlîch gelarze.
du vindest wildes wunder,
nim swaz du wænest, daz dir sî gemarze.'

33. „Nach dînem râte ich füere,
ich jag swaz dir gevellet.‟
‚geloube, als ob ich swüere:
minne ez minnneclîcher vil gesellet:
den louf kan nieman lieben noch geleiden.
nu hab du Willen vaste,
lâ Stæte und Triuwen eine dannen scheiden.

34. Gên lôhen von dem walde
râte ich dir durch suochen,
dâ maht du vinden balde
einvaltic wilt, wil dîn gelücke ruochen.
daz wilt ûf disem walde kan wol fliehen,
ez hoeret wol die hunde:
dîn jagen wirt ein bîten und verziehen.'

35. „Wie sol man rehte triuwe
gerehticlîch erkennen?
wâ ist lieb âne riuwe?
wâ ist der stæte bunt ân allez trennen?
wie ist gebærde, wort und werc geschicket,
swâ rehtiu liebe und stæte
mit triuwen hât den rehten bunt gestricket?

32. A 28; B 46; b 107; C —; D —; d 29; f 29; c 31; F 31; g 31;
a 32; E 15; e 32; h 32.
33. A 29; B 47; b 108; C —; D —; d 30; f 30; c 32; F 32; g 32;
a 33; E 16; e 33: h 33.
34. A 30; B 48; b 109; C —; D —; d 31; f 31: c 33; F 33; g 33;
a 34; E 17; e 34; h 34.
35. A 31; B 49; b 110; C —; D —; d 32; f 32; c 34; F 34; g 34;
a 35; E 18; e 35; h 35.

36. Der sin ist gar enphloehet
allen mînen sinnen."
,dîn frâg sich hôhe hoehet
du meinest daz insigel stæter minnen.
du frâgest hoeher dan du maht gereichen.
var fürbaz, frâg die guoten,
du frâgest nâch verborgenlîchen zeichen.

37. Ein spur wil ich dich wîsen
kuntlich die ougen schouwe.
die alten wîsen grîsen
die sprechent daz, ez sî man oder frouwe.
daz unerschrocken sehen, sihtic handel
an stæte selten triegen:
des herzen muot bedintet ûzer wandel.

38. Ob dich dîn Herze wise
nâch schoener varbe glanze,
sô merk, wie an dem rise
sin rüeren sich in hôhen wirden schanze.
schoene ân pris, dâ spüre ich falschez glitzen
swaz sich an prîse hoehet,
daz lât ûf disem ris niht nider sitzen.

39. Swaz gerne hunde hoere
und lose mangem horne.
von dem dîn sin enboere,
wan ez kan bringen ungefuogen zorne.
swaz fremder warte vil wil an sich nemen
und lât sich umbe trîben,
des lâ dich nû mit jagen niht gezemen.

—

36. A 32; B 50; b 111; C —; D —; d 33; f 33; c 35; F 35; g 35;
a 36; E 19; e 36; h 36.
37. A 33; B 51; b 112; C —; D —; d 34; f 34; c 36; F 36; g 36;
a 37; E 20; c 37; h 37.
38. A 34; B 52; b 113; C —; D —; d 35; f 35; c 37; F 37; g 37;
a 38; E 21; e 38; h 38.
39. A 35; B 53; b 114; C —; D —; d 36; f 36; c 38; F 38; g 38;
a 39; E 22; e 39; h 39.

40. Der spur ein sihtic zeichen,
swaz guot in herzen meinet,
ich sag dir sunder smeichen,
vor aller untât sich daz selbe reinet.
dar nâch mit hengen arbeit wær ze liden;
würd man daz immer jagent,
daz müest sich gên Gelücken warte riden.

41. Swaz vinster hecke sliefet
und mîdet liehte genge
und sich ân nôt vertiefet
in dornic hecke. nâch dem niht enhenge.
swaz an daz lieht unschemlich dar getreten.
bî dem belibe und volge
mir, ob du wilt, ich rât dir ungebeten.

42. Solt dû mit hengen einez
immer dannen triben,
ez sî grôz oder kleinez,
sô lâ dîn gâhez Herze dâ beliben.
grîf in die vart, dar zuo si wol beschouwe.
ez ist zuo rehten fröuden
misselâzen schûfel unde houwe.

43. Man suoch, man lâz, man henge,
man birs, man jag, man schieze,
man ein sich oder menge,
swie der man wæn, daz er sîn genieze,
daz lâ im guot, swar in sîn wille wîse.
swer alliu dinc ûzrihtet,
der kan nimmer fuoglich werden grîse.'

40. A 36; B 54; b 115; C —; D —; d 37; f 37; c 39; F 39; g 39; a 40; E 23; e 40; h 40.
41. A 37; B 55; b 116; C —; D —; d 38; f 38; c 40; F 40; g 40; a 41; E 24; e 41; h 41.
42. A 38; B 56; b 117; C —; D —; d 39; f 39; c 41; F 41; g 41; a 42; E 25; e 42; h 42.
43. A 39; B 57; b 118; C —; D —; d 40; f 40; c 42; F 42; g 42; a 43; E 26; e 43; h 43.

44. „Ob ich ût disem walde
nâch einer verte lâze,
sô sprich für mich albalde,
— daz ich mich solher site sicher mâze —
ob mîn gejeit den wiltban boeser machet:
daz wilt und alle jäger
sint von mir sicher immer ungeswachet.

45. Waz ist dîn zît vertriben,
jagst du under stunden?"
‚nein, daz lâz ich beliben,
ich hüet des wildes vor rüedischen hunden.
durch fröude wilt beschouwen ân gevære
des gan ich junc und alten
und ouch verhoeren weidenlichin mære.

46. Göuflichez birsen, schiezen
muoz ich ouch underkumen,
des nimmer wil verdriezen
mangen, ez geb schaden oder frumen.
ân gelüpte strâle ein liehte sâze
erloube ich einem herren
und guot gesellen ouch in solher mâze.

47. Ich blies, daz ich dô kunde
in mînes hornes gebe,
ob ich und mîne hunde
im widerliefen, daz ich sîner stebe
zal von den geruoten liez beliben.
die man durch nôt der guoten
wol fruo hin für zuo guoter naht muoz triben.

44. A 40; B 58; b 119; C —; D —; d 41: f 41; c 43; F 43; g 43;
a 44; E 27; e 44: h 44.
45. A 41; B 59; b 120; C —; D —; d 42: f 42; c 44; F 44; g 44;
a 45; E 28; e 45: h 45.
46. A 42; B 60; b 121; C —; D —; d 43: f 43; c 45; F 45; g 45;
a 46; E 29: e 46; h 46.
47. A 43; B 61; b 122: C —; D —; d 44; f 44; c 46; F 46; g 46;
a 47; E 30: e 47; h 47.

48. ‚Dîn hunt ist unervaren,
    sîn snurren unberihte,
    daz solt du wol bewaren,
    ê ez dîn jagen bringe gar ze nihte.
    wil er nâch allen verten balde ab stôzen
    und für gesellen suochen,
        daz mac dir bringen kummer alsô grôzen.

49. Und wirst du immer jagent,
    dâ von mit nieman göude
    und bis ouch nieman sagent
    waz dir leit müg bringen oder fröude.
    behalte ez eine und rihte dich ze Harren.
    tuost dû des niht, sô wizze,
        daz dû dich selbe machst zuo einem narren.

50. Ob sich mit jagen scheiden
    dîn hunde in verten niuwen,
    sô lâ dir nieman leiden,
    sich under dich und slach êt hin mit Triuwen.
    ob Fröude, Wunne, Trôst ze vâren setzen.
    sô solt du Harrn und Stæten
        ze Triuwen hin nâch jener verte hetzen.

51. Ob under stunden Triuwe
    mit kobern arbeit lîdet,
    ê er gereht verniuwe
    die vart, durch die er alle verte mîdet,
    ob Fröude und Wunne ein wîle von im gâhen,
    sô kumt man doch mit Triuwen
        gereht hin nâch und zuo dem wilde nâhen.

    48. A 44; B 62; b 123; C —; D —; d 45; f 45: c 47; F 47; g 47;
a 48; E 31; e 48; h 48.
    49. A 45; B 63; b 124; C —; D —; d 46; f 46; c 48; F 48; g 48;
a 49; E 32; e 49; h 49.
    50. A 46; B 64; b 125; C —; D —; d 47; f 47: c 49; F 49; g 49;
a 50; E 33; e 50; h 50.
    51. A 47; B 65; b 126; C —; D —; d 48; f 48; c 50; F 50; g 50;
a 51; E 34; e 51; h 51.

52. Du vindest verte niuwe
die sich in ougen süezen;
sô merke wol, wâ Triuwe
abjag; den sol dîn jagen lieplîch grüezen.
tôthellic wilt mac ouch wol ûf dich loufen,
daz fürder noch erwende,
hab dich an guot geselliclîchen houfen.

53. Dich kan nieman gewîsen
gar ûz disen sachen.
solt dû mit êren grîsen,
daz mac ein edel vart wol an dir machen.
jagst dû dar nâch, sô maht du wol gewinnen,
daz dir zuo guoten dingen
guotes willen nimmer kan zerinnen.'

54. „Dîn triuwe wær ze koufen
umb ein gar rîchez rîche.
sî, daz dir widerloufen
mîne hunde, sô tuo in güetliche."
mit urloub scheit ich von dem getriuwen.
,du solt nieman für hetzen',
rief er mir nâch, ,lâ ê nach einem niuwen.'

55. Nâch mangen verten snurren
mîn Herz aldâ begunde;
wider zucken, plmurren
ich ez mit dem seile vaste kunde.
,waz möhte uns daz an hôhen frönden mêren?'
ich sprach: ,sô hie geselle,
ez ist des niht, wir sulen fürbaz kêren.'

52. A 49: B 66; b 127; C —; D —; d 49; f 49; c 51; F 51; g 51;
a 52; E 35; e 52; h 52.
53. A 50: B 67: b 128; C —: D —; d 50; f 50; c 52; F 52; g 52;
a 53: E 36; e 53; h 53.
54. A 48; B 68: b 129; C —; D —; d 51; f 51; c 53; F 53; g 53;
a 54: E 37: e 54; h 54.
55. A 51; B 69; b 130; C —; D —; d 52; f 52; c 54; F 54; g 54;
a 55: E 38: e 55: h 55.

56. Mit weidesprüchen kôsen
  ich aldâ begunde
  bluomen, gras, loup, rôsen,
  von verre man ir varbe erkennen kunde,
  hie grüen, wîz, rôt, blâ, gel, swarz gemenget:
  mit solher temperîe
    was walt, heid, anger, ouwe, velt gesprenget.

57. Ûf werfen, schrîen, denen
  mîn Herz aldâ begunde,
  hin ziehen und an menen.
  solh toben nie gesehen wart von hunde.
  ich sprach: ,waz witert dich nu an geselle?
  du snurrest, lâzzâ sehen.
    waz mac ez sîn und war ez kéren welle.'

58. Ungefuoge nider
  in ein vart ez platzet,
  dâ von ich leider sider
  vil dicke an mînen frönden bin beschatzet.
  ez schrei toblichen als ez wolde winnen.
  ,ich fürhte doch, geselle,
    daz dû uns beide scheidest gar von sinnen.'

59. Ich vant ein vart besunder,
  dâ von ich gar erschricket,
  wan mich nam immer wunder,
  dô ich si beschouwet und erblicket,
  waz got mit sô reinem wunsche meinet.
  ich næm für alliu rîche,
    daz ich mit liebe wær mit ir vereinet.

56. A 52; B 70; b 131; C —; D —; d 53; f 53; c 55; F 55; g 55;
a 56; E 39; e 56; h 56.
  57. A 53; B 71; b 132; C —; D —; d 54; f 54; c 56; F 56; g 56;
a 57; E 40; e 57; h 57.
  58. A 54; B 71; b 133; C —; D —; d 55; f 55; c 57; F 57; g 57;
a 58; E 41; e 58; h 58.
  59. A 55, 118; B 72; b 134; C —; D —; d 56; f 56; c 58; F 58; g 58;
a 59; E 42; e 59; h 59.
Stejskal, Hadamars Jagd.   2

60. Dô ich die vart erblicket
und ouch mit spur erkante,
dar ab min Herze erschricket,
sô daz ich ze sprechen kûme ernante,
ich sprach: ‚schônâ, geselle lieber, bite!
swer diser vart nu rehte
wil kumen nâch, der muoz für grifen wite.‘

61. Ich stuont aldâ verstummet
vor schricken sander sprechen,
die hende lam, erkrummet
diu beine: alsô kan sich diu Minne rechen.
der ougen sehen, das hoeren von den ôren
daz was mir allz vergangen:
reht alsô kan diu Minne machen tôren.

62. Dar nâch vil gar unlange
ich aber mich bedâhte.
nu was des seiles strange
an mich geworren, daz mir fröude brâhte.
min Herz daz tobte, als ob ez wolte wüeten.
ich sprach: ‚schônâ, geselle!
wilt dû hin nâch, du muost dich eben hüeten.‘

63. Die hund hiez ich dô sweigen,
die kuehte ouch halten stille.
nu muoste ouch dô erzeigen
von art sin art der edel junge Wille.
der schrei und was ouch kûme dâ ze halten.
Harre den gelichen
dô nindert tet und ander hund die alten.

60. A 56; B 73; b 135; C —; D —; d 57; f 57; c 59; F 59; g 59;
a 60; E 43; e 60; h 60.
61. A 57; B 75; b 136; C —; D —; d 58; f 58; c 60; F 60; g 60;
a 61; E 44; e 61; h 61.
62. A 58; B 76; b 137; C —; D —; d 59; f 59; c 61; F 61; g 61;
a 62; E 45; e 62, h 62.
63. A 59; B 77; b 138; C —; D —; d 60; f 60; c 62; F 62; g 62;
a 63; E 46; e 63; h 63.

64. Diu spur mit meisterschefte
was mir unnôt ze sehen.
ez trat mit solher krefte,
daz ich muoz von der ganzen wârheit jehen,
ob durch tagalt ein keiser jagen wolde
nâch spur der wirde zeichen,
er die vart verslahen nimmer solde.

65. Ich henget hin mit sorgen,
wan dâ was wildes wunder.
doch als den liehten morgen
die sunn beklâret, alsô was darunder
daz eine, dar nâch mich mîn Herze wîset.
ich mac von wârheit sprechen,
ez sî vor aller creatûr geprîset.

66. Dô ich diu zeichen rehte
sach und ouch grîfen mohte,
ez hôrten ouch mîn knehte,
daz ich daz sprach, daz mir ze rehte tohte.
ich sprach: ,ez gât alhie her sicherlîchen.'
ich bat si an mich ziehen,
,ez mac uns fröuden armen oder rîchen.'

67. ,Hin hin zuo guotem heile
des wünsche ich dir, geselle!
ez gât gar sunder meile
nâch hie her; war ez sich noch schicken welle,
des walte der, der sîn dâ alles waltet
und der mit sîner krefte
himelrîch und ertrîch gar ûf haltet.

---

64. A 60; B 78; b 139; C —; D —; d 61; f 61; c 63; F 63 ; g 63 ;
a 64; E 47; e 64; h 64.
65. A 61; B 79; b 140; C —; D —; d 62; f 62; c 64; F 64 ; g 64;
a 65; E 48; e 65; h 65.
66. A 62; B 80; b 141; C —; D —; d 63; f 63; c 65; F 65; g 65:
a 66; E 49; e 66; h 66.
67. A 63; B 81; b 142; C —; D —; d 64; f 64; c 66; F 66; g 66;
a 67; E 50; e 67; h 67.

2*

68. Hie her von jenem velde
    gât disiu vart ze walde.
    vor aller prüefer melde
    hüete ét dîn vil schône und enthalde
    dich, swâ dû si bî der verte vindest!
    ach ach diu Minne machet,
        daz dû vor rehter liebe gar erblindest.'

69. Dô ich die vart ze walde
    von dem velde brâhte,
    mit einem rîse balde
    ich si verbrach; ob ieman nâch mir gâhte,
    ich wolte ouch jagens rehte dâ geniezen;
    swer disen bruch ersæhe,
        daz mich die fürbaz eine hengen liezen

70. ‚Hin hin! waz ist beschaffen,
    daz kan doch nieman wenden.
    und hüete dich vor klaffen,
    wilt dû die vart gerehticlîchen enden.
    man kumt mit stillen hunden wilde nâhen,
    sô ez von überbrahte
        sich fremden muoz und von den liuten gâhen.

71. Seht, seht daz michel wunder!
    von wunder muoz ich sprechen.
    der wunderminne kunder
    gêt hie her, diu diu herze kan zerbrechen:
    siu werdent von ir wunde, guot und heile.
    nâch! alles her, geselle,
        trit ez ân aller schulde, varbe, meile.

---

68. A 64; B 82; b 143; C —; D —; d 65; f 65; e 67; F 67; g 67; a 68; E 51; e 68; h 68.

69. A 65; B 83; b 144; C —; D —; d 66; f 66; e 68; F 68; g 68; a 69; E 52; e 69; h 69.

70. A 66; B 84; b 145; C —; D —; d 67; f 67; e 69; F 69; g 69; a 70; E 53; e 70; h 70.

71. A 67; B 85; b 146; C —; D —; d 68; f 68; e 70; F 70; g 70; a 71; E 54; e 71; h 71.

72. Du hüete diner verte,
geselle, und mîner êren!
ez gêt her ûf die herte.
henge und hab, lâ dich die mâze lêren,
bis niht ze balde und bis ouch niht ze blîde;
gesell, hüet alwec dîne,
wan die merker sint sô gar geschîde!'

73. Mîn jagen wil sich lengen,
wan hie ist wildes wunder.
doch wil ich nâch im hengen,
ich spüre ez alles slîchen her dar under.
,nâch hie her sicher', sprach ich, ,guot geselle,
nâch im var, nâch im vare!'
die knehte riefen, war ez kêren welle.

74. Mîn Herz mit dontem seile
strebt alles nâch der verte,
ob im noch wurd ze teile
ein lieplîch teil, der ez von sorgen nerte.
ach sîn trôstlîchiu vart diu wil sich lengen,
er suocht doch niur die einen,
swie siu verworren sî in mangen gengen.

75. Diu liebe vart mir süezet
in herzen und in ougen.
siu ist diu mir dâ büezet
sorgen, die ich hân getragen tougen.
ich wæne, daz ich iht mêr sî der klagent,
ob ich nâch diser verte
noch hiute würd gerehticlîchen jagent.

---

72. A 68; B 86; b 147; C —; D —; d 69; f 69; e 71; F 71; g 71;
a 72; E 55; e 72; h 72.
73. A 69; B 87; b 148; C 1; D —; d —; f 70; e 72; F 72; g 72;
a 73; E 56; e 73; h 73.
74. A 70; B 88; b 149; C 2; D —; d 70; f 71; e 73; F 73; g 73;
a 74; E 57; e 74; h 74.
75. A 71; B 89; b 150; C 3; D —; d 71; f 72; e 74; F 74; g 74;
a 75; E 58; e 75; h 75.

76. Ich darf ez wênic streichen
durch willen nâch der verte
noch mit sprüchen smeichen.
ich wæn, der im mit tûsent steben werte,
daz im die vart doch nieman möhte erleiden:
siu liebet im ie lenger.
,hin hinder nâch, Gelücke helfe uns beiden!'

77. Wie dicke ich ûf die herte
greif mit mîner hande,
wie ez die erden berte
und wie siu sich von sîner schal entrande!
ich sach, ich greif: ez trat gar edelichen.
,nâch alles her, geselle,
sol unser hoehstiu fröude ûf erde slichen!

78. Nâch hie her! sicherlichen
geschach nie vart sô reine.
wer möht sich der gelichen?
kein blat noch gras ist nindert alsô kleine,
ez müeze sich von sîner schal zerklieben.
her an die stat, geselle,
trat unser liebez lieb vor allen lieben.'

79. Diu vart mîn Herze quâlet,
wan siu ist gestellet
reht als siu sî gemâlet;
dâ von siu mir ie baz und baz gevellet.
,hin hin geselle, wir sîn von den armen.
wolt uns diu Minne helfen,
sô wurden wir nimmer nieman mêr zerbarmen.

---

76. A 72; B 90; b 151; C 4; D —; d 72; f 73; e 75; F 75; g 75;
a 76; E 59; e 76; h 76.
77. A 73; B 91; b 152; C 5; D —; d 73; f 74; e 76; F 76; g 76;
a 77; E 60; e 77; h 77.
78. A 74; B 92; b 153; C 6; D —; d 74; f 75; e 77; F 77; g 77;
a 78; E 61; e 78; h 78.
79. A 75; B 93; b 154; C 7; D —; d 75; f 76; e 78; F 78; g 78;
a 79; E 62; e 79; h 79.

80. Dort hât es widergangen
und gêt nu hie her abe.
hâst dû ez iht vervangen?
hoer, hoer! daz snurren ich dir niht erläbe.
und wilt du alle widergenge enden,
die uns diu Minne machet,
sô maht du unser jagen lange wenden.

81. Ach was hât mich vergangen
mîn sehen gar mit flîze?
dort hât ez widergangen.
geselle, hie her wider umbe rîze!
ez gêt dar niht; hüete dîn, geselle,
und lâze uns immer kéren
gerehticlîchen, war diu trût nu welle.

82. Hin wider zuo der verte,
diu dich hât her gewiset!
du bist doch unernerte,
ob dich niht ir eines güete spîset.
kêr, lieb geselle, wider zuo der einen!
diu kan sich liebe süezen
und gar für allen valsch sich selbe reinen.

83. Das was guot wanc, geselle,
dâ gêt ez aber danne.
hin hin, war ez nu welle!
der keiser æhte und aller bæbste banne
die möhten mich der verte niht erwenden.
der tôt sol mich dô vinden
dâ bî und wil si immer doch volenden.‘

80. A 76; B 94; b 155; C 8; D —; d 76; f 77; c 79; F 79; g 79;
a 80; E 63; e 80; h 80.
81. A 77; B 95; b 156; C 9; D —; d 77; f 78; c 80; F 80; g 80;
a 81; E 64; e 81; h 81.
82. A 78; B 96; b 157; C 10; D —; d 78; f 79; c 81; F 81; g 81;
a 82; E 65; e 82; h 82.
83. A 80; B 97; b 158; C 11; D —; d 79; f 80; c 82; F 82; g 82;
a 83; E 66; e 83; h 83.

84. Min Herz vervie ir wirde
    hôch an der êren rise.
    dô spranc ez ûf mit girde
    nâch ir, diu sich gehœhet hât an prise.
    ich sprach, dô si min Herze het vervangen:
    .ez hât hie angerüeret
        des lop mit lobe nieman kan erlangen.

85. Für sin gehürne schône
    — stêt im gar wirdiclichen —
    ein goldes rîche krône
    treit ez; und sol alles hie her slîchen,
    man mac mit êren werben umb sin hulde.
    an die stat her, geselle,
        trit ez noch her. daz treit die rehten schulde.

86. Ich tar niht wol gesagen.
    wan nieman mirz geloubet,
    wie hôch ez hab geslagen,
    des hôher prîs ist immer unberoubet;
    daz ist ein zeichen wisen und den tôren.
    alhôch her sicherlichen,
        ez tuot kein hinde mit den iren ôren!

87. Von schachen hin ze schaten,
    von stüden hin ze bonme
    grif ich und wil erstaten.
    ob ich mich an der morgentiuht versoume,
    min hengen ist verzogen in die hitze.
    nu râtent zuo, gesellen,
        ez kan mit widergengen spache litze.

    84. A 79; B 98; b 159; C 12; D —; d 80; f 81; e 83; F 83; g 83;
a 84; E 67; e 84; h 84.
    85. A 81; B 99; b 160; C 13; D —; d 81; f 82; e 84; F 84; g 84;
a 85; E 68; e 85; h 85.
    86. A 82; B 100; b 161; C 14; D —; d 82; f 83; e 85; F 85; g 85;
a 86; E 69; e 86; h 86.
    87. A 83; B 101; b 162; C 15; D —; d 83; f 84; e 86; F 86; g 86;
a 87, 283; E 70, 286; e 87; h 87.

88. Man mac ez wol an sprechen
für aller hande wilde,
dem blîden und dem frechen
gelîche nennen oder irem bilde.
mit spur ein hirz, ein lewe gên unprîse.
ein ber an wirden klimmen,
ein pantel daz vil hôher tugent wîse.

89. Schôn, aber schôn, dîn snurren
mac müediu bein wol machen
gelîch den lamen gurren!
du machest all mîn slâfen zeinem wachen.
schôn, hüete dîn. dâ hât ez widergangen.
war ez sich welle wenden,
daz soltest dû nu lange hân vervangen!

90. Swie ungelückes herte
und heizer sunne brennen
die spur mir sendem werte,
sô kan ich doch den zarten fuoz erkennen
der hât sich selben in mîn Herz getreten.
mit wal vor allen füezen
hân ich in sicherlîch her dan gejeten.

91. Ez hât mîn Herze troffen
und alsô dar getreten,
daz mir der munt stât offen
und stên als ich dâ here sî gebeten.
sich möhte ein stahel von dem fuoze klieben.
nieman kan mir geleiden
die vart; gesellen, helfet mir si lieben!

—

88. A 84; B 102; b 163; C 16; D —; d 84; f 85; c 87; F 87; g 87; a 88; E 71; e 88; h 88.

89. A 85; B 103; b 164; C 17; D —; d 85; f 86; c 88; F 88; g 88; a 89; E 72; e 89; h 89.

90. A 86; B 104; b 165; C 18; D —; d 86; f 87; c 89; F 89; g 89; a 90; E 73; e 90; h 90.

91. A 87; B 105; b —; C —; D —; d 87; f 88; c 90; F 90; g 90; a 91; E 74; e 91; h 91.

92. Ein ruo, ein habe, ein stiure.
ein schranc, ein vestin werre,
daz ist diu lieb gehiure
tür ungemuote; sælic sî diu terre,
aldâ ir lieber fuoz die erde rüeret,
der mich doch mit gedanken
mîn Herze stæticlichen nâch im füeret.

93. Den fuoz bi tûsent füezen
gereht min Herze suochet.
kan sich diu vart mir süezen,
jâ ist ir immer von mir ungefluochet.
swie mich doch kratzen scharpfe schaches brâmen
nâch im und dorne rîzen,
spür ichz gereht, daz ist mir linder sâmen.

94. Mîn hunt sprach: _allez schoubet
und mir die huot, geselle.
ob ez mir daz erloubet,
unschedlich ich im alsô dar nâch stelle.
ich wolte im sicherlichen die zen schinden,
daz mîn munt durch den sînen
ûf dem gebeine smatzent müeste erwinden.

95. Sit wünschen mit gedanken
belibet ungeslagen,
sô wünsche ich sunder wanken,
solt ich im ab dem zarten mûle nagen.
die selben spur min ouge wol bekennet.
nâch, hie her sicherlichen,
ob ez mit gedanken mich gebrennet!

92. A 88; B 106; b 166; C 19; D —; d 88; f 89; e 91; F 91; g 91; a 92; E 75; e 92; h 92.
93. A 89; B 107; b 167; C 20; D —; d 89; f 90; e 92; F 92; g 92; a 93; E 76; e 93; h 93.
94. A 90; B 108; b 168; C 21; D —; d 90; f 91; e 93; F 93; g 93; a 94; E 77; e 94; h 94.
95. A 91; B 109; b 169; C 22; D —; d 91; f 92; e 94; F 94; g 94; a 95; E 78; e 95; h 95.

96. Gê ez ab gên der dicke,
diu spur kan nieman triegen.
ûf an diu rîser blicke;
kan ez diu streifen und etlîchez biegen,
sô henge dar; ist aber der busch ganze
und nindert loup verkêret,
sô luoge ûf schalkes widergenge schanze.

97. Geselle, hüete ir êren
baz dan dîn selbes lîbes,
daz nieman müg verkêren
ir lop von uns des minneclîchen wibes.
geselle, waz ir hôhe wirde krenke
— der werk wil ich geswigen —
dar nâch mit gedanken niht gedenke.

98. Kêrâ, zuo mir kêre,
geselle, her ez nâhet,
alles nâch! hie here
gêt ez, von dem untât sô verre gâhet,
wan ez treit wirdiclîch der êren krône,
nâch dem mîn herze snurret,
daz ich muoz schrien: schônâ herre, schône!"

99. Zergangen was mîn smerze,
ich wânte wider jungen,
in manic rîs mîn Herze
viel und beiz, daz spæne dar ûz sprungen,
wan ez von girdiclîcher girde tobet,
dâ von ez was im nâben
des lop hât alliu lop gar überobet.

96. A 92; B 110; b 170; C 23; D —; d 92; f 93; c 95; F 95; g 95; a 96; E 79; e 96; h 96.
97. A 93; B 111; b 171; C 24; D —; d 93; f 94; c 96; F 96; g 96; a 97; E 80; e 97; h 97.
98. A 94; B 112; b 172; C 25; D —; d 94; f 95 c 97; F 97; g 97; a 98; E 81; e 98; h 98.
99. A 95; B 113; b 173; C 26; D —; d 95; f 96; e 98; F 98; g 98; a 99; E 82; e 99; h 99.

28

100. Nu huop ouch sich von danne
des fröuden wunsches króne.
daz was mir sendem manne
reht als ich stüende in himelischem tróne.
ich wânte ez brünnen erde und alle boume,
wie kûme ich dâ bî sinnen
beleip, ich stuont reht als in einem troume.

101. Ich sprach zuo mînen knehten:
,verhaltet alle hunde;
Triuwen den gerehten
hetzâ her, den hân ich sô erkunde.
Triuwe der begât untât an keinen sachen,
er muoz von allem wilde
und solte ez tûsent widergenge machen.

102. Nu loset ich, waz Triuwe
kunde der vil trûte.
dô was im worden niuwe
din rehte vart, des wart er süeze lûte,
des was ich frô und lie ouch zuo im Fröuden,
belib din bî der verte,
sô möhte ich wol von süezem jagen göuden.

103. Hin für ein teil ich gâhte
und wolte ouch baz beschouwen
die vart, dâ von mir nâhte
vil fröuden, des muoz ich nu immer bouwen
disen walt mit manger hande leide.
ich hôrte, daz dâ Triuwe
und frönde jagten her, die hunde beide.

100. A 96; B 114; b 174; C 27; D —; d 96; f 97; e 99; F 99; g 99;
a 100; E 83; e 100; h 100.
101. A 97; B 115; b 175; C 28; D —; d 97; f 98; e 100; F 100; g 100;
a 101; E 84; e 101; h 101.
102. A 98; B 116; b 176; C 29; D —; d 98; f 99; e 101; F 101; g 101;
a 102; E 85; e 102; h 102.
103. A 99; B 117; b 177; C 30; D —; d 99; f 100; e 102; F 102; g 102;
a 103; E 86; e 103; h 103.

104. Ich luogte nâch der verte,
dô ich die hunde hôrte:
diu was alsô durchberte
mit mangen löufen, daz mir fröude störte.
doch liez ich Willen zuo den hunden beiden.
ob sich der kund berihten;
möht er, er solte ez bald von dannen scheiden.

105. Aber für ich gâhte
den walt hin gên den ouwen.
ob ez mir indert nâhte,
sô daz ich kuntlichen möhte schouwen.
mir wart ein blic, der noch in mînem herzen
und immer ist versigelt.
swie ich doch von im lide mangen smerzen.

106. Wunne, Girde und Trôste
begunde ich an ez hetzen.
in heizer minne rôste
muoz man daz jagen heben unde letzen,
swâ ez in reinem herzen wirt versigelt.
dô liez ich nâch im Stæten
und Liebe ganz, hie mit was ez verrigelt.

107. Ich rief mit lûtem schalle
zuo den vil triuwen knehten:
‚hetzet her si alle,
ez setzent doch ze Triuwen die gerehten.
ieglîcher halte zwêne an sîner hende,
dâ mit er gên dem wazzer
ze hilfe mir durch sine triuwe wende.‘

104. A 100; B 118; b 178; C 31; D —; d 100; f 101; c 103; F 103; g 103; a 104; E 87; e 104; h 104.
105. A 101; B 119; b 179; C 32; D —; d 101; f 102; c 104; F 104; g 104; a 105; E 88; e 105; h 105.
106. A 102; B 120; b 180; C 33; D —; d 102; f 103; c 105; F 105; g 105; a 106; E 89; c 106; h 106.
107. A 103; B 121; b 181; C 34; D —; d 103; f 104; c 106; F 106; g 106; a 107; E 90; e 107; h 107.

108. Zuo ieglichem knehte
sprach ich: ‚nû kêrt von Rüegen.
welt ir nu wol und rehte,
sô sult ir iuch hin für zuo Triuwen büegen.
swâ der ab jagt, dâ ist ouch allz mîn wesen,
der hunt tuot übel nimmer,
sô treit der fuoz mîn sterben und genesen.

109. Kêrt iuch an keiniu mære,
well ieman iuch abwisen.
ich sage iu ân gevære,
ich wil bî diser verte sicher grisen.
ieglicher sîne hunde dar zuo hetze.
tuot als ich getrûwe
und daz ich arbeit immer iuch ergetze.

110. Helfe, Rât und Stiure
liez ich nâch der verte.
die hund sint sô gehiure,
si kobernt hin, ez sî naz oder herte,
si müezen danne ungelücke wenden.
sô jage ich mit dem Herzen
den louf hin nâch, daz muoz ez allez enden.

111. Die hunde ót alle liefen,
daz mîn gedanke dicke
ûf in die wolken riefen:
herre got, her ab von himel blicke
und hoere ditze wunneclich gedoene.
swaz ich sî worden jagent,
mit dîner güet daz selp du herre kroene!

108. A 104; B 122; b 182; C 59; D —; d 104; f 105; c 107; F 107;
g 107; a 108; E 91; e 108; h 108.
109. A 105; B 123, b 183; C 60; D —; d 105; f 106; c 108; F 108;
g 108, a 109; E 92; e 169; h 109.
110. A 106; B 124; b 184; C 61; D —; d —; f 107; c 109; F 109;
g 109, a 110; E 93; e 110; h 110.
111. A 107; B 125; b 185; C 62; D —; d —; f 108; c 110; F 110;
g 110; a 111; E 94; e 111; h 111.

112. Von hunden ungenozzen
dô hôrte ich nie des dônes;
si jagent unverdrozzen,
man hoert si hellen lûte und keines dônes,
und kunnen sich doch hüeten wol bi wilde.
hei, wie ieglichez sunder
jaget hin den walt und daz gevilde.

113. Durch losen huop ich stille,
daz ich gehoeren kunde.
nu hôrte ich daz Wille
vor ab jagt, als ob ez allez brunne.
Will der jeit gar snel und unverdrozzen.
hei, wie er aber liefe,
het er mit einem lieben blick genozzen!

114. Er mac noch wol geniezen,
nimt er Gelückes warte,
wil in êt niht verdriezen
ze jagen, lît ez under stunden harte.
nieman weiz, waz ein unverzagtes kobern
mac ungehoerter dinge
nâch guotem wilde ûf walden überobern.

115. „Losâ. losâ den lieben,
wie al der walt erklinget!
sol sorg sîn herz zerklieben,
ir süezez jagen daz wol widerbringet.
Hoerâ Fröude und Wunne, hoerâ herre!
nâch im jag, nâch im jage,
swie ez sich mit Genâden von uns verre.

112. A 108: B 126; b 192: C 63; D —; d —; f 109: c 111; F 111:
g 111; a 112: E 95: e 112; h 112.
113. A 109; B 127: b 193; C 64; D —; d —; f 110; c 112; F 112:
g 112; a 113: E 96: e 113: h 113.
114. A 110; B 128; b 194: C 65; D —; d —; f 111; c 113; F 113:
g 113; a 114: E 97: e 114; h 114.
115. A 111; B 129; b 195; C 66; D —; d —; f 112; c 114; F 114;
g 114; a 115; E 98; e 115; h 116.

116. Hoerâ den lieben alle,
— nu hoeret wen ich meine —
die sunder brüche galle
in herzen und in muote sint sô reine,
daz si bî guoten lâzent guot gelimphen.
vil dicke hunt geswigent
von wolfen hoenen, sust wirt manic schimphen. ˉ

117. Fröud dô muoste erleschen
an einem widerloufen,
doch hôrte ich balde ab dreschen
Starten, dar nâch aller hunde houfen.
der hunt hât sich der verte wol geseinet,
er wil dâ bî beliben,
swie ez in under stunden sêre peinet.

118. Dô ich nu hôrte ab rihten
Starten und ab dreschen,
ich dâhte, ich wil mich phlihten
zuo im, der hunt kan nimmer mêr erleschen.
ob ez im balt ein teil kan für gewinnen,
er kobert ûf der verte,
dar zuo kan er wol alliu wazzer rinnen.

119. Dô ich hüglîchen hôrte
die hunde alsô wehen,
dô shuoe ich an ein orte,
dâ mich dûht, daz ich ez möhte sehen.
min Herze füerte ich her an miner hende.
ob indert bruch den hunden
geschaech, daz ich in daz mit jagen wende.

116. A 112; B 130; b ; C 67; D —; d —; f 113; e 115: F 115:
g 115: a 116: E 99; e 116; h 117.
117. A 113; B 131; b 196; C 68; D —; d —; f 114; e 116: F 116:
g 116: a 117: E 100; e 117; h 118.
118. A 114; B 132; b 197; C 69; D —; d —; f 115; e 117; F 117:
g 117; a 118: E 101; e 118; h 119.
119. A 115; B 133; b 186, 198; C 70; D —; d —; f 116; e 118;
F 118; g 118; a 119; E 102; e 119: b 120.

120. Unheiles heil ze teile
wart mir an disen stunden.
min Herz sich ûz dem seile
warf, daz ich ê vaste het gebunden,
des ich doch nimmer mêre wart gewaltec.
ich sprach: ,sê hin geselle,
ez ist niht, des du wænest, als einvaltec.'

121. Dô liez ez sich ergâhen,
daz man ez mohte schouwen.
ich wânte frönden nâhen —
nie hunt von swine alsô wart verhouwen,
daz sich ûf einem walde hât gerochen.
dô wart min Herz verwundet
und was der bîl mit jâmer mir zerbrochen.

122. Diu rein gar ungemeilet
hât mir daz Herz verhouwen
und sider niht geheilet.
des doch ir güete nieman mac getrouwen.
ob er noch aldâ wunde nâch ir gâbe,
sol Stæte und Triuwe helfen:
sô wundert mich, ob ir min dienst versmâhe.

123. Der minne haftend anker
ist in mîn Herz versenket.
wie sol ich armer kranker
erlîden; mîn sin nindert wol gedenket.
,gesellen, râtet helfe dar zuo geben!
wie sol ein lebndec tôter
sîn dinc anvâhen und ouch fürbaz leben?'

—

120. A 116; B 134; b 187, 199; C 71: D —; d —; f 117: c 119;
F 119; g 119; a 120; E 103: e 120: h 121.

121. A 117; B 135; b 188, 200; C 72: D —; d —; f 118: c 120;
F 120; g 120; a 121; E 104; e 121: h 122.

122. A 119; B 136; b 189, 201: C 73: D —: d —; f 119: c 121;
F 121; g 121; a 122; E 105; e 122; h 123.

123. A 120; B 137; b 190, 202; C 74: D —; d —; f 120; c 122:
F 122; g 122; a 123; E 106; e 123; h 124.

124. Durch vähen an mîn Herze
sluoc ich für zuo dem loufe.
ie groezer wart mîn smerze.
ich sprach: ‚hân ich gewin an disem koufe
und sol ich der nar mich lange neren,
sô mac ich wol ân fröuden
und ân trôst mîn jugent hie verzeren.‘

125. Min Herz was ungevangen.
daz gâhet von mir vaste.
ich moht sin niht erlangen,
ez moht gehaben weder ruo noch raste.
ez jeit hin als im nindert wunde swære.
wê noch dem armen libe,
der sines herzen ungewaltic wære.

126. Ein kleinez hündel Muoten
begunde ich an ez hetzen,
sein und niht ze guoten,
doch jagt ez niht an seil noch zuo den netzen;
swaz ez vermac, daz endet ez mit Triuwen.
ze trôst dem wunden Herzen
lie ich dô Muoten nâch der verte bliuwen.

127. Min Herz und al die hunde
fröuten sich des hundes.
swie er doch niht enkunde
den grunt vervähen ir genâden grundes,
sô ist doch Muot ein trôst zuo allen sachen.
dane haben si, die zarten,
die muot ze guoten dingen kunnen machen.

124. A 121; B 138; b 191. 203; C 75; D —; d —; f 121; e 123;
F 125. g 123; a 121. E 107, e 221; h 125.
125. A 122, B 139; b 204; C 76; D —; d —; f 122; e 124; F 124;
g 124; a 125. E 108; e 125; h 126.
126. A 123; B 140; b 205; C 77; D —; d —; f 123; e 125; F 125;
g 125; a 126; E 109; e 126; h 127.
127. A 124; B 141; b 206; C 78; D —; d —; f 124; e 126; F 126;
g 126; a 127. E 110, e 127; h 128.

128. Vaste mit dem horne
begunde ich an si jagen.
hiet ich unmuotes zorne
nu immer, daz hiet man mir für verzagen.
kein geschehen dinc nieman erwendet.
ez muoz doch alsô wesen,
und ob ich mich an beiden ougen blendet.

129. Froelîchen ich die hunde
hôrte dar zuo wehen.
‚wol mich der lieben stunde‘,
ich sprach, ‚ich hoffe ez welle nû geschehen,
daz Harre, Triuwe, Stæte unde Wille
zuo einander setzen,
sô swîgen alle klaffer billîch stille.

130. Den lîp begunde sêre
mîn Herze nâch im ziehen.
waz sol ich immer mêre,
bedâhte ich, sol ez verre von mir fliehen.
ûf einem brant hôrt ich die hunde erleschen.
owê, daz sint die wolfe!
ich erschrac von schrickenlîchem heschen.

131. Muot kobert âne Helfe
allein ûf hertem brande:
er hât doch mangem welfe
gewunnen für in wazzer und ûf lande,
dâ von muot in unmuot muoz verzagen.
des muotes meisterinne,
sprich zuo dem hund, lâ in dîn güete an jagen!

128. A 125; B 142; b 207; C 35; D —; d —; f 125; c 127; F 127;
g 127; a 128; E 111; e 128; h 129.
129. A 126; B 143; b 208; C 36; D —; d —; f 126; c 128; F 128;
g 128; a 129; E 112; e 129; h 130.
130. A 127; B 144; b 209; C 37; D —; d —; f 127; c 129; F 129;
g 129; a 130; E 113; e 130; h 131.
131. A 128; B 145; b 210; C 38; D —; d —; f 128; c 130; F 130;
g 130; a 131; E 114; e 131; h 132.

132. Und wære mînem Herzen
niht nâch der verte wille.
ez giene mir ab von smerzen
und von wolfen müeste ez swîgen stille.
ich mein die merker, die ez dicke noeten,
daz ez sin selbes kummer
verswigen muoz, daz wil ez danne toeten.

133. Ein merker âne melde
den sol nieman hazzen.
ze walde und ûf dem velde
mac man in wol die hunde hoeren lazzen,
sô daz er sî von der verte wîte:
wil aber er ir nâhen,
sô hüete diu, geselle, des ist zîte.

134. Von wolfen dicke hunde
ûf welden sint geletzet,
sô ist von mangem munde
vil manic guot wîp und man übersetzet.
nu sint si als die wolfe gar unmære;
die dô den guoten wîben
ir fröud verkêrent, daz sint fröudirræere.

135. Muot hôch zuo got gedenket
nâch êwiclichem heile;
unmuot die sêle senket
hin ab, dâ Lucifer lit an dem seile.
muot guotin dinc ze guoten dingen bringet;
unmuot begert unguotes.
danc hab siu, diu unmuot ze muote twinget.

132. A 129; B 146; b 211; C 39; D —; d —; f 129; e 131; F 131;
g 131; a 132; E 115; e 132; h 133.
133. A 130; B 117; b 212; C 40; D —; d —; f 130; e 132; F 132;
g 132; a 133; E 116; e 133; h 134.
134. A 131; B 148; b 213; C 41; D —; d —; f 131; e 133; F 133;
g 133; a 134; E 117; e 134; h 135.
135. A 132; B 149; b 214; C 42; D —; d —; f 132, 537; e 134;
F 134; g 134; a 135; E 118; e 135, 511; h 136, 547.

136. Muot sterken unde krenken
swaz wider muot kan streben,
hôchmüeticlîch gedenken,
wer kan den muot wol in unmuot geben:
waz ist ein rât, ein trôst, ein helfe, ein stiure
den senden für verzagen?
ein güetlich wîp, zartlîch, rein und gehiure.

137. Du êren-muotes frouwe
lâ muoten niht bekrenken,
dich selben an im schouwe.
er ist ez dû, wilt dû dich selben senken?
du bist ez er, wilt dû ez rehte merken?
er ist von dir geboren
und was doch ê, dîn leben half er sterken.

138. Du zartiu muotes muoter,
diu kranken muot bequicket,
nie muot wart alsô guoter,
sô den dîn kraft in mannes herze stricket.
der muot unmuot vertrîbet mit gewalte
und bezzert die unguoten.
wol ir, diu êren rîchen muot ûfhalte!

139. Durch muot den edlen werden
guot frouwen sint gemachet,
si sint ouch hie ûf erden
muotes ursprinc, der mit flîze wachet;
si ân muot, muot ân si nieman vindet.
ez wirt muot ze unmuote,
aldâ der guoten güetlich helfe erwindet.

136. A 133; B 150; b 215; C 43; D —; d —; f 133, 536; c 135;
F 135; g 135; a 136; E 119; e 136, 540; h 137, 546.
137. A 134; B 151; b 216; C 44; D —; d —; f 134; c 136; F 136;
g 136; a 137; E 120; e 137; h 138.
138. A 135; B 152; b 217; C 45; D —; d —; f 135; c 137; F 137;
g 137; a 138; E 121; e 138; h 139.
139. A 136; B 153; b 218; C 46; D —; d —; f 136; c 138; F 138;
g 138; a 139; E 122; e 139; h 140.

140. Swenn ich in herzen mache
mir ein wunschlîch leben:
der sache ist ein ursache.
dâ mit ich ez muoz enden unde heben.
der fuoz: nâch dem sô kobert Harre und Wille,
dar zuo sô hetze ich Fröuden
und Wunn, die swigent aber leider stille.

141. Ir wirde snel an prîse
und mîn dienest trœge:
sô hieze ich der unwise,
ob ich daz indert zuo einander wœge;
mîn lazzen mac ir snelle niht ergâhen.
ez müeste ûf halten Triuwe,
ob ez den hunt im lieze jagen nâhen.

142. Swâ ich mir hin gedenke
ze suochen trôst dem herzen,
daz machet niur mêr krenke.
sich stôzent mîn gedanke an solhen smerzen;
swâ ich ê fröuden wizzenlîchen weste,
dâ vinde ich leit mit hûse
und ziuhet jungez leit an fröuden neste.

143. Swâ lust in herzen wallet
sô lieplich und sô lange,
daz sich diu fiuhte ballet
und loufet ûz den ougen ûf die wange,
und daz geschiht vor liebe niht vor leide,
dâ mac ein herz gesuochen
mit gedanken sîner fröude weide.

140. A 137; B 154: b 219; C 47; D —; d —; f 137; c 139; F 139; g 139; a 140; E 123, e 140, 580; h 141.

141. A 138; B 155; b 220; C 48; D —: d —; f 138; c 140; F 140; g 140; a 141; E 124; e 141; h 142.

142. A 139; B 156; b 221; C 49; D —; d —; f 139; c 141; F 141; g 141; a 142; E 125; e 142; h 143.

143. A 140; B 157; b 222; C 50; D —; d —; f 140; c 142; F 142; g 142; a 143; E 126; e 143; h 144.

144. Klein fuoge kunnen suochen
rouch, wazzer, swer si vâhet.
din geschrift von allen buochen
lug, ob ez mînem sinne indert nâhet:
mîn herz daz kan sich mit gedanken winden
für wazzer, rouch; ez suochet,
ob ez noch kein genâde möhte vinden.

145. Gedinge zit verziuhet,
die nieman widerbringet,
swen vil gelückes flinhet
und er doch alles hoffet und gedinget.
daz lân wir allez guot sin für verzagen.
min bestin zît vergangen,
owê, daz ist vor aller klag ze klagen.

146. Ach ach und owê bîte.
waz hât mich dô geletzet!
hilf zartlich zart bî zîte,
ê ich si mit den dingen übersetzet,
dâ von Lust, Wunne und Fröude müezen swigen.
daz kan din güete ûf halten:
werhafter muot nu wil von hoehe sigen.

147. Ein brestenlich gebreste
der hôhen muot kan senken;
wol im, ders niht enweste,
swen liebe noetet leitlîch leit bedenken!
ei Leit, solt dû mir Liebe und Fröude leiden?
kan ieman daz erdenken,
ir helfet Leit von Liebe fuoglîch scheiden.

144. A 141; B 158; b 223; C 51; D —: d —; f 141: c 143; F 143:
g 143; a 144; E 127; e 144; h 145.
145. A 142; B 159; b 224; C 52; D —: d —; f 142; c 144; F 144;
g 144; a 145; E 128; e 145; h 146.
146. A 143; B 160; b 225; C 53; D —; d —: f 143; c 145 F 145:
g 145; a 146; E 129; e 146; h 147.
147. A 144; B 161; b 226; C 54; D —; d —; f 144; c 146: F 146;
g 146; a 147; E 130; e 147; h 148.

148. Swen liebes-arme schrenken
getwungenlîch betastet.
den mac niht wol bekrenken
unmuotes muot: sin herz ruolich rastet.
des meien glanz den winter lange im liuhtet,
liuht aller fröuden satfes
    teglich sîn trûren dürrez herze liuhtet.

149. Owê der widerparte.
owê dem armen senden!
ez lît drîvaltic harte.
swem ungelücke solhen lust kan wenden.
wie sol der sînen endes tac erlangen?
mit urloub mir ze sprechen,
    in mînem sinne er möhte lieber hangen.

150. Min dienest gên ir wirde
ist nindert dar ze mezzen.
doch weiz ich, daz min Girde
mit Stæten, Triuwen ganz gar unvergezzen
gerehticlichen nâch der verte ringet.
ich hân doch ie gehoeret
    daz stætic jäger wilt in arbeit bringet.

151. Und hiete ich snelle winde,
daz mirs ir einer füerte.
sô daz ez liefe swinde
und ez Amôr mit triuwen dar zuo rüerte.
die möhten ez in eine hitze bringen,
daz ez mîn müeste erbiten:
    twung ez diu nôt, sô hiete ich noch gedingen.

148. A 145; B 162; b 247; C 55; D —; d —; f 145; e 147; F 117;
g 147. a 148; E 131; e 148; h 149.
149. A 146; B 163; b 228; C 56; D —; d —; f 146; e 148; F 118;
g 118; a 149; E 132; e 149; h 150.
150. A 147; B 164; b 229; C 57; D —; d —; f 147; e 149; F 149;
g 119. a 150; E 133; e 150; h 151.
151. A 148; B 165; b 230; C 58; D —; d —; f 148; e 150; F 150;
g 150. a 151; E 134; e 151; h 152.

152. Ein tröst mich dicke neret,
swie ez kan von mir gähen,
daz mir daz nieman weret,
ich sehe ez ie, ez sî verr oder nähen.
ob ez sich von mir fremdet unde wildet,
doch mines herzen ougen
ez starte ansehent, drîn ez ist gebildet.

153. Solt ich ein leben machen,
— die wal welte ich balde —
für tanzen, springen, lachen
ze fröuden mir ich hüebe ûf einem walde.
und daz die hunde vaste umb mich drungen,
doch mit des wildes willen,
daz si ez niht ze sêre dar zuo twungen.

154. Nâch lufte ringe und swære
nâch erde, heiz nâch fiure,
nâch wazzer küele ich wære:
daz kan an mir wirken diu gehiure.
siu kan der elementen kraft mit krefte,
luft, wazzer, fiur und erde.
wol mich an ir der lieben meisterschefte!

155. Triuwen, Stæte und Girde
lâz ich ouch nâch der verte,
die weiz ich in der wirde,
si kobernt hin, ez sî naz oder herte,
si müezen danne ungelücke wenden.
sô iage ich mit dem Herzen
den louf hin nâch, daz wil ez allez enden.

152. A 149; B 166; b 231; C 79; D —; d —; f 149; c 151; F 151; g 151; a 152; E 135; e 152; h 153.
153. A 150; B 167; b 232; C 80; D —; d —; f 150, 527; c 152; F 152; g 152; a 153; E 136; e 153, 531; h 154.
154. A 151; B 168; b 233; C 81; D —; d —; f 151; c 153; F 153; g 153; a 154; E 137; e 154, 581; h 155.
155. A 152; B 169; b 234; C 82; D —; d —; f 152; c 154; F 154; g 154; a 155; E 138; e 155; h 156.

156. An langen tagen Stæte
ist jagens gar ein herre,
swâ ez niht wirt ze spæte,
nu hât ez im gewunnen für sô verre,
daz ich die widerlouf besorge sêre.
doch kumt von diser verte
Stæte niht, ez kêre swar ez kêre.

157. Und kunde sich berihten
Wille in disen geugen,
er solte ez bald ab slihten,
daz sich muoz leider sust vil lange lengen:
wan Wille wol ze jagen snelle zoget.
ez möhte Wille ergâhen,
sô seiner hunt ze jagen wênic toget.

158. Ich bin grâ in dem schopfe
worden von den winden,
diu ougen in dem kopfe
mir von unbild wellent dicke erblinden,
wan vor in leider nieman niht gehoeret,
ich meine unnoetez klaffen
von manger diet, daz mich vil dicke toeret.

159. Ze bilde ich ein siule
mit armen umbe taste,
ob sich mîn herze biule;
iâ zwâr ez kan die brust erheben vaste,
von gedanken wænet ez, ez grîfe
den stam, dar ûz erblüet
der fröuden blüet — mir dorret sorgen rîfe.

156. A 153; B 170; b 235; C 83; D —; d —; f 153; e 155; F 155; z 155; a 156; E 139; e 156; h 157.
157. A 154; B 171; b 236; C 84; D —; d —; f 154; e 156; F 156; z 156; a 157; E 140; e 157; h 158.
158. A 155; B 172; b 237; C 85; D —; d —; f 155; e 157; F 157; z 157; a 158; E 141; e 158; h 159.
159. A 156; B 173; b 238; C 86; D —; d —; f 156; e 158; F 158; z 158; a 159; E 142; e 159; h 160.

160. Owê mîn armen twingen
und mîn gedanke süeze
kan mir zwivaltic bringen
ein sûrez leit, dâ mit ich fröuden büeze.
ich wæne, ich müge unheiles mich ergetzen
und vâhe ez mit gedanken
froelîchen an, daz kan mich trûric setzen.

161. Ez ist gar wol bewæret
an manger stat vil dicke,
niht liegent ez sich mæret.
die wârheit sage ich dir, her an mich blicke.
gebrochen bein, knor, biulen unde schrimpfen
wirt dick gewegen ringe,
ein schoenez hâr git mangem mêr gelimpfen.

162. Owê owê, daz wænen
sô mangen stæten triuget,
dem süeziu red verklænen
diu ougen kan, daz sîn gesihte liuget.
er siht den wandel; ob er wünschen solde,
er wolde ez alsô haben,
sô ist ez kupfer bî genæmen golde.

163. Swâ guot wilt gernote winde
nimt an sich durch loufen
und gerne fliehet swinde,
der hiute ich dicke verre wil verkoufen,
die sich mit sollhem fliehen wænent neren.
sein hofwart ungenozzen
deheinez wilt kan morden und verzeren.

---

160. A 157; B 174; b 239; C 87; D —; d —; f 157; c 159; F 159; g 159; a 160; E 143; e 160; h 161.

161. A 158; B 175; b 240; C 88; D —; d —; f 158, 224; c 160; F 160; g 160; a 161; E 144; e 161; h 245.

162. A 159; B 176; b 241; C 89; D —; d —; f 159, 225; c 161; F 161; g 161; a 162; E 145; e 162; h 162.

163. A 160; B 177; b 242; C 90; D —; d —; f 160; c 162; F 162; g 162; a 163; E 146; e 163; h 163.

164. Holôr, Spitzmûl, ungenge
an art und in dem sinne,
daz harret niht die lenge:
ein wîl si jagent als ez umb si brinne,
man siht bî heizer sunnen si erleschen.
sô Harr, Stæte und Triuwe
ûf herten wegen kobernt und hin dreschen.

165. Als ich dem Herzen phlihte
durch nar und kost gewinne,
nu râtet, wâ iuch diuhte.
dâ ich die neme und wie ich daz besinne:
als ûz der blüet diu bie nimt ir neren,
sô ziuhe ich mit gedanken
güet ûz ir güet, daz kan mir nieman weren.

166. An gönden wil ich jehen
ich hân den alten Harren
ab rihten, kobern sehen,
daz gar unkund wær jungen, snellen narren.
man mac mit im bî einer vart belîben,
sô junc unrihtic hunde
wilt mit geschelle möhten wol vertrîben.

167. Ach ordenlichez leben.
der zît ir wil behalten.
wie hâst du mich begeben?
ich muoz unordenlicher dinge walten.
diu liebe noetet mich in jugent trûren.
ach, wie sol dan daz alter,
lât siu niht ab, ir ungenâde erdûren?

164. A 161: B 178; b 243; C 91; D —; d —; f 161; c 163; F 163;
g 163; a 164; E 147; e 164; h 164.
165. A 162; B 179, b 244 C 92; D —, d —; f 162; c 164; F 164;
g 164; a 165; E 148; e 165; h 165.
166. A 163; B 180; b 245; C 93; D —; d —; f 163; c 165; F 165;
g 165; a 166; E 149; e 166; h 166.
167. A 164; B 181; b 246; C 94; D —; d —; f 164; c 166; F 166;
g 166; a 167; E 150; e 167; h 167.

168. Hoert, hoert ieman Genâden?
hoert, ob in ieman hôrte!
der hunt war âne schaden,
ich hiez in halten ie gên jenem orte.
und hât verslâfen der den hunt dâ haltet,
sô sîn wir von Gelücken,
von Lust, von Heile verre und vil geschaltet.

169. Sol mich Hoffe und Gedinge
niht zuo Genâden wisen
und ouch der edel Twinge,
sô mac ich wol in ungenâden grîsen.
ob durch versuochen niht Genâde swîget
und jagt doch nâch dem loufe,
von hôch her wider ab min fröude siget.

170. Ich dinge ez an Genâden
vil gar von allem rehte.
mit reht hân ich den schaden,
wan des erbarmen mich die armen knehte,
die dâ ze füezen volgent mir und Triuwen.
nu lâ, Genâd, dich hoeren
und dise vart genædiclich verniuwen.

171. Adam kam mit genâden
menschliches valles wider.
genâde mangen schaden
hât mangem volliclich gewendet sider.
genâd sol bî gewalte sin zwîvaltec.
nu hetzâ her Genâden,
Lieb, dû bist mîn gewalticlich gewaltec.

168. A 165; B 182; b 247; C 95; D —; d —; f 165; c 167; F 167;
g 167; a 168; E 151; e 168; h 168.
169. A 166; B 183; b 248; C 96; D —; d —; f 166; c 168; F 168;
g 168; a 169; E 152; e 169; h 169.
170. A 167; B 184; b 249; C 97; D —; d —; f 167; c 169; F 175;
g 169; a 170; E 153; e 170; h 170.
171. A 168; B 185; b 250; C 98; D —; d —; f 168; c 170; F 176;
g 170; a 171; E 154; e 171; h 171.

172. Bin ich mit reht din eigen.
  Lieb, sô bist dû gebunden,
  daz dû mir solt erzeigen
  genædiclîch genâd ze allen stunden;
  mit dienst muoz ich dir undertænic wesen.
  Lieb. sô versprich din eigen,
    hilf. Lieb. mit lieb vor leide mir genesen.

173. Ein kranz der hôhen wirde
  mit êren blüet geblüemet,
  nâch dir ie min begirde
  die hôhe klam, ich spriche ez ungerüemet.
  und hiete ich pris, der mir ist leider tiure,
  daz würken wær din eigen:
    lâ an mir schouwen diner helfe stiure.

174. Trût. swaz ein meister machet,
  des werkes pris in priset:
  din prîs an mir zwivachet
  sich, des min munt mit wârheit dich bewîset.
  gewinne ich muot. des ist mir niht ze danken,
  den wær din güet mir gebent:
    man siht mich ân din helfe muotes kranken.

175. Ein engelischez bilde,
  ein wip und ouch ein engel.
  wie gar wildiclîch wilde
  ist allen zungen din lob, gæbe ich hengel.
  ez hât sô manic süeze temperie.
  nâch diner güete spisen
    ich als ein hungere kobrer habich glîc.

172. A 208; B —: b —; C —; D —; d —; f —; e —; F 169; g 171,
a —; E —; e 172; h 185.
173. A 209; B —; b   C —; D —; d —; f —; e —; F 170; g 172;
a 172 E 155; e 173; h 186.
174. A 210; B —; b - ; C —; D —; d —; f —; e —; F 171; g 173:
a 173; E 155; e 174; h 187.
175. A 211; B —; b —. C —; D —; d —; f —; e —; F 172; g 174:
a 174. E 157; e 175; h 188.

176. Rein, lûter, klâr, durchliuhtet
kanst dû mîn herze derren,
dîn trôst ez ouch wol fiuhtet.
du maht im alle sorge wol versperren.
nu setze dich dar în mit solhem bouwe.
daz man gar meisterlîchen
dîner güete würcken an im schouwe.

177. Si daz an mir gebreste
der gruntvesten veste.
ob daz dîn wizzen weste.
dâ tuo mit genâden mir daz beste.
ich weiz mich dîner wirde gar unwirdec.
sô lâ mich des geniezen.
unrehter gird bin ich gên dir ungirdec.

178. Ungelücke wîsen
mich in trûren kunde.
mîn phert verlos ein isen
und wâren ouch verloufen mir die huude.
Ez hanc, daz ich ez kûme fúrbaz brâhte.
ich loste. ob ich noch Fröuden
indert hôrt, diu vaste von mir gâhte.

179. Swie strenge was mîn smerze
und wie gar drîvaltec,
ich sprach: ,hiet ich mîn Herze
an mînem seil und wær sîn ouch gewaltec,
den louf wolt ich mit ze füezen jagen.
kein nôt ez dar zuo bringet,
daz ez an diser verte müg verzagen.'

176. A 212; B —; b —; C —; D —; d —; f —; c —; F 173; g 175;
a 175; E 158; e 176; h 189.
177. A 213; B —; b —; C —; D —; d —; f —; c —; F 174; g 176;
a 176; E 159; e 177; h 190.
178. A 169; B 186; b 251; C 99; D —; d —; f 169; c 171; F 177;
g 177; a 177; E 160; e 178; h 191.
179. A 170; B 187; b 252; C 100; D —; d —; f 170; c 172; F 178;
g 173; a 178; E 161; e 179; h 192.

180. Daz phert an miner hende
zoch ich und lief ze füezen.
ich jeit in daz ellende
mit hazze hin gar sunder lieplich grüezen.
ich blies zwir und schrei mit mangem wuofen,
ob ich noch ieman hörte,
den ich durch helfe mohte zuo mir ruofen.

181. Einen alten grise
vant ich bi der verte,
der was an jagen wise,
der mir die vart mit sinen roten werte.
ich bedâht, mich sol des niht betrâgen,
sit ich in bi der verte
funden hân, ich wil in balde frâgen.

182. Ich jach, ob er die hunde
hörte indert loufen.
„Jâ, ein Herze wunde
dâ kobert hin vor al der hunde houfen;
vor im jeit Will, mit im Staete und Triuwe.
daz het in für gewunnen,
dâ liefen si, als ob ez waere niuwe.“

183. Er was ouch jagens müede
nâch einer verte worden.
mit triuwen alters blüede
truoc er, wan swer gerehticlich den orden
in herzen treit und man des niht erkennet,
ez ist niht ungefüege,
ob man den alt bi jungen jâren nennet.

180. A —; B 188; b 253; C 101; D —; d —; f 171; c 173; F 173;
g 179; a 179; E 162; e 180; h 193.
181. A 214; B 189; b 254; C 102; D —; d —; f 172; c 174; F 180;
g 180; a 180; E 163; e 181; h 194.
182. A 215; B 190; b 255; C 103; D —; d —; f 173; c 175; F 181;
g 181; a 181; E 164; e 182; h 195.
183. A 216; B 191; b 256; C 104; D —; d —; f 174; c 176; F 182;
g 182; a 182; E 165; e 183; h 196.

184. Dô ich in hôrte jehen
sô gar der kunden mære,
ich sprach: ,hâst dû gesehen,
daz ich dâ jage, ist es jagebære?ʻ
„jâ“. sprach er, „dû hâst wol für dich gewendet,
kein künc wart nie sô rîche,
    ez wær genuoc, ob er die vart volendet.

185. Ich fröute mich der mære,
dâ ez im wol behaget,
geringet wart min swære,
dô er von mînen hoehsten fröuden saget.
ich sprach: ,ich wil hin nâch der verte jagen,
wan ich hân ie gehoeret:
    si müezen ab dem schiffe, die verzagen.ʻ

186. Er sprach: „nu var gemache,
mac ez niht anders wesen,
besorge daz und wache:
ez gæbe umb al dîn hunde niht ein vesen,
ez wurde in tûsent jâren nimmer hellec,
ez liefe dan Gelücke
    an und Lust, die machent ez fürschellec.“

187. ,Ez ist jedoch geschehen,
nu sprich dar zuo daz beste:
sî künc, wer hab gesehen
zartlicher zart die kunden oder geste.
hân ich unheiles angel dran geslunden,
gift in sô süezer süeze
    wart nie und wirt ouch nimmer mêr erfunden.

---

184. A 217; B 192; b 257; C 105; D —; d —; f 175; c 177; F 183;
g 1·3; a 183; E 166; e 184; h 197.
185. A 218; B 193; b 258; C 106; D —; d —; f 176; e 178; F 184;
g 184; a 184; E 167; e 185; h 198.
186. A 219; B 194; b 259; C 107; D —; d —; f 177; c 179; F 185;
g 185; a 185; E 168; e 186; h 203.
187. A 220; B 195; b 260; C 108; D —; d —; f 178; c 180; F 186;
g 186; a 186; E 169; e 187; h 204.

188. Daz ich ez giftic nenne,
nieman daz von mir hoeret.
als ich die spur erkenne,
sin fliehen mangen guoten meister toeret.
vil solen mügen knehte nâch im brechen:
ez hilt sich in den leisen,
daz man ez für ein kelbel mac an sprechen.

189. Sô ez ie klüeger wære,
daz kan mir frönden mêren,
dar umbe ez niht enbære.
man spricht: ,ie mêr vint, ie mêr êren.'
der alte sprach: „daz ist ze sagen ringe.
dri schelke für daz netze
gehoerent, ê man einen dar în bringe."

190. ,Daz ich nâch sinem vâhen
schalklichen immer stelle!
möht ich im jagen nâhen,
daz tæte ich und wær offen mir diu helle.'
„ei, numer dumen!" sprach der alte grise.
ich sprach: ,ich hoffe, ez loufe,
daz ez mich hie und dort ze frönden wise.'

191. „Owê dir tumben narren,
jagst dû waz vor dir fliehet.
Amôr dich heizzet harren,
der dir din zît an frönden hin verziehet.
du jagst im nâch in minneheizer sunne;
dar inne muost dû dorren,
sô ez sich küelet dort in frönden brunne."

188. A 221; B 196; b 261; C 109; D —; d —; f 179; e 181; F 187; g 187; a 187; E 170; e 188; h 205.
189. A 222; B 197; b 262; C 110; D —; d —; f 180; e 182; F 188; g 188; a —; E —; e 189, 594; h —.
190. A 223; B 198; b 263; C 111; D —; d —; f 181; e 183; F 189; g 189; a 188; E 171; e 190; h 206.
191. A 224; B 199; b 264, 571; C 112; D —; d —; f 182; e 184; F 190; g 190; a 189; E 172; e 191; h 207.

192. ,Sag mir, ist daz diu minne,
diu sô die liut kan toeren,
daz siu die ûzern sinne
verrigelt, sehen sprechen unde hoeren,
und sich inwendic mit gedanken wirret?'
„swer si ze reht begrîfet
der ist versûmet, hie und dort verirret.

193. Da wider kan siu schaffen
ouch ze mangen stunden
gar vil mangen affen,
der wænet al sîn nôt hân überwunden,
mit nihtiu frô kan siu die liute machen.
er heizet wol der arme,
der sich mit irem wandel muoz besachen.“

194. ,Dâ von mügn wir die sinne
gar von ir niht geziehen:
man sprichet von der minne,
swen siu jagt, daz ir nieman mac entfliehen,
umb disen wandel nieman kan verzagen.
ach möhte ich si gehetzen
nâch minem louf, daz siu mir hulfe jagen.

195. Den unterscheit der minne
solt dû mir wol bescheiden.
swem minne ist in dem sinne,
wie mac man ir lieben unde leiden?
muoz man sich ir geheimen, fremden. güeten,
dröuwen oder flehen,
oder muoz man sich gên ir diemüeten?‘

192. A 225; B 200; b 265, 372; C 113; D —; d —; f 183; c 185; F 191
g 191; a 190; E 173; e 192; h 208.
193. A 226; B 201; b 266, 373; C 114; D —; d —; f 184; c 186; F 192;
g 192; a 191; E 174; e 193; h 209.
194. A 227; B 202; b 267, 374; C 115; D —; d —; f 185; c 187; F 193;
g 193; a 192; E 175; e 194; h 210.
195. A 228; B 203; b 268, 375; C 116; D —; d —; f 186; c 188; F 194;
g 194; a 193; E 176; e 195; h 211.

4*

196. „Ich rât dir niht von êren,
der rât wære unbehende;
daz kan geheime mêren
vil dinges, daz von frönden wære ân ende.
verlegenlich geheime dick beobert,
daz ritterlîchez varen
von fremden leider nimmer wol erkobert.

197. Swer der weid wær gesezzen,
der mac ir wol geniezen;
vil dicke wirt vergezzen
von frönde, daz din liebe kan verdriezen;
ein lôs gebærde liebet under ougen.
sô ritterlîchez werben
verdirbet, owê des wil nimmer zougen.

198. Ân rât ich dich nicht lâze,
wil mir din muot getrûwen.
fräg nâch der edlen mâze,
ûf die gruntvest râte ich dir ze bûwen,
din heizet dich vervaren noch verligen.
snüer nâch ir winkelmâze:
der wisen strâze wirt gên dir verswigen.

199. Einvaltielich ze sprechen,
daz wær daz allerbeste,
ob nâch einander brechen
zwei herz mit liebe wolten sunder reste,
den wær ze râten und ouch wol ze helfen,
— Harren ich geswige —
die funden sich mit unjærigen welfen.

196. A 229; B 204; b 269, 376; C 117; D —; d —; f 187; c 189; F 195;
g 195; a 194; E 177; e 196; h 212.
197. A 230; B 205; b 270, 377; C 118; D —; d —; f 188; c 190; F 196;
g 196; a 195; E 178; e 197; h 199.
198. A 231; B 206; b 271, 378; C 119; D —; d —; f 189; c 191; F 197;
g 197; a 196; E 179; e 198; h 200.
199. A 232; B 207; b 272, 379; C 120; D —; d —; f 190; c 192; F 198;
g 198; a 197; E 180; e 199; h 201.

200. Wie bist dû jagent worden?
wart dienest dir erloubet?
treist dû gereht den orden?
hâst dû an dirre vert ieman beroubet?"
ich sprach: ‚nein zwâr, ich brâhte ez von der weide
gén holz, dâ liez ich Fröuden
nâch im frî, swie ich nû jag her mit Leide.

201. Ich bin gerehticlichen
alles nâch im komen.
ich wânte, ich solde rîchen
an Fröuden, die hât leider Leit benomen
mir alsô gar, daz ich si hoere nindert.
ich sprach zuo dem getriûwen:
‚sag. lieber, mir und sæhst du Fröuden indert?"

202. „Jâ, ich sach Wunne und Fröuden
ouch nâch der verte jagen,
dô sprach ich sunder göuden,
daz ich durch weidgeselleschaft wil klagen
din Herze, wan das jeit ir beider eine
an einem widerloufe;
si giengen ab, der dûht si ze gemeine.

203. Dô sach ich ez umb jagen
ûf disen wegen herte.
ich hân dâ für geslagen
swîgent bî den hunden ûf der verte,
si sint ze jagen stæten hunden trûte.
bî mangerlei gehunde
hörte ich si nie rehte süeze lûte."

---

200. A 233; B 208; b 273, 330; C 121; D —; d —; f 191: c 193; F 199; g 199; a 198; E 181; e 200; h 202.
201. A 234; B 209; b 274, 381; C 122; D —; d —; f 192; c 194; F 200; g 200; a 199; E 182; e 201; h 213.
202. A 235; B 210; b 275, 382; C 123; D —; d —; f 193; c 195; F 201; g 201; a 200; E 183; e 202; h 214.
203. A 236; B 211; b 276, 383; C 124; D —; d —; f 194; c 196; F 202; g 202; a 201; E 184; e 203; h 215.

204. ‚Dô ich die stat verrigelt
ir mit solhen bünden,
dô gap ich ir versigelt
ein membrân; wil siu sich an mir sünden,
dar an sô möht siu schriben, swaz siu wolde.
ich leit mîn herz gehenket
dar an, dâ mit siu ez erzingen solde.

205. Si mac wol fröuden trîben
von mir sendem manne
und ein hantveste schriben,
daz ich sî in der ahte und in dem banne.
geistlîch, werltlich mac si mich wol laden:
ich hân an keinen rehten
gen ir niht, ich ger niht wan genâden

206. Doch swer ze solhen mæren
dem andern wol getrouwet
und daz mac wol bewæren,
billich der sin selbes triuwe anschouwet.
siu hât mîn herz bi ir ze aller stunde,
dâ mit siu sigeln möhte,
daz ich her wider nimmer bringen kunde.

207. Si mac mit solchen sachen
gelimphen von den liuten
mit dem lantreht machen.
swer aber ez götlichen wil bediuten:
ich hân daz gotes reht mit allen rehten,
swie man mir nû geværde
mit glôsen leider wil dar in geflehten.‘

---

204. A 237; B 212; b 277, 384; C 125; D —; d —; f 195; e 197; F 203;
g 203; a 202; E 185; e 204; h 216.
205. A 238; B 213; b 278, 385; C 126; D —; d —; f 196; e 198;
F 204; g 204; a 203; E 186; e 205; h 217.
206. A 239; B 214; b 279, 386; C 127; D —; d —; f 197; e 199;
F 205; g 205; a 204; E 187; e 206; h 218.
207. A 240; B 215; b 280, 387; C 128; D —; d —; f 198; e 200;
F 206; g 206; a 205; E 188; e 207; h 219.

208. „Sag an, ob man erfunde
und ich ez möht gefüegen,
daz sin dir din urkunde
lât wider werden, wil dich des genüegen.
und habe ouch dû gên ir niht mêr ze sprechen?"
‚nein, tûsent tôde sterben
    tegelîchen, ê mîn herze müeste erbrechen.'

209. „Harr, ob siu sich bedenke,
du solt niht gâhes enden:
swie ez dich dicke krenke
ez mac sich wol ze guoten dingen wenden.
ze Harrn und Triuwen muost dû hetzen Liden;
slach hin mit im, lâ sehen,
    ez möhte sich wol gên Gelücke rîden.

210. „Sag mir, tæt dû iht leide
den herren an ir wilde?"
‚nein ich, bî minem eide.
ez sî in walde oder ûf gevilde
ich wæn daz ieman sî von mir der klagent.
mir widerfuor bî ziten
    dar nâch ich henget, unz daz ich wart iagent.

211. Ez stuont êt al mîn meinen
— swaz ieman vor mir wandelt —
hin wider nâch der einen.
an swaz ich mit geselleschefte handelt,
daz was ouch sicherlichen ân gevære,
ich half zuo ir Fröuden,
    swie ez doch minem herzen was ein mære.

208. A 241; B 216; b 281, 388; C 129; D —; d —; f 199; c 201;
F 207; g 207; a 206; E 189; e 208; h 229.
209. A 242; B 217; b 282, 389; C 130; D —; d —; f 200; c 202;
f 208; g 208; a 207; E 190; e 209; h 221.
210. A 243; B 218; b 283, 390; C 131; D —; d —; f 201; c 203;
F 209; g 209; a 208; E 191; e 210; h 222.
211. A 244; B 219; b 284, 391; C 132; D —; d —; f 202; c 204;
F 210; g 210; a 209; E 192; e 211; h 223.

212. Ich hân bî mangem valze
gehalten wol durch hoeren;
doch was min sin, ez walze.
ez lige, ez stê, daz sol ich niht zerstoeren.
ich hân ouch manic kalp ûf walden funden,
dem half ich, als ich mohte
vor wolfen und vor mürdic jägerhunden.

213. Ich sich mir dicke leide
an manger hande wilde.
mit mangem valschem eide
si swerent, daz diu minneclîchen bilde
si hânt für guot und triuwe mit in teilen;
swenn ez sîn dan erbitet,
sô hetzt er rüden dran und vâhtz in seilen.

214. Wenken, Wal und Schalken
hoer ich ûf mangem walde,
sô si die wolfe walken,
si machent dicke, daz ich los und halde.
sô si mit süezer lûte gên mir kriegent,
sô schrîe ich gerne vaste:
hüet inch, ir edlen, mit urloub, si liegent.

215. Der selben hunt geschelle
daz wilt an hecke trîbet;
stüend offen dan diu helle.
ir keinez sein bî ören dâ belîbet.
si werfent ez an hôchgemüete nider.
swaz in kumt in die raeme,
daz wirt gefüeret an dem satel sider.

212. A 215; B 229; b 285, 392; C 133; D —; d —; f 203, c 205;
F 211; g 211; a 210; E 193; e 212; h 224.
213. A 246, 447; B 221, 435; b 286, 393, 496; C 134; D —; d —;
f 204, 420; c 206, 420; F 212, 427; g 212, 427; a 211; E 194; e 213;
h 225, 438.
214. A 247; B 222; b 287; C 135; D —; d —; f 205; c 207; F 213;
g 213; a 212; E 195; e 214; h 226.
215. A 248; B 223; b 288; C 136; D —; d —; f 206; c 208; F 214;
g 214; a 213; E 196; e 215; h 227.

216. „Swer iagt gerehticlîchen
den sol man guotes wîsen,
swer aber wil erslichen,
an hecken vâhen, des sol nieman prisen.
ir ist vil, die ir êren tuont ze leide:
dâ von guot wilt nu dicke
sich hüeten muoz vor fröudenrîcher weide.“

217. Ich sprach zuo jenem grîsen:
,mîn bet begert mit triuwen,
und sol mich ieman wîsen.
daz lit an dir, ûz herzenlîchen riuwen.
dir ist hie kunt, gip mir des waldes künde.
sol ich nu jagen mêre?‘
der alte sprach: „daz wær zwîvaltic sünde.

218. Nu hân ich lide und lende,
sô lange her gemüetet.
sich für dich an daz ende.
wie ez in diser werlte tobent wüete.
die gerehten hât man nû für narren.
dri vindet man ir kûme,
als ez nû lît, in drîn und drîzic pharren.“

219. ,Het ich zuo mir die zwêne
mich diuhte, ich wær der eine.
ez müest noch anders gêne
dan ich in mînem senden herze meine.
doch wil ich ez von wârheit niht ensprechen.
si ungereht mîn meinen,
daz sol diu zarte billîch an mir rechen.

216. A 249; B 224; b 289; C 137; D —; d —; f 207; c 209; F 215;
g 215; a 214; E 197; e 216; h 228.
217. A 250; B 225; b 290; C 138; D —; d —; f 208; c 210; F 216;
g 216; a 215; E 198; e 217; h 229.
218. A 251; B 226; b 291; C 139; D —; d —; f 209; c 211; F 217;
g 217; a 216; E 199; e 218; h 230.
219. A 252; B 227; b 292; C 140; D —; d —; f 210; c 212; F 218;
g 218; a 217; E 200; e 219; h 231.

220. Und phlige ich stæter triuwen
in herzen sunder wanken,
diu zaller zît sich niuwen
mit liebe sol, des ist mir niht ze danken.
ich muoz gereht nâch dirre verte ringen,
ob ich nu wolte wenken,
    ich möht mîn Herze nimmer von ir bringen.

221. „Nu maht dich von den hunden
baz verren danne nâhen:
belibe ez âne wunden
und wolt ez danne dâ von wider gâhen
und wil din riuwe erkennen und wil schiehen
von in, sô bis des sicher,
    ez mac die vart her wider ûf uns fliehen.

222. Ich râte dir durch triuwe,
des ich dich hie bewise,
mir ist wol kunt dîn riuwe.
von solher nôt bin ich ouch worden grise.
ich wæn dîn jagen well sich lange lengen,
du maht sin niht ergâhen,
    du solt ein wil gemache nâch im hengen."

223. „Ach, verrez fürgewinnen
daz machet widerlöufe
und vil in wâge rinnen.
ach, langez fremden scheidet liebe köufe.
ez mac sich küelen in geselleschefte,
sô mac mich troesten niemen
    wan ez allein: daz scheidet mich von krefte.

220. A 253; B 228; b 293; C 141; D —; d —; f 211; e 213; F 219;
g 219; a 218; E 201; e 220; h 232.
221. A 254; B 229; b 294; C 142; D —; d —; f 212; e 214; F 220;
g 220; a —; E —; e 221; h 233.
222. A 255; B 230; b 295; C 143; D —; d —; f 213; e 215; F 221;
g 221; a 219; E 202; e 222; h 234.
223. A 256; B 231; b 296; C 144; D —; d —; f 214; e 216; F 222;
g 222; a 220; E 203; e 223; h 235.

224. Gesworen bî dem eide
sag ich dir ân gevære.
ist, daz ich von im scheide,
sô ist mir fürbaz lîp und guot umnære.
wilt dû gedenken wie dir ist gewesen,
sô sihst du in mîn herze,
 ich wige ez gên ir allez als ein vesen.·

225. Von hinder sich gedenken
siuftlîch der alte antwurte.
„jâ", sprach er, „ez kan krenken,
swâ schoene und stæte, kunst und hôchgeburte
sich sament, daz ist süez ein giftic galle,
daz mac wol herze wunden.
 dâ vor iuch, jungen edeln, hüetet alle.

226. Waz kan schrecklîche erschrecken,
sô daz der muot erlischet;
waz kan in herzen wecken
niuwez leit mit jâmer grôz gemischet:
waz kan gedingen mit verzagen krenken?
diu beste zît vergangen
 und wider hinder sich dar an gedenken.

227. Sô dan der muot enphindet
flust ân widerkomen,
zehant der lust erwindet,
und wirt verzaglîch sin her für genomen.
dô ertrinket fröude ân allez swimmen.
man mac vil balder vallen
 ab tûsent mîl, dan eine hin ûf klimmen.

 224. A 257; B 232; b 297; C 145; D —; d —; f 215; c 217; F 223; g 223; a 221; E 204; e 224; h 236.
 225. A 258; B 233; b 298; C 146; D —; d —; f 216; c 218; F 224; g 224; b 222; E 205; e 225; h 237.
 226. A 259; B 234; b 299; C 147; D —; d —; f 217; c 219; F 225; g 225; a 223; E 206; e 226; h 238.
 227. A 260; B 235; b 300; C 148; D —; d —; f 218; c 220; F 226; g 226; a 224; E 207; e 227; h 239.

228. Wunschlicher wunne wunder
ist zweier liebe einen,
sô daz kein valsch darunder
mischet sich und meinet solhez meinen,
wie si lieb und lust in beiden machen.
ob senen si bekrenket,
ich lobe ir trûren für mîn armez lachen.

229. Mit hinder sich gedenken
kan ich min swebend herze
in jâmers phuole senken,
aldâ mit hûse wont der strenge smerze.
swenn ich gedenke, wie und wâ und wenne
Harre hât geharret,
in solhem muot verzage ich sicher denne."

230. ‚Swie doch verzagte sinne
niht guotes überobert,
wie unverzagt an minne
der edel Harre stæticlichen kobert,
sô kan mich daz an guotem muote letzen.
vergêt mîn zit ân fröuden,
wer kan mich in dem alter des ergetzen?'

231. „Ich wolt wol êwiclichen
mit Harren immer jagen;
stüend mîn zît gelichen
an alter, sô möht nimmer ich verzagen.
sô ist der werlde louf alsô gemezzen,
daz eines alten grisen
mit einem jungen frechen wirt vergezzen.

228. A 261; B 236; b 301; C 149; D —; d —; f 219; c 221; F 227;
g 227; a —; E —; e 228; h 240.
229. A 262; B 237; b 302; C 150; D —; d —; f 220; c 222; F 228;
g 228; a 225; E 208; e 229; h 241.
230. A 263; B 238; b 303; C 151; D —; d —; f 221; c 223; F 229;
g 229; a 226; E 209; e 230; h 242.
231. A —; B 239; b 304; C 152; D —; d —; f 222; c 224; F 230;
g 230; a 227; E 210; e 231; h 243.

232. Ir süezen, reinen, zarten,
zuo iuwern lieben lieben
sult ir bî zîten warten,
wan rûhez alter kan sich zuo in dieben.
ir helfet in bî fröuden zît ze fröuden.
wær wesenlichez leben
nâch wunsche, dâ wær doch wol von ze gönden.

233. Swer lîb und guotes armet
und ist doch muotes rîche,
der selbe mich erbarmet;
zuo einem marterære ich in gelîche.
dâ muoz muot in unmuot sich bekobern,
swâ muot die hoehe klimmet
und lîp und guot des kan niht überobern.

234. Die wîle ich hoer den guoten
alles hin fürgrîfen
— ich mein den edlen Muoten —
sô trage ich wol in grâwe wîze strîfen.
geswîget Muot, daz bringet mir die krenke,
mîn blenke müeste brûnen.
nein, owê wie schedlîch ich gedenke."

235. „Mit urloube ich dich frâge
alhie einer mære,
daz dich der iht betrâge:
ob man durch leide liebes gar enbære,
ê daz man von liebe leides warte?"
„nein", sprach der alte grîse,
„daz wær der êren ein ûrbrüchic scharte.

232. A 264; B 240; b 305; C 153; D —; d —; f 223; c 225; F 231;
g 231; a 228; E 211; e 232, 595; h 244.
233. A 265; B 241; b 306; C 154; D —; d —; f 226; c 226; F 232;
g 232; a 229; E 212; e 233; h 246.
234. A 266; B 242; b 307; C 155; D —; d —; f 227; c 227; F 233;
g 233; a 230; E 213; e 234, 596; h 247.
235. A 267; B 243; b 308; C 156; D —; d —; f 228; c 228; F 234;
g 234; a 231; E 214; e 235; h 248.

236. Verzagenlich gedenken
vil guoter dinge wendet,
die starken kan ez krenken,
dort und hie ez nimmer guot volendet:
ez ist der sêle slac und ouch der ôren.
ich hoer dich zaglîch sprechen:
dâ von solt dû den muote bald verkêren.

237. Den jungen ich niht hazze,
der dâ nâch minne ringet.
zitlîche er dâ von lazze,
sô in diu riuwe nâch den sünden twinget.
gar âne liebe nimmer man sol wesen,
hie sol man liebe lazzen
und mit götlîcher minne dort genesen."

238. Ich sprach: ,ob ich möhte
dîn nôt bî der mînen
wol zerkennen, töhte.
swer âne helfe lebt in solhen pînen
und wil daz âne wenken sicher lîden,
für übel hab daz niemen,
ob den kan under stunden fröude mîden.

239. „Verwerrenlîchez werren
sich in min herze wirret.
vor vischen âne berren
versûmet hie und dâ bi dort verirret:
swenn ich an die vergangen zît gedenke,
ân fröude hie dem herzen,
der sêle ân heil, daz bringet mich in krenke."

236. A 268; B 214; b 309; C 157; D —; d —; f 229; c 229; F 235;
g 235; a 232; E 215; e 236; h 219.
237. A 269; B 245; b 310; C 158; D —; d —; f 230; c 230; F 236;
g 236; a 233; E 216; e 237; h 250.
238. A 270; B 246; b 311; C 159; D —; d —; f 231; c 231; F 237;
g 237; a 234; E 217; e 238; h 251.
239. A 271; B 247; b 312; C 160; D —; d —; f 232; c 232; F 238;
g 238; a 235; E 218; e 239; h 252.

240. Ich sprach zuo jenem alten:
‚wer kan ez gar durchkumen?
gelücke muoz sîn walten,
tagalt wil haben schaden unde frumen:
wâger gwinner, vlieser sint genennet.
er heizet wol ein meister,
der nû die rehten löufe wol erkennet.‘

241. Mit triuwen sprach der alte:
„ich wîse dich der slihte,
got dîner sprünge walte.
ê daz diu hunt der werlde louf ûz rihte,
sô wirt dîn hâr dem mînen wol gelîche;
hâst dû dan gwin ân flüste,
an dînen stein dîn hant daz selbe strîche.“

242. ‚Ob ich in arbeit grîse,
ich weiz, daz ist dir leide,
gesell, mich underwîse,
wie man der varbe underscheid bescheide.
sag mir, waz ir ieglichiu sunder meine.
si treit vil manger alle,
der doch ze reht bekennet niht ir eine.‘

243. „Grüen anevanges meine
heil wünschet dem anvange,
sô daz sich lieb vereine
mit lieb und daz daz lieblîch were lange
und daz diu liebe sich mit stæten triuwen,
mit lieb ie lieber machet
und sich mit lieben fünden müeze niuwen.

---

240. A —: B 248; b 313; C 239; D —; d —: f 233; c 233; F 230:
g 239; a 236: E 219: e 240: h 253.
241. A 272: B 249; b 314: C 240; D —: d —; f 234; c 234: F 240:
g 240: a 237: E 220: e 241: h 254.
242. A 280: B 257: b 322: C 248: D —; d —: f 242; c 242: F 249:
g 249: a 238: E 221: e 242: h 255.
243. A 281: B 258: b 223: C 249: D —: d —: f 243; c 243; F 250;
g 250: a 239: E 222: e 243; h 256.

244. Wiz hoffenunge wiset.
din varbe dicke neret
vil herze, diu gespîset
sint mit gedingen, daz in sorge weret.
vil kranker nar begêt sich manger leider:
iedoch waz mac geschehen,
  swie fremde ez si, daz verbet blankiu kleider.

245. Rôt ûzen, daz sol innen
ein brünstic herze haben,
daz muot und herze brinnen
ûf rehte girde nâch der minne laben.
swâ aber ieman daz erleschen möhte
ân der ez hat entzündet,
  gemâltes fiures brennen heizer töhte.

246. Blâ sol gerehte erzeigen
die stæte ân allez wenken,
ein eigenschaft für eigen
beliben, dâ und nimmer dan gedenken.
von diser varbe nieman mêr sol kêren
durch liebe noch durch leide;
  doch siht man leider blâ nu sêr entêren.

247. Gel si gewert, si sprechen.
waz ist durch reht geweren?
swâ sunder êren brechen
zwei herze lieblîch eines willen geren.
diu sol in muot ze guoten dingen machen.
sô hüete er ouch ir êren.
  ich wæn, daz si gewert von allen sachen.

244. A 282; B 259; b 324; C 250; D —; d —; f 214; e 244; F 251; g 251; a 210; E 223; e 244; h 257.
245. A 283; B 260; b 325; C 251; D —; d —; f 245; e 245; F 252; g 252; a 211; E 224; e 245; h 258.
246. A 284; B 261; b 326; C 252; D —; d —; f 246; e 246; F 253; g 253; a 212; E 225; e 246; h 259.
247. A 285; B 262; b 327; C 253; D —; d —; f 247; e 247; F 254; g 254; a 243; E 226; e 247; h 260.

248. Owê der leiden varbe,
die ich mit leide erkenne,
dâ von ich fröuden darbe.
swarz, ich erschrick, wann ich dich hoere nennen.
ein leit anvâhen und ein fröuden ende
bist dû; swer dich ze rehte
muoz tragen, der mac wol heizen der ellende.

249. Der varbe visamende
ze trôst an mangen sachen
funde ich gefuogez ende,
kunt ich êt swarz gerehte blenke machen.
sî ieman, dem genâde ie geschehen,
der râte mir vil senden,
ich hân ez nie erfunden noch gesehen.

250. Ieglichin varb besunder
und ouch ir temperîe
erzeiget minne wunder.
swem siu gerehticlîchen wonet bîe.
swâ herze, varbe, muot und ouch die zunge
zweier lieb gehellent,
dâ ist der minne sicherlîch gelungen.

251. Wol der schuolmeisterinne,
diu êren schuol ûf haltet.
ir besem ist diu minne,
dâ mit siu schande von den êren schaltet.
ob sich diu eines jüngern underwindet,
der danke ir meisterschefte,
ob man in stæt gên schanden werlîch vindet."

248. A 286; B 263: b 328: C 254; D —; d —; f 248; c 248; F 255;
g 255; a 244: E 227: e 248: h 261.
249. A 287; B 264; b 329; C 255; D —; d —; f 249; c 249; F 256;
g 256; a 245; E 228; e 249: h 262.
250. A 288; B 265; b 330; C 256: D —; d —; f 250; c 250; F 257;
g 257; a 246: E 229; e 250: h 263.
251. A 289; B 266; b 331; C 257: D —; d —; f 251; c 251; F 258;
g 258; a 247; E 230; e 251: h 264.

252. ,Du sprichest von der minne,
diu sì klârlich beklæret:
wer ist in dînem sinne,
an dem din minne wærlich ist bewæret?
ich sich si vil unlust an mangem machen,
dem lip und leben swindet.'
der alte dâ von herzen gunde lachen

253. und sprach: „zuo liebem kinde
gehoeret besem grôze,
an disem ich dâ vinde,
ez ist niht wol her lunzen in der schôze.
lip und guot. diu sêl, diu êr, daz leben
daz gê und lig ze schanze,
der sich der minne rehte wil ergeben."

254. ,Und ist ez allez minne,
daz man dâ minne nennet?'
„sô ist in mangem sinne
diu minne, dâ der sin ir niht erkennet.
swâ muot gên prîse klimmet durch die minne
und ânet sich unprîses,
dem ist diu rehte minne in sînem sinne.

255. Wolt ez din jugent liden,
sô möht dir sin daz beste
dich von der verte riden
durch sêl, durch libes êwicliche reste.
din lôn hôch in die hoehe wirt gemezzen,
ob dû durch jener verte
ûf erde woltest diser hie vergezzen.

252. A 290; B 267; b 332; C 258; D —; d —; f 252; e 252; F 259;
g 259; a 248; E 231; e 252; h 265.
253. A 291; B 268; b 333; C 259; D —; d —; f 253; e 253; F 260;
g 260; a 249; E 232; e 253; h 266.
254. A 292; B 269; b 334; C 260; D —; d —; f 254; e 254; F 261;
g 261; a 250; E 233; e 254; h 267.
255. A 293; B 270; b 335; C 261; D —; d —; f 255; e 255; F 262;
g 262; a 251; E 234; e 255; h 268.

256. Mit spur ein vart bekande
sant Thomas der gehiure,
dar în er mit der hande
greif durch gelouben solher abentiure,
dô was got sælickeit uns der verjehend.
des mane ich dich nû, herre,
ich bin ez, der geloubet sunder sehend.-

257. ‚Dinen rât ich vinde
gereht an allen sachen,
ob aber ich erwinde,
sô kan verzagen mich an muote swachen,
sô daz ich bin dort und hie geswachet.
swaz ich tuon oder leide,
der verte trôst mir daz ie ringe machet.

258. Ich wæn, diu vart mich wise
zuo jener an dem ende,
tuot sendiu nôt mich grîse,
ob mir daz niht für sünde buoze wende,
sô hân ich des gelouben keine künde;
ich mac mit mînem smerzen
zuo mir wol büezen tûsent menschen sünde.‘

259. „Ez leitet mich gên zorne,
daz ich hie muoz an sehen
dîn arbeit gar verlorne.
ich wil dir in gesellschaft verjehen,
ob dû ez wilt ze guote mir vervâhen,
sô mac ez sicher einem,
derz nie gejagt, noch werden alsô nâhen.

256. A 294; B 271; b 336; C 262; D —; d —; f 256; c 256; F 263;
g 263; a 252; E 235; e 256; h 269.
257. A 295; B 272; b 337; C 263; D —; d —; f 257; c 257; F 264;
g 264; a 253; E 236; e 257; h 270.
258. A 296; B 273; b 338; C 264; D —; d —; f 258; c 258; F 265;
g 265; a 254; E 237; e 258; h 271.
259. A 297; B 274; b 339; C 265; D —; d —; f 259; c 259; F 266;
g 266; a 255; E 238; e 259; h 272.

260. Ich mac von mînen triuwen
dich lange niht verhelen;
mich muoz dîn arbeit riuwen,
sol man dir sô dîn beste zit ab stelen,
dort ân lôn und machen hie ze affen.‘
ich sprach zuo im: ‚geselle
hab guoten muot. ez ist mir lîht beschaffen.

261. Ich mac mir wol ein rihte
ûz dîner arbeit nemen,
wan ich jage ie die slihte,
ob dich der verte wil mit mir gezemen.‘
„guot, übel mac dîn eigen wille welen,
ze schaffen manger machet
im selber, der die zal wil überzelen.“

262. ‚Swie gar ich bin unwîse,
würd ez an mich gesetzet,
jâ würde ich nimmer grîse,
ich wolte ie, daz ich arbeit wære ergetzet.‘
er sprach zuo mir: „wie möhte daz geschehen?“
‚gar wol, ob ez sich lieze
durch Liebe, Harren under ougen sehen.‘

263. „Ich hân dir ê gekündet
die wârheit aller sache;
dîn muot unheltlich sündet.
ich wünsche, daz dîn trager sin erwache.
du solt gedenken an ein êwic immer.
diu werlt ist ân gruntveste,
swie vaste nû dîn wille dar ûf zimmer.“

260. A 293; B 275; b 340; C 266; D —; d —; f 260; c 260; F 267; g 267; a 256; E 239; c 260; h 273.
261. A 299; B 276; b 341; C 267; D —; d —; f 261; c 261; F 268; g 268; a 257; E 210; c 261; h 274.
262. A 300; B 277; b 342; C 268; D —; d —; f 262; c 262; F 269; g 269; a 258; E 211; c 262; h 275.
263. A 301; B 278; b 343; C 269; D —; d —; f 263; c 263; F 270; g 270; a 259; E 212; c 263; h 276.

264. ‚Der werlt ich niht enmeine,
der wolte ich mich wol ônen,
het ich si niur die eine,
diu möhte mir ân allen schaden lônen;
ân sünde, ân schande möht siu daz gefüegen.
west ich ir gunst mit willen,
dar an mich sicherlichen wolt genüegen.

265. Ich hân noch den gedingen,
daz Harre, Stæte und Triuwe
mich zuo dem bîle bringen,
dâ immer Wunne und Frönde ist ân Riuwe;
dâ vinde ich Liebe ân herzenleides sochen.
Lust, Wunnen hoere ich kriegen,
der bîl ist êwiclîchen ungebrochen.'

266. „Diu vart an dem anvange
sich leidet unde sûret
mit mangem widergange;
swer aber mit Gedulden nâch ir dûret,
dem kan siu ewiclîchen süeze machen.
ein riuwic, sündic weinen
kan bringen dort ein tûsentvaltic lachen.

267. Triuwe, Harre und Stæte,
der jagen ich niht schilte.
wirt aber ez ze spæte,
daz man mit buoze sünde niht engilte,
owê dem, der sich alsô hât verharret!
der ist ungotlîch wîse,
ich wæne, er muoz heizen der vernarret.

---

264. A 302; B 279; b 344; C 270; D —; d —; f 264; c 264; F 271;
g 271; a 260; E 243; e 264; h 277.
    265. A 303; B 280; b 345; C —; D —; d —; f 265; c 265; F 272;
g 272; a 261; E 244; e 265; h 278.
    266. A 304; B 281; b 346; C —; D —; d —; f 266; c 266; F 273;
g 273; a 262; E 245; e 266; h 279.
    267. A 305; B 282; b 347; C —; D —; d —; f 267; c 267; F 274;
g 274; a 263; E 246; e 267; h 280.

268. Din zît ist wol sô früe,
daz dû in gotes êren
wol mohtest lîden müe.
wilt dû den sin von diser verte kêren,
vâch Harren ab und hetze in nâch dem loufe,
des slâ sich bluotvar verbet,
wan er uns koufet mit sô tiurem koufe.

269. Verre fürgebouwen
ûf diser werlde harre,
daz wirt an sin verhouwen,
swie ez doch wænet snurren manic narre.
ein meister sol daz ende an dem anvange
in sînem sinne bilden.
ach owê, hiete ich daz besunnen lange."

270. Der alte zuo dem jungen
sprach: „einen sin den merke.
dich hât nie sêr betwungen
der minne kraft mit übermæzic sterke,
ein vart müet mich in mînem sinne harter."
er sprach: „aldâ belibe
und mîde gotes haz und êwic marter.

271. Wir sulen uns berâten,
beliben oder jagen,
ich hân alhie gebrâten
ein kost, diu weidenliuten sol behagen,"
sprach er zuo mir: „ich wæn, daz dû nôch vaste,
du solt alhie enbîzen;
tuo einen trunc biz daz dîn phert geraste."

268. A 306; B 283: b —; C —; D —; d —; f 268; c 208; F 275;
g 275; a 264; E 247; e 268; h 281.
269. A 307; B 284: b —; C —; D —; d —; f 269; c 269; F 276;
g 276; a 265; E 248; e 269; h 282.
270. A 308; B 285: b —; C —; D —; d —; f 270; c 270; F 277;
g 277, a 266; E 249; e 270; h 283.
271. A 273; B 250; b 315; C 241; D —; d —; f 235; c 235; F 241;
g 241; a 267 E 250; e 271; h 284.

272. Ich sprach zuo dem getriuwen:
,nû râte an, weidgeselle,
ob ich die vart verniuwen
indert muoz und war ez kêren welle.
des wîse mich, ob ich die selben hunde
noch indert möhte erhoeren
und ob ich in zuo staten komen kunde.'

273. Er jach: „ich wæne, ez loufe
des endes ûf dem walde,
dâ herren hund der houfe
an warten stêt vil junger und ouch alde.
die selben hetzent dran von mangem seile.“
ich sprach: ,sô geb gelücke
im stæten muot und heil vor allem heile!'

274. Iedoch hiez ich ez rouben,
die wîle ez über mîdet,
mit dienest im erlouben.
,mîn Herze ez immer williclichen lîdet.
ez fröuwet sich, ob tûsent herren hunde
mit im ân sînen willen
liefen und ich ez noch stæte funde.

275. Mich nert niur ein gedingen,
swenn ich in herzen trûre,
daz kan mich widerbringen
und ist ouch mîner fröuden vestiu mûre:
swenn ich gedenk, diu lieb gan mir wol guotes
und hilt ez durch versuochen,
ob ich sî stæt, getriuwe und rein des muotes.

---

272. A 274; B 251; b 316; C 242; D —; d —; f 236; c 236; F 242; g 242; a 268; E 251; e 272; h 285.

273. A 275; B 252; b 317; C 243; D —; d —; f 237: c 237; F 243; g 243; a 269; E 252; e 273; h 286.

274. A 277; B 254; b 319; C 245; D —; d —; f 239; c 239; F 245; g 245; a 270; E 253; e 274; h 287.

275. A 278; B 255; b 320; C 246; D —; d —: f 240; c 240; F 246: g 246; a 271; E 254; e 275; h 288.

276. Vor aller wunne wunnen
und swaz ich mac erdenken
næm ich ir gunstlîch gunnen
und mohte mich an fröuden krenken,
ob siu mir lieb und lustes mit ir gunde
und doch in solher mâze,
daz man an laster si unmeilic funde.‘

277. „Möht man ir hôhez lônen
mit kleinen dingen gelten,
wer solt sich sîn dan ônen?
der minn genâden daz tæt ieman selten.
nu kan siu sich vil mangem herzen leiden,
daz bezzer wær verlâzen
die minn, wan mit leide von ir scheiden.“

278. „Swer balde wil ervaren,
wer sî ein guot geselle,
ob er dich wil bewaren
in al der mâze, ob erz im selbe welle,
ez sî der lîp, diu sêl, daz guot, diu êre,
daz ist der rehten einer:
fürbaz var und suoch der selben mêre.

279. Ist alliu diet gesellen
iedem, dem si dâ füegen,
hab dich zuo den, die wellen
bî wirden sîn, lâ dich von in genüegen.
lâ vaste nâch, swâ ir prîs hoeher krieche.
du hâst doch vil gehoeret,
daz man von boesen gsellen dicke sieche.

276. A —; B —; b —; C —; D —; d —; f —; e —; F 247; g 247;
a 272; E 255; e 276; h 289
277. A 279; B 256; b 321; C 247; D —; d —; f 241; e 211; F 248;
g 248; a 273; E 256; e 277; h 290.
278. A 309; B 286; b 348; C —; D —; d —; f 271; e 271; F 278;
g 278; a 274; E 257; e 278; h 291.
279. A 310; B 287; b 349; C —; D —; d —; f 272; e 272; F 279;
g 279; a 275; E 258; e 279; h 292.

280. Swaz din geselle in zorne
an vâh, dâ von in wîse.
in zorne wirt verlorne
vil guoter tæte, ez letzet si an prîse.
dar nâch sô hilf im ernsten unde schimpfen,
swenn er sich well bedenken,
    hab ez halt under stunden niht gelimpfen.

281. Ez kan wol lêren niemen
geselliclichen orden.
lebt iendert iezuo iemen,
sô ist im aber ein geselle worden.
dem gît diu minne lieb und jenem leide,
dem muoz man froelich leben,
    dem trûric sin, daz hât vil underscheide.

282. Mit mâze hât man funden
gar aller dinge mezzen,
diu hât aldâ erwunden.
geselleschaft hât mâze dick vergezzen.
ez mac wol ein geselle dar zuo bringen,
daz im gesellen helfen,
    daz man durch fuoge niht ze helf mac dingen.

283. Ân winkelmâz, ân snuore
vil mangez wirt verhouwen
in geselliclicher fuore,
swâ ein gesell dem andern wil getrouwen.
nu wol, ob si halt einez übergeben,
dâ bî si mangez bringent
    ze guoten slegen, ez ist ie doch daz leben."

280. A 311; B 288; b 350; C —; D —; d —; f 273; c 273; F 280;
g 280; a 276; E 259; e 280; h 293.
281. A 312; B 290; b 351; C —; D —; d —; f 274; c 274; F 281;
g 281; a 277; E 260; e 281; h 294.
282. A 313; B 239; b 352; C —; D —; d —; f 275; c 275; F 282;
g 282; a 278; E 261; e 282; h 295.
283. A 314; B 291; b 353; C —; D —; d —; f 276; c 276; F 283;
g 283; a 279; E 262; e 283; h 296.

284. ‚Alsô tar ich niht sprechen,
als ich vernim dîn meinen.
von denen möhte brechen
miner triuwen snuore gên der reinen.
der si mit allem winkelmâze erfüere,
siu stüend gerehticlîchen
mîn halb, geloube mir, als ob ich swüere.‘

285. ‚Waz was in disen noeten
almeistic dîn beginnen?
ich hân vil mangen toeten
den kummer sehen oder brâht von sinnen.
ich wæn, daz dich daz rehte treffen rüere.
ân winkelmâz verhouwen
bist dû, siu würket niht nâch dîner snüere.“

286. ‚Gedingen hoere ich dicke
und bin im doch unnâhen.
vil herzenlîcher schricke
hân ich, sô ich den hunt boer von mir gâhen.
er gât ouch ab, sô hetze ich in zuo Triuwen
hin für und ouch zuo Harren,
ob er die vart niur niuwe müg verniuwen.

287. Vil dicke hân ich Wâgen
schalclîche an ez gehetzet,
sô ich die wolfe lâgen
sach bî mir, mit den ich was übersetzet.
doch lie ich ez gewinnen für dem hunde,
daz ieman möhte sprechen
zuo mir, der jagt daz hellic und daz wunde.

284. A 322; B 299; b 361; C 276; D —; d 110; f 284; c 284; F 291;
g 291; a 280; E 263, 273; e 284; h 297.
285. A 321; B 298; b 360; C —; D —; d 109; f 283; c 283; F 290;
g 290; a 281; E 264, 272; e 285; h 298.
286. A 315; B 292; b 354; C —; D —; d —; f 277; c 277; F 284;
g 284; a 282; E 265; e 286; h 299.
287. A 316; B 293; b 355; C 271; D —; d —; f 278; c 278; F 285;
g 285; a 283; E 267; e 287; h 300.

288. Swer Wâgen wol kan hetzen
und kan in ouch verhalten
und weidenlich für setzen,
sô mac des hundes wol gelücke walten.
swer wil mit Wâgen vil die vart verniuwen,
der mac wol bî im hoeren
ze jüngest Rüegen, Klaffen unde Riuwen.

289. Wâg möhte wol ergâhen
vor Willen und vor Girde,
er jagt dem wilde nâhen,
er scheidet ouch vil mangez gar von wirde.
swer Wâgen wil nâch einer verte lâzen
und des niht wil gerâten,
sô hetze doch zuo im den alten Mâzen.

290. Man mac niht wol gerâten
des hundes under stunden,
als ie die frechen tâten,
man hât vil dinges mit im überwunden.
swaz sich doch sicherlîchen wil verliesen,
daz lât sich umbe trîben,
ob ez Gelücken warte welle kiesen.

291. Ez wæe, ez regne, ez snîe,
ez tuo daz oder ditze,
Gedanken ich anschrîe.
ich rîte, ich gê, ich lige, ich stê, ich sitze,
mit fröuden kan er mich der verte wîsen.
er ist ouch under stunden
sô grâ, ez möhte ein kindel von im grîsen.'

288. A 317; B 294; b 356; C 272; D —; d —; f 279; c 279; F 286;
g 286; a 285; E 268; e 289; h 301.
289. A 318; B 295; b 357; C 273; D —; d 106; f 280; c 280; F 287;
g 287; a 286; E 269; e 289; h 302.
290. A 319; B 296; b 358; C 274; D —; d 107; f 281; c 281; F 288;
g 288; a 287; E 270; e 290; h 303.
291. A 320; B 297; b 359; C 275; D —; d 108; f 282; c 282; F 289;
g 289; a 288; E 271; e 291; h 304.

292. „Harre mich erbarmet,
daz sîn alt gebeine
selten wol erwarmet.
er jagt mit ungeræte fröuden eine.
ach, sol sîn arbeit lang ein rüde niezen,
sô klage ich, daz er dicke
gerunnen hât in dræten und unkunden giezen.

293. Ich wil dich einen wisen
abnemender minn bildære,
Herzog Ludwîc den grîsen
von Decke; der ist nû der minne unmære.
doch schaffet alt gewonheit, daz er wænet,
er müge als er ê mohte;
dâ mit im doch diu ougen sint verklænet.

294. Im hât doch alters kranken
der minne werc entwildet,
doch mac er von gedanken
gelâzen niht, für sich er ez nû bildet.
nû lât in büezen, dâ mit er gesündet.
wan hinder sich gedenken
vil manic swærez leit in herzen kündet.

295. Der ist nû abgeschriben;
alsô muoz dir geschehen,
wan dû hâst gar vertriben
dîn beste zît." ich sprach: ,wol her, lâ sehen!
kom ez alsô here, kom ouch hinne.'
„jâ leider", sprach der alte,
„ez wirt diu minne leider mangem zuo unminne.

292. A 323; B 300: b 362: C 277; D —; d 111; f 285; c 285; F 292;
g 292; a 289; E 274; e 292: h 305.
293. A 324: B 301; b 363 C 278; D —: d 112; f 286: c 286: F 293;
g 293; a 290; E 275: e 293: h 306.
294. A 325; B 302: b 364: C 279: D —; d 113; f 287: c 287: F 294;
g 294. a 291; E 276: e 294: h 307.
295. A 326; B 303; b 365: C 280; D —; d 114; f 288: c 288: F 295;
g 295, a 292: E 277; e 295; h 308.

296. An mîner hant ich Riuwe
nu lange hân gesleifet.
swie ich iedoch mit Triuwe
greif wîte für und wider umbe reifet:
mîn kumber formet sich in ringes wîse,
er hât doch nindert ende,
— der alte sprach — des bin ich worden grîse.“

297. Ich sprach zuo im: ‚dîn triuwe
vind ich an mangen sachen.
ich kome in solhe riuwe,
ob ich mich von der verte solte machen,
daz ich an guoten dingen möht verzagen.
ez stêt gereht mîn meinen,
ich mac mit der nâch jener ouch wol jagen.‘

298. „Swâ ein muotmacherinne
und ein êren hüetære
sich mit gelîchem sinne
gereht vereinent, daz sint liebiu mære;
dar under vindet minne niuwe fünde,
die sint unkunt mir leider.
des frâget einen, der sîn habe künde.“

299. ‚Swenn ich mich von ir verre,
sô nâhet mir mîn smerze.
swaz mir sendem werre,
des sol nieman frâgen, dan mîn herze
hât mit senelîchem senen phlihte.
swaz fröuden ist ûf erde,
diu ist mir gên ir sicher gar ze nihte.

296. A 327; B 304; b 366; C 281; D —; d 115; f 289; c 289; F 296; g 296; a 293; E 278; e 296; h 309.
297. A 328; B 305; b 367; C 282; D —; d 116; f 290; c 290; F 297; g 297; a 294; E 279; e 297; h 310.
298. A 329; B 306; b 368; C 383; D —; d 117; f 291; c 291; F 298; g 298; a 295; E 280; e 293; h 311.
299. A 330; B 307; b 369; C 284; D —; d 118; f 292; c 292; F 299; g 299; a 296; E 281; e 299; h 312.

300. Sæh ich die süezen, reinen
noch gên mir sich gebâren,
als siu mich wolte meinen
von herzen gar, dar nâch in drîzic jâren
wolt ich ir sehen niht, möht ichz gefüegen,
und wolte mir gedenken:
siu ist dir holt, dar an lâ dich genüegen.

301. Mines herzen fliehen
ûz bitterlichen sorgen,
swenn ich mich wolte entziehen
von trûren gar und mînem herzen borgen,
sô gedâhte ich an ir reine güete
und lie mîn Herze ruowen.
nu zürnet siu, war sol nu min gemüete?

302. Swer wænet widerwegen
in volkomenz volkomen,
der kan niht witze phlegen,
wan aller wandel ist dá von benomen.
lob gên ir lob daz ist niur ein mære.
ir wirde hôch gemezzen
ist allem widerwegen gar ze swære.

303. Daz ez durch liebe lieze
sich Triuwen noch ergâhen'
mit wârheit ich gehieze,
daz ich im kæm værlichen nimmer nâhen.
zuo Fröuden wolte ich sprechen: hei hei, frouwe!
din siht ez under ougen
daz ich für alle creatûr anschouwe.

300. A 331; B 308; b 370; C 285; D —; d 119; f 293; e 293; F 300.
g 300; a 297; E 282; e 300; h 313.
301. A 332; B 309; b 394; C 286; D —; d 120; f 294; e 294; F 301;
g 301; a 298; E 283; e 301; h 314.
302. A 333; B 310; b 395; C 287; D —; d 121; f 295; e 295; F 302;
g 302; a 299; E 284; e 302; h 315.
303. A 334; B 311; b 396; C 288; D —; d 122; f 296; e 296; F 303;
g 303; a 300; E 285; e 303; h 316.

304. Ein hunt der heizet Werre,
dem kunden mîne hunde
die nâhen noch die verre
nie entloufen niur ein kleine stunde.
wan oder wer in hab zuo mir gehetzet?
doch jeit in an vil manger,
der jagen weder hebet oder letzet.

305. Hei, swâ der edel Helfe
bî jungen hunden kobert,
dâ von ist mangem welfe
gelungen, sô daz er hât überobert
vil widergenge und ûz dem wazzer funden.
den hunt gehôrte ich leider
noch rehte nie bî mînen müeden hunden.

306. Vil hunde ist gemeine
nû in mangem rotten.
an ieglîchem beine
wünsch ich in lam, die man dâ nennet spotten.
den widerspot er selben an sich nennet.
wer im den sin betoeret,
des wundert mich, daz er des iht erkennet.

307. Gelückes rades wallen
vil manger niht erkennet;
der wænet hân gevallen
und man in wol den sældenrîchen nennet.
swem rehte wær, der daz bî zite weste,
der lieze sich genüegen.
unkunde fröude ist ouch ein gebreste.

304. A 335; B 312; b 397; C 289; D —; d 123; f 297; c 297; F 304;
g 304; a 301; E 286; e 304; h 317.
305. A 336; B 313; b 398; C —; D —; d 124; f 298; c 298; F 305;
g 305; a 302; E 287; e 305; h 318.
306. A 337; B 314; b 399; C —; D —; d 125; f 299; c 299; F 306;
g 306; a 303; E 288; e 306; h 319.
307. A 338; B 315; b —; C 161; D —; d 126; f 300; c 300; F 307;
g 307; a 304; E 289; e 307; h 320.

308. Für grifen, balde ab stürzen
kan Helfe wol der alte
und langez jagen kürzen.
mit fuogen er vil manic dinc behalte.
daz sich eine wol unfüegen möhte.
geselleclichin helfe
für allen solt an rehten noeten töhte.

309. Für Lusten hielt ich Mâze
ze einer temperie.
in mînem sinne ich hazze,
swem Lust ân alle Mâze wonet bie.
swâ Lust ân Mâze jagt in sînen sinnen
und wænt, ez wære immer,
dâ mac ouch Lusten lustes wol zerinnen.

310. Nu râte, war ich kêre,·
sprach ich zuo dem getriuwen,
‚mîn wesen mac niht mêre
bî dir gesîn, ich leb in herzen riuwen.
du solt gebieten mir dienstlichen immer.
ich wünsche dir doch heiles,
ob ich gesehen sol dich fürbaz nimmer.‘

311. Er sprach: „niht über verre
dort an dem Schalkeswalde
siht man von manger terre
wilt fliehen dar, dâ vindest dû albalde
daz dir dâ kan dîn Herze nâch im ziehen.
ez wil aldâ sich neigen,
des dûhte mich vil wol an sînem fliehen.“

308. A 349; B 316: b —; C 162; D —; d 127; f 301; e 301; F 308;
g 308; a 365: E 290; e 308: b 321.
309. A 340: B 317; b —; C 163; D —; d 128; f 302; e 302; F 309;
g 309: a 306; E 291; e 309: b 322.
310. A 341: B 318; b —: C 164; D —; d 129; f 303; e 303; F 310;
g 310: a 307; E 292; e 310: b 323.
311. A 342; B 319; b —: C 165: D —: d 130; f 304; e 304; F 311 :
g 311: a 308: E 293: e 311: b 324.

312. ‚Ez kêre war ez kêre,
dar wil ich nimmer kriegen,
solt ich halt nimmer mêre
gehoeren hund wan Irren unde Triegen.
gip urloup mir, blâs! ob sich mîner knehte
deheiner zuo dir biege,
den wîse und zeige im nâch der verte rehte.'

313. Des endes ich dô kêrte
und loset under stunden,
als mich der alte lêrte.
nu hôrte ich Harren verre nâch den hunden.
ich sprach: ‚nu wol, dâ mit sol ich diu mære
noch hiute wol·ervinden,
ob ez halt ûf dem Schalkeswalde wære.'

314. An einem widerloufen
vant ich gar Irren, Stæten
und al der hunde houfen.
ich dâhte: owê, ez wil sich hie verspæten.
kumt ez mir für hie under disen schalken
und verret sich von Triuwen,
sô mac ein rüde im sînen balc zerwalken.

315. Ûf einem wald her liefen
mîn hunde an manic warte.
vil jägerknehte riefen
jû jû! daz mich erschrecket alze harte.
etlîcher winde sehent an ez hatzte,
dem doch umb daz sîn meister
vil wênic an die selben warte satzte.

312. A 343; B 320; b —; C 166; D —; d 131; f 305; c 305; F 312;
g 312; a 309; E 294; e 312; h 325.
313. A 344; B 321; b 400; C 167; D —; d 132; f 306; c 306; F 313;
g 313; a 310; E 295; e 313; h 326.
314. A 345; B 322; b 401; C 168; D —; d 133; f 307; c 307; F 314;
g 314; a 311; E 296; e 314; h 327.
315. A 346; B 323; b 402; C 169; D —; d 134; f 308; c 308; F 315;
g 315; a 312; E 297; e 315; h 328.

316. Ach. der den selben schranzen
die hût mit steben berte!
si trîbent alefanzen.
guot wilt wær von den selben unernerte.
der in mit gelt umb sinen hals bezalte!
s'enruochten, wan ez liefe
und wer ez nider würget oder valte.

317. Ich sach ouch dâ für slahen
vil mangen jäger vaste.
ich dâht. man solte hâhen
iuch mörder, ôwê einem armen gaste,
dem bî in schalken sîne hunde entliefen,
wie lützel iuwer wæren,
der im durch helfe bliesen oder riefen.

318. Blâsen unde jagen
muost ich dâ beidiu miden,
hellîchen mich entsagen
und aber verre slahen für mit Lîden.
dem hunde wirde ich leider vil ze teile.
sô ich im wæn sin wîte,
sô hân ich in unwissent an dem seile.

319. Lîden, Swîgen, Mîden
ich zuo Gedanken hetze,
ob ez sich welle rîden,
dâ Lust und Wunne mich des wol ergetze.
dar zuo sô hetze ich Hoffen und Gedingen
und Harren, ob siz indert
zuo Gelücken warte möhten bringen.

316. A 317; B 324; b 403; C 170; D —; d 135; f 309; c 309; F 316; g 316; a 313; E 298; e 316; h 329.
   317. A 318; B 325; b 404; C 171; D —; d 136; f 310; c 310; F 317; g 317; a 314; E 299; e 317; h 330.
   318. A 349; B 326; b 405; C 172; D —; d 137; f 311; c 311; F 318; g 318; a 315; E 300; e 318; h 331.
   319. A 350; B 327; b 406; C 173; D —; d 138; f 312; c 312; F 319; g 319; a 316; E 301; e 319; h 332.

320. Etlicher mit dem horne
jagt; daz er dar umb hienge!
ich sluoc et für in zorne
dar umbe, daz ich im sîn hunde vienge.
ez hetzet manger al nâch miner verte;
tar ich ez niht beruofen,
   ich wolt. daz manz mit einem seile werte.

321. Ob ez den guoten hoehet
den muot in der gemeine,
dar umbe ez niht entfloehet
und möhte ich ez gehaben wol aleine:
nu slahent si die hecke sô verborgen,
nieman weiz wô und wenne,
   ein edel wilt sich dar inn mac erworgen.

322. Eines herren hunde
hôrt ich hüglîch her doenen.
ich sprach: .der jagt daz wunde
und wil sich doch vor aller diet beschoenen.‘
ich sluoc hin dâ ez solte ûf mich loufen.
sîn hunde gên dem walde
   hetzte ich an geruotes wildes houfen.

323. Mâze, Lust, Gird, Willen
gerehtez jagen machet.
für si ich hôrte grillen,
ob si mit mezzen wæren niht besachet.
Lust, Wille, Gird die möhten wol verwîsen
einen, der in rande
   ân Mâze, daz er schämlîch müeste grisen.

   320. A 351; B 328; b 407; C 174; D —; d 139; f 313; c 313; F 320;
g 320; a 317; E 302; e 320; h 341.
   321. A 352; B 329; b 408; C 175; D —; d 140; f 314; c 314; F 321;
g 321; a 318; E 303; e 321; h 342.
   322. A 189; B 330; b 409; C 176; D —; d 141; f 315; c 315; F 322;
g 322; a 319; E 304; e 322; h 336.
   323. A 353; B 335; b 413; C 180; D —; d 146; f 320; c 320; F 327;
g 327; a 320; E 305; e 323; h 343.

324. An ez ich hetzet Blicken,
swâ ich mac für ez komen.
der snelle wint mit schricken
hât im vil mangen ranc doch ab genomen.
ich muoz in ouch verhalden under stunden.
die merker ich besorge,
ob er in under ougen wurde erfunden.

325. Ein scharfez widerrîten
von blick gên liebem blicke
hân ich ze bêden sîten
bî mir verrûschen sehen alze dicke.
owê, sin treffen mich doch nie gerüerte.
swie ich doch under ougen
etlîchen hielt und im ez schôn her füerte.

326. Ich hielt für daz gebende
ein dach ob hôhem schatze
und sprach: ‚gelücke sende
ein treffen mir, daz smutzerlîchen smatze.
sæh ich den sleir von knsses wange hangen
und niht værlîch gezucket,
daz ich bin streifet an den liehten wangen,

327. ob ich mich dâ erbüege,
des müez gelücke walten.
nu sprenge wem ez füege,
ich wil ie für din klâren wâpen halten.
ich sich ûz harme dort von rubîn glesten
ein mündel gar ân trûren,
din wâpen sint ze machen muot din besten.

324. A 354; B 336; b 414; C 181; D —; d 147; f 321; c 321; F 328;
g 325; a 321; E 306; e 324; h 344.
325. A 355; B 337; b 415; C 182; D —; d 148; f 322; c 322; F 329;
g 329; a 322; E —; e 325; h 345.
326. A 356; B 338; b 416; C 183; D —; d 149; f 323; e 323; F 330;
g 330; a 323; E —; e 326; h 346.
327. A 357; B 339; b 417; C 184; D —; d 150; f 324; c 324; F 331;
g 331; a 324; E —; e 327; h 347.

328. Swem siu mac widerrîten
nâch sînes herzen luste,
sô daz si an den sîten
gelegen munt an mündel, brust an bruste.
ob von der tjost ein beinel wurd verrenket?
owê mir tumben narren,
mîn muot ze süezem vallen hie gedenket.

329. Von kus gên kusse bieten
hân ich wol hoeren sagen,
und smutzerlîch vernieten,
dâ von daz herz muost innerhalben wagen,
als im an kreften wolte gar gebresten
und ouch der sin vergangen,
daz si ze sprechen beide nimmer westen.

330. Swer minner heizet tôren,
sêr ich daz widerklaffe,
sô habe ich mîniu ôren.
sît fröude blüet ûz der minne saffe,
sô ist er wol vor allen liuten wîse,
der dar nâch alsô stellet,
daz er mit êren froelîch werde grise.

331. Diu Minn hât sich gesellet
zuo der geselleschefte,
dâ von siu mir gevellet
und ouch ir nam belîben kan bî krefte.
Êr hilfet Minn gewinnen unde ringen,
sô hilfet Minne ouch Êren:
ie einez wil daz ander zuo im bringen.

---

328. A 358; B 340; b 418; C 185; D —; d 151; f 325; c 325; F 332; g 332; a 325; E —; e 328; h 348.
329. A 359; B 341; b 419; C 186; D —; d 152: f 326: c 326; F 333; g 333; a 326; E —; e 329; h 349.
330. A 360; B 342; b 420; C 187: D —; d 153: f 327: c 327; F 334; g 334; a 327; E —; e 330: h 350.
331. A 361; B 343: b 421; C 188: D —; d 154: f 328: c 328; F 335; g 335; a 328; E 307: e 331; h 351.

332. Swie süeze ruolich süezen
dem kranken gît der morgen,
noch baz ir zartlîch grüezen
daz herze mîn erwecken mac ûz sorgen.
ob muot und ougen jagten mit dem munde,
mit girdic herzen willen,
fürbaz des selben grüezen ich enphunde.

333. Doch nieman sol verzagen,
swie grôz er sî in leide.
daz ist wol guot ze sagen,
doch rede und were ist grôz an underscheide.
swelh herz ist frô, daz kan niht wol gedenken,
wie überlestic liden
diu herze kan an guotem muote krenken.

334. Phlac ich ie meisterschefte
an weidenlîcher kunste,
daz ist bî mir behefte,
sît ich enbir der herzen trûten gunste.
ich bin an hellem jagen worden heiser.
hôrt aber ich Gelücken,
ich jagte, ez möhte hoeren wol ein keiser.

335. Swenn ich gar wil verzagen,
sô schrie ich an Trinwen.
des selben hundes jagen
ist sô gereht, daz er sich keines niuwen
underwindet, sehe erz mit den ougen.
der hunt mich bî der verte
nu lange hât behalten sunder lougen.

332. A 362; B 311; b 422; C 189; D —; d 155; f 329; e 329; F 336;
g 336; a 329; E 308; e 332; h 352.
333. A 184, 363; B 345; b 423; C 190; D — d 156; f 330; e 330;
F 337; g 337; a 350; E 309; e 333; h 181.
334. A 185; B 346; b 424; C —; D — d 157; f 331; e 331; F 338;
g 338; a 331; E 310; e 334; h 182.
335. A 196; B 347; b 425; C —; D — d 158; f 332; e 332; F 339;
g 339; a 332; E 311; e 335; h 183, 353.

336. Von aller kraft ich schrîe:
jagâ nâch im Triuwe,
Trôst und Stæt! die drîe
behüetent mich vor herzenlîcher riuwe.
hiet ich der hunde niht bî mînem jagen,
sô möhte ich und mîn Herze
in langen widerlöufen wol verzagen.

337. Si kunnen wol ab rihten
und lânt sich hoeren suoze
und niuwez jagen tihten,
si kobernt vil bî gar anderme gruoze;
dar zuo in alle missetât versmâhet.
mich fröut vil baz ein kobern
nâch dem, dan ob ein anderz wære ergâhet.'

338. Nu was ich rehte spehent,
waz si her wæren jagend.
dô ich die vart was sehent,
ich was an fröuden nâhen der verzagend:
ich schrei, daz mort mit mordes übergolde.
mîn wille was nâch wunsche,
daz ich mit fuoge mit im sterben solde.

339. Ez het der übermüete
ûf mînen louf gehetzet,
der güet vor aller güete
mit ganzen triuwen was gar ungeletzet.
von im gên mir mit flieben ez sich wande.
mîn hunt, der edel Stæte,
lief her an in, des jagen ich erkande.

336. A 187; B 348: b 426: C —; D —; d 159: f 333; e 333: F 340; g 340; a 333: E 312; e 336, 590: h 334.
337. A 188; B 349: b 427; C —; D —; d 160; f 334; e 334; F 341; g 341; a 334: E 313; e 337: h 335.
338. A 190: B 331; b 410; C 177; D —; d 142; f 316; e 316; F 323; g 323; a 335; E 314: e 338; h 337.
339. A 191; B 332; b —: C —; D —; d 143; f 317; e 317; F 324; g 324; a 336; E 315: e 339; h 338.

340. Dô begunde ich grîfen
mit spur nâch mînem fuoze,
den meien sunder rîfen
vant ich aldâ mit mangem luste suoze.
den fuoz, die vart bî tûsent ich erkennen.
sînen trit ze wunsche
mit wunsche sicher nieman kan genennen.

341. Nu hôrte ich Wunne und Fröuden
mit jagen schône ab rihten.
nieman hab ez für güuden,
der Kriechen golt wil ich gên im vernihten.
mîn fluochen habe er, wer die hunde stoere.
dem hie wîchet, liebe!
hoerâ Fröuden, herre, hoer zuo hoere!

342. Los, los, ich hân gehoeret
Fröuden, des ich wænen.
mir ist der muot enboeret,
ze kleinen stücken muoz mîn sorge schrænen
und ob ich noch den lieben hoeren solde.
hoer allermænclich, hoere,
hoeret, ob sich Fröude hoeren lâzen wolde.

343. Daz hoeren mich niht toeret.
baz ich im aber nâhet,
kuntlîchen ich dâ hoeret,
daz Wille und Wunne heten dô ergâhet.
zuo den hôrt ich dô al die hunde setzen.
zehant ich mir gedâhte:
dich wil lieb alles leides hie ergetzen.

---

340. A 192; B 333; b 411; C 178; D —; d 114; f 318; c 318; F 325;
g 325; a 337; E 316; e 340; h 339.
341. A 193; B 334; b 412; C 179; D —; d 145; f 319; c 319; F 326;
g 326; a 338; E 317; e 341; h 340.
342. A 364; B 350; b 428; C —; D —; d 161; f 335; c 335; F 342;
g 342; a 339; E 318; e 312; h 353.
343. A 365; B 351; b 429; C —; D —; d 162; f 336; c 336; F 343;
g 343; a 340; E 319; e 313; h 354.

344. Ich huop hin zuo durch schouwen
und was in minem muote:
sît ez dir wil getrûwen,
sô hab ouch dû sîn êre in solher huote.
lâ Triuwen stân vor aller hunde houfen.
man sol zerwürken keinez,
wan daz sich lât durch gâb mit gelde koufen.

345. Ende zuo mir satzte,
ich enweiz niht wanne.
balde ich ûf in platzte
und zoch in verre von dem bîle danne,
ein seil warf ich im dô an sinen kragen,
wol hin, ir feigen schorppe,
die wolfe solten iuwern körpel nagen!

346. Ich sach den bîl ez brechen
und aber stân vor Willen.
gesach man mich ie frechen,
daz kunde mir verzagen dô wol stillen.
ich huop und lie die hunde ân alle helfe.
von fröuden, lieben, schricken
tet ich gelich dem unberihten welfe.

347. Ân sehen und ân hoeren,
ân sprechen und ân grîfen
huop ich in solhem toeren
und âne kraft, diu von mir kunde slîfen.
dô ez mîn und der hunde bîten wolde,
niht wâren mîn gedanke,
wan daz daz leben immer weren solde.

344. A 366; B 352; b 430; C —; D —; d 163; f 337; c 337; F 344;
g 344; a —; E —; e 344; h 355.
  345. A 367; B 353; b 431; C —; D —; d 164; f 338; c 338; F 345;
g 345; a 341; E 320; e 345; h 356.
  346. A 368; B 354; b 432; C —; D —; d 165; f 339; c 339; F 346;
g 346; a 342; E 321; e 346; h 357.
  347. A 369; B 355; b 433; C —; D —; d 166; f 340; c 340; F 347;
g 347; a 343; E 322; e 347; h 358.

348. Dô al der hunde houfe
daz edel wilt beschoute.
ein kneht, der nâch dem loufe
vaste jeit. den hôrte ich bî mir loute.
dô er ez sach vor Willen stân sô nâhen,
er sprach: „waz tuot ir, meister,
lât Enden hin zuo jenem bîle gâhen."

349. ‚Ich muoste mich des namen,
daz dû mich meister nennest,
ob man ez hôrte, schamen,
als dû ez an mir selbe wol erkennest.
frâg und antwurt der bin ich unberihte:
er möhte sich wol sünden.
der an mich muotet anders dan die slihte.

350. Daz ich ez legen solde
sicher sîner êren,
als ichz zerwürken wolde,
und ich den fuoz erblecket von dem gêren,
ich het mich sicherlichen des berâten;
wær ez im âne smerzen,
ich wæne, ich wolte in ezzen ungebrâten.'

351. Er sprach: ‚lât uns ez binden,
sô mügn wir dan gemache
erdenken unde vinden
tagalt vil ûf weidenlîcher sache.
der tocken wol mit im ze spilen wære,
als ie diu kint erdenkent
durch zît vertriben gümelîcher mære.

348. A 370; B 356; b 431; C —; D —; d 167; f 341; e 341; F 348; g 348; a 344; E 323; c 348; h 359.
349. A 371; B 357; b 435; C —; D —; d 168; f 342; e 342; F 349; g 349; a 345; E 324; c 349; h 360.
350. A 372; B 358; b 436; C —; D —; d 169; f 343; e 343; F 350; g 350; a 346; E 325; c 350; h 361.
351. A 373; B 359; b 437; C —; D —; d 170; f 344; e 344, F 351; g 351; a 347; E 326; c 351; h 362.

352. Kumt ez in jenen giezen,
wir mügen von im scheiden.
ob in geviel, wir liezen
Enden, ir gedenket waz uns beiden
ungelücke fröuden hât gewendet.“
ich sprach: ‚ê wolte ich sterben,
ê ich ez mit solhen phanden phendet.

353. Sich dar, wie nâhen Triuwe
im stât ân allez fliehen.‘
er sprach: „ir komt in riuwe,
ez wirt in sicherlîchen ein verziehen.“
‚nein, ez komt niht von Triuwen noch von Staete.‘
der kneht schrei lûte: „wâfen!
des waenet ir, ez wirt in gar ze spaete.“

354. Ich sprach: ‚waz wolt ir mêre?
hie ist daz himelrîche.‘
er sprach: „ich fürhte sêre,
daz manic wolf hie nâhen bî uns slîche,
dâ von ez muoz den bil durch nôt zerbrechen.
wâ wir ez danne ergâhen,
des wil ich mich in jâren niun gesprechen.“

355. ‚Solt ich ez danne morden?
des volge ich dir noch niemen.
ez hât niht unser orden,
ich solte ez weren, taete ez anders iemen.
mir wehset muot, die wile im wehset êre.
solt ich uns daz ab brechen,
ze guoten dingen tougte ich nimmer mêre.‘

352. A 374; B 360; b 438; C —; D —; d 171; f 345; c 345; F 352;
g 352; a 348; E 327; e 352; h 363.
353. A 375; B 361; b 439; C —; D —; d 172; f 346; c 346; F 353;
g 353; a 349; E 328; e 353; h 364.
354. A 376; B 362; b 440; C —; D —; d 173; f 347; c 347; F 354;
g 354; a 350; E 329; e 354; h 365.
355. A 377; B 363; b 441; C —; D —; d 174; f 348; c 348; F 355;
g 355; a 351; E 330; e 355; h 366.

356. Ein hündel Smutz genennet,
ahî daz ich den hôrte:
ob ez iht widerbrennet.
jâ rehte als der ein glüendez îsen borte
in einen brunnen kalt, alsô ez sûset,
vil wær dâ von ze sprechen,
wan daz mir ab der merker melde grûset.

357. Gelich der beren tasten
sach ich den grif nâch Smutzen
und in dem arme rasten;
mich solte nieman schrecken mit dem butzen
und daz vor lieb diu herze beidiu stiezen
und füeren in der brüste,
daz si uns niht zesamen sprechen liezen.

358. Schrenken. Lust und Wunne
zuo Smutzen wolte ich hetzen,
ob ez mir wolde gunnen
daz ich mit lieb mich leides solte ergetzen
und daz doch Wunne, Smutz. Lust unde Schrenke
nimmer des gemuoten,
daz im ein sîden breit sin wirde krenke.

359. Nu greif der knab nâch Enden,
als er in lâzen wolde.
ich jach, ich wolde in blenden
wie er den tac geleben immer solde.
vil dicke drôte ich im aldâ ze henken.
„ich wânte, ich solte in lâzen,"
sprach er zuo mir, „aldâ ich hôrte Schrenken."

356. A 378; B 364; b 442; C —; D —; d 175; f 349; c 349; F 356;
g 356; a 352; E 331; e 356; h 367.
357. A 379; B 365; b 443; C —; D —; d 176; f 350; c 350; F 357;
g 357; a 354; E 332; e 357; h 368.
358. A 380; B 366; b 444; C 191; D —; d 177; f 351; c 351; F 358;
g 358; a 351; E 333; e 358; h 369.
359. A 381; B 367; b 445; C 192; D —; d 178; f 352; c 352; F 359;
g 359; a 355; E 334; e 359; h 370.

360. Dô ich mit disem knehte
begunde in zorne kriegen,
er sprach: „ich seit in rehte,
noch wænet ir, daz ich iuch welle triegen.
hoert, hoert! die wolfe Fröuden hânt ergriffen,
die hunde sint geswigen,
ich wæn, daz in ir keinez sî entsliffen.

361. Daz edel wilt mit sorgen
sich von dem bîle machet.
die hunde hôrte ich worgen
sô jæmerlîchen, daz mîn herze krachet.
dort einez, hie daz ander hôrte ich kerren
von überlast der wolfe,
daz wilt sich verre kunde von mir verren.

362. Nu kom ouch ein geselle,
dem bin ich des gebunden,
man rede swaz man welle,
daz ich im immer dienstlîch werde funden,
der half, daz ich die hunde dô ernerte.
Muot erlôste Fröuden,
wie kûme er einem wolfe von im werte.

363. Ich wânt mîn Herz gesundez
an disem bîle schouwen,
dâ vant ich ez mêr wundez,
frisch niuwer wunden was ez dô verhouwen.
ich wæn, daz fröuden verch sî im verschrôten.
swer mich wil rehte nennen,
der sol mich heizen den lebendic tôten.

— —

360. A 382; B 368; b 446; C 193; D —; d 179; f 353; c 353; F 360;
g 360; a 356; E 335; e 360; h 371.
361. A 383; B 369; b 447; C 194; D —; d 180; f 354; c 354; F 361;
g 361; a 357; E 336; e 361; h 372.
362. A 384; B 370; b 448; C 195; D —; d 181; f 355; c 355; F 362;
g 362; a 358; E 337; e 362; h 373.
363. A 176; B 371; b 449; C 196; D —; d 182; f 356; c 356; F 363;
g 363; a 359; E 338; e 363; h 374.

364. Von ungelücke göuden
mac ich wol êwiclîchen,
wan ich sach Wunne und Fröuden
rîlîchen stân, an einem bîle rîchen;
Lust, Wille, Girde het sich lân ergâhet,
aldâ mîn lebndic leben;
dâ von mir nû ein bitter sterben nâhet.

365. Der luft mich solte mîden,
diu erde nimmer tragen,
mich solte ouch nieman lîden,
wan der klaglichen kummer hab ze klagen,
der hât mit mir geselleschaft gemeine.
den grunt unheiles tiefe
hân ich gerüeret sicherlichen eine.

366. Ich gibe ouch nieman schulde
wan mir und dem unheile.
swaz ich dar umbe dulde,
daz ist billîch, wan mit einem seile
solt man mich, ungelückes boten, henken.
der sac ze wâpenkleide
zæm mir, dar inne wol ein gæhez trenken.

367. Ich muoz mich armen wenen:
Fröude ist mir entloufen,
des ich nu jag mit Senen.
ez ist geswigen aller hunde houfen.
für wâr ez muoz êt sîn und alsô wesen.
unheil ist mir beschaffen,
od ez hât niht pfaffe wâr gelesen.

364. A 385; B 372; b 450: C 197; D —; d 183; f 357; c 357; F 364;
g 364; a 360; E 339; e 364: h 375.
365. A 386; B 373; b 451: C 198; D —; d 184; f 358; c 358; F 365;
g 365; a 361; E 340; e 365: h 376.
366. A 387; B 374; b 452; C 199; D —; d 185; f 359; c 359; F 366;
g 366; a 362; E 341; e 366; h 377.
367. A 388; B 375: b 453: C 200: D —; d 186; f 360; c 360; F 367;
g 367; a 363; E 342; e 367; h 378.

368. Verzagen mir die sinne
alze dicke rüeret,
mich riuwet, daz diu minne
mich in solhen kummer hât gefüeret.
der minne süeze sich in herzen sûret.
ich wolte ê lieber sterben,
ê ich in solhem leben lenger dûret.

369. Mit tôde muoz ein ende
nû min kummer haben.
ich nig der lieben hende,
west ich si, diu mich senden solt begraben,
dar umbe daz der arme lip geraste.
swâ Fröude wirtlîch hûset,
dâ zelt man mich von allem reht ze gaste.

370. Senen ich enkunde
mich noch nie entrîden.
losâ dem selben hunde,
hoerâ zuozim Twingen unde Lîden!
Harren, Stæten, Twingen, Senen, Lîden
die hoere ich zallen stunden
Lust, Fröude und Wunn, die muoz ich leider miden.

371. Zuo Senen hetze ich Swîgen,
Gedanken unde Troumen.
des muoz min herze sigen
und an mangen fröuden sich versoumen.
swaz ez den tac mir widerloufe machet,
dar nâch sô kobert Troume
des nahtes, biz mîn herz in schricken wachet.

---

368. A 359; B 376; b 454; C 201; D —; d 187; f 361; c 361; F 368;
g 368; a 364; E 343; e 368; h 379.
369. A 390; B 377; b 455; C 202; D —; d 188; f 362; c 362; F 369;
g 369; a 365; E 344; e 369; h 380.
370. A 391; B 378; b 456; C 203; D —; d 189; f 363; c 363; F 370;
g 370; a 366; E 345; e 370; h 381.
371. A 392; B 379; b 457; C 204; D —; d 190; f 364; c 364; F 371;
g 371; a 367; E 346; e 371; h 392.

372. Ach ach und ôwê senen,
wes wilt du mich vil senden
ziehen unde wenen?
du kanst mich mit gesehnden ougen blenden.
bin ich alein, owê daz ist mîn sterben.
wird ich, Gedank verirret,
daz kan mir tûsentvaltic swære erwerben.

373. Von senen hôrte ich sagen,
daz was mir ie ein mære.
die wârheit muoz ich klagen:
daz allez daz mir undertænic wære,
daz was und ist und wirt, ân si aleine,
daz künde mînem herzen
von senen sicherlîchen helfen kleine.

374. Zwâr ich hân mich versündet,
daz ich ir hân geschimpfet,
die mir ê sint gekündet,
für senen; daz hân ich niht wol gelimpfet.
doch hoffe ich, daz unwizzen mich entbinde.
wir was unkunt ir kummer,
daz ich nu selber leider an mir vinde.

375. In senelîchem netze
hât sich mîn herz verworren,
ob daz den lîp mir setze
grüen saffes bar als einen dürren storren?
jâ ez kan fröuden saffes mich entsaffen,
ein senen ie daz ander
kan wol mit senen in mîn herze schaffen.

372. A 393; B 380; b 458; C 205; D —; d 191; f 365; c 365; F 372;
g 372; a 368; E 347; e 372; h 383.
373. A 394; B 381; b 459; C 206; D —; d 192; f 366; c 366; F 373;
g 373; a 369; E 348; e 373; h 354.
374. A 395; B 382; b 460; C 207; D —; d 193; f 367; c 367; F 374;
g 374; a 370; E 349; e 374; h 385.
375. A 396; B 383; b 461; C 208; D —; d 194; f 368; c 368; F 375;
g 375; a 371; E 350; e 375; h 386.

376. Swaz ich erdenken möhte,
daz sûme ich under stunden,
ob ez für senen töhte.
die fünde sint noch leider unerfunden,
dâ mit ich mich vor senen möhte neren.
Gedingen hoere ich selten,
der mir dâ senen solte helfen weren.

377. Gedanken sende ich wîte
durch helflîch mære bringen:
sô ist ez allez bîte!
owê, hoert ieman sagen oder singen,
wâ ich miner fröuden endes warte?
ist mîn gerehtez meinen
ir kunt, sô haltet siu mich alze harte.

378. Sit daz man mit gedanken
unmuotes muot mac weren,
sô sol man sunder wanken
hôch über hôch gedenken durch ein neren.
nu ist verschrôten min gedankes vider,
sô ich die heb ze fliegen,
sô vallent si ân alle helfe nider.

379. Vor schricken manic frâge
zaglichen ich verswîge,
ich wæne, ob ich ez wâge,
daz man mir sag, dâ von mîn fröude sîge.
unheiles hât gewonheit mich gewenet,
ez verret sich mir verre,
dar nâch min herze sich ie hât gesenet.

376. A 397; B 384; b 462; C 209; D —; d 195; f 369; c 369; F 376; g 376; a 372; E 351; e 376; h 387.
377. A 398; B 385; b 463; C 210; D —; d 196; f 370; c 370; F 377; g 377; a 373; E 352; e 377; h 388.
378. A 399; B 386; b 464; C 211; D —; d 197; f 371; c 371; F 378; g 378; a 374; E 353; e 378; h 389.
379. A 400; B 387; b 465; C 212; D —; d 198; f 372; c 372; F 379; g 379; a 375; E 354; e 379; h 390.

380. Swer siner jâre mezzen
also muoz vertrîben,
des frönde ist hie besezzen.
wil und muoz er stat dar an belîben.
und im gereht daz gât von herzen grunde.
an aller trôst die lenge.
wan ich, der selbe an fröuden si der wunde.

381. Swen disin nôt tuot quelen,
des munt erlachet selten.
guot frouwen und gesellen.
den selben lât des selben niht engelten!
swer swiget. wer weiz wes im der gedenket?
tuot im geselliclichen,
daz fristet in. sô jeniu nôt in krenket.

382. Swer wider die natûre
wil ungewonlich kriegen.
daz wirt im dicke sûre.
wil er natûre nâch gewonheit biegen;
dar nâch tuot wê, swer muoz gewonheit brechen.
sô kriege ich mit in beiden;
ir einez kan daz ander an mir rechen.

383. Natûrlich frô und senen,
daz prüefet, guot gesellen!
swer sich muoz leides wenen
und sich ûzwendiclichen frô kan stellen,
der schînet grüen und ist doch grôzlich dürre.
wie sol er des antwurten,
ob ieman zuo im spreche, waz im würre.

380. A 401; B 388; b 466; C 213; D —; d 199; f 373; e 373. F 380; g 380; a 376; E 355; e 380; h 391.
381. A 402; B 389; b 467; C 214; D —; d 200; f 374; e 374; F 381; g 381; a 377; E 356; e 381; h 392.
382. A 403; B 390; b 468; C 215; D —; d 201; f 375; e 375; F 382; g 382; a 378; E 357; e 382; h 393.
383. A 404; B 391; b 469; C 216; D —; d 202; f 376; e 376; F 383; g 383; a 379; E 358; e 383; h 394.

384. Swer frägt in rehtem meinen
dá gén nein já gehoeret.
wil aber já sich neinen.
só wirt já und nein ir kraft zerstoeret.
fund ich dá já, aldá nein ist behúset
und nein. dá já sol wesen.
ab der geselleschaft mir immer grúset.

385. Waz kan den muot úf rihten,
der nider ist gevallen?
waz kan in herzen tihten
niuwen lust. waz kan unmuotes gallen
mit süeziclicher fiuhte wol durchsüezen?
ob sich Lust lieze hoeren
und daz ich in mit jagen solde grüezen.

386. Swá muot und minne seiget.
owé der leiden minne!
dá von sich ére neiget
und werdekeit kan fliehen úz dem sinne.
man sol der guoten frouwen éren schönen,
só süllen si muot machen.
dá mit si mügen áne schaden lónen.

387. Swer nách iu jag mit Triuwen.
den fliehet niht ze sére.
lát in die vart verniuwen,
dá mit iedoch besorgt si inwer ére!
vil dicke man sich wol vor hunden wande,
só sprach gén mir ir einer.
der der gerehten rehtickeit erkande.

384. A 405: B 392; b 470; C 217; D —; d 203; f 377; c 377; F 384;
g 384; a 380; E 359; e 384; h 395.
385. A 406; B 393; b 471; C 218; D —; d —; f 378; c 378; F 385;
g 385; a 381; E 360; e 385; h 396.
386. A 407; B 394; b 472; C 219; D —; d 204; f 379; c 379; F 386;
g 386; a 382; E 361; e 386; h 397.
387. A 408; B 395; b 473; C 220; D —; d 205; f 380; c 380; F 387;
g 387; a 383; E 362; e 387; h 398.

388. Swaz sich sô lât ergähen,
dem wellent si durch gönden
jagen alsô nähen,
daz si durch lust ez scheiden gar von fröuden.
Untriuw si hetzent her in Triuwen lûte.
swer des niht wol erkennet,
den scheidet er mortlîchen von der hûte.

389. Gönd ist ein hunt ungenge,
er machet mangen affen,
swâ er hin jeit die lenge,
mit im sô hoert man jagen dicke Klaffen.
swâ wilt die zwêne hunde gerne hoeret
und lât sich umbe triben,
ir süezer dôn ze jungest ez betoeret.

390. Swer jagen wil mit Triuwen,
der muoz die vart vil dicke
swaerlich mit Leid verniuwen.
ob sîner groben lûte er niht erschricke.
Lieb âne Leit ich vinde selten leider.
mit Fröuden jagt ouch Leide,
ein weidman muoz sich begân ir beider.

391. Swie grober lûte ist Lîde,
sô muoz man in doch hoeren
dar umbe. ob ez sich rîde
zuo Heilen, diu ez süeze kunde enboeren.
Heil und Gelücke die sint einer bürde.
owê daz ez noch liefe,
daz ich die selben hund noch hoerent würde.

388. A 409; B 396; b 474; C 221; D —; d 206; c381; e 381; F 388;
g 388; a 381; E 363; e 388; h 399.
389. A 410; B 397; b 475; C 222; D —, d 207; c 382; e 382; F 389;
g 389; a 385; E 364; e 389; h 400.
390. A 411; B 398; b 476; C 223; D —; d 208; c 383; e 383; F 390;
g 390; a 386; E 365; e 390; h 401.
391. A 412; B 399; b 477; C 224; D —; d 209; c 384; e 384; F 391;
g 391; a 387; E 366; e 391; h 402.

392. Daz Fröude und Wunne liefen
und daz gesellen randen
und nieman ûf si riefen
und daz si doch die hunde wol erkanden
und daz ieglich geselle jener hunde
von wolfen und von wazzer
mit fuogen weidenlichen helfen kunde,

393. daz leben mir ze welen
für allez leben töhte,
ze heile wolte ich zelen,
sô daz daz wilt niht gaehes von uns möhte
und wir im ouch niht nâhen komen kunden
und sich Lust lieze hoeren
und daz wir nâhen waeren bi den hunden.

394. Ist diu gewonheit rîche,
jâ daz erziuge ich leider.
ich was frô, swie geliche
ir trûren si; swer kunde hât ir beider,
der merket mich baz dan ich ez entslieze.
ob sendez trûren mache.
daz sîn bi allen fröuden gar verdrieze.

395. Daz herz und muot sich senet,
daz ist nu gar billîche,
wan ich bin ungewenet
langer fröuden. was ich fröuden rîche.
daz was ein wân und leider ungeschehen.
ez ist wâr, der dâ waenet,
der weiz et niht, daz muoz ich immer jehen.

392. A 413; B 400; b 478; C 225; D —; d 210; f 385; c 385; F 392; g 392; a 388; E 367; e 392; h 403.
393. A 414; B 401; b 479; C 226; D —; d 211; f 386; c 386; F 393; g 393; a 389; E 368; e 393; h 404.
394. A 415; B 402; b 480; C 227; D —; d 212; f 387; c 387; F 394; g 394; a 390; E 369; e 394; h 405.
395. A 416; B 403; b 481; C 228; D —; d 213; f 388; c 388; F 395; g 395; a 391; E 370; e 395; h 406.

102

396. Minn ân geselleschefte,
 ich wæn, daz sî ein marter;
 sô sin hât ie mêr krefte.
 sô twinget sin ie strenger und ie harter.
 geselleschaft was ie der minne ein laben,
 von himelrîch ein engel:
  dâ für ein guot geselle wær ze haben.

397. Geselliclîcher lâge
 ûf alle schanze warten
 næm ich für alle mâge.
 des muot besniten wær sô mit der barten,
 sô daz er wol geselleschaft erkande,
 verswîgen und antwurten
  ze rehter zît, waz der unsælde wande.

398. Gesellen mit dem munde,
 und daz dâ bi daz herze
 nieman guotes gunde
 und gienge dem ouch ab an sînem scherze.
 dar zuo sô solten guot gesellen swîgen.
 ein rehte guot geselle
  dem solt ein keiser ûf die füeze nîgen.

399. Swer wil mit allen schanzen
 ûf heben ân dar legen
 und tribet alafanzen,
 genesch wil haben, temperî von slegen.
 swer hôch und ungesellîclich wil naschen.
 waz mügen des gesellen,
  ob dem an ende lære wirt sin taschen.

396. A 417; B 404; b 482; C 229; D —; d 214; f 389; e 389; F 396;
g 396; a 392; E 371; e 396; h 407.
397. A 418; B 405; b 483; C 230; D —; d 215; f 399; e 390; F 397;
g 397; a 393; E 372; e 397; h 408.
398. A 419; B 406; b 484; C 231; D —; d 216; f 391; e 391; F 398;
g 398; a 394; E 373; e 398; h 409.
399. A 420; B 407; b 485; C 232; D —; d 217; f 392; e 392; F 399;
g 399; a 395; E 374; e 399; h 410.

400. Giesellecschaft vereinet.
danc hab daz wunschlich leben:
swaz ein geselle meinet,
dar umb der ander lip und guot wil geben.
daz wil drivaltic jener disem gelten.
in der gesselleschefte
dä lät gesell gesellen trûric selten.

401. Nu ruofe ich an gesellen,
ob sie an mir den orden
durch ieman ören wellen.
ûz fröuden rott bin ich gezoumet worden.
abriten, retten, halden für, beschüren
wil daz nû kein geselle.
der kom, ich kan sin lenger niht entûren.

402. Bî einem sporne koume
ich an dem satel hange,
unheil mich bî dem zoume
begriffen hât und haltet mich ze lange.
mich nert, daz vor gedrange nieman ringet.
die valschen mit ir zunge
zuo slahent, daz ez durch min ören klinget.

403. Und kæm noch ein geselle,
si müesten swîgen alle.
harr, ob dich ieman welle
beschüren vor ir giftic zunge snalle.
mit miner sicherheit si wolden horden:
daz ich verzagt an fröuden,
ê müesten si mich ûf der merhen morden.

400. A —; B 408; b 486; C 233; D —; d 218; f 393; e 393; F 400;
g 400; a 396; E 375; e 400; h 411.
401. A 421; B 409; b —; C 234; D —; d 219; f 394; e 394; F 401;
g 401; a 397; E 376; e 401; h 412.
402. A 422; B 410; b —; C 235; D —; d 220; f 395; e 395; F 402;
g 402; a 398; E 377; e 402; h 413.
403. A 423; B 411; b —; C 236; D —; d 221; f 396; e 396; F 403;
g 403; a 399; E 378; e 403; h 414.

404. Ein herre ist wol geselle
in weidgeselleschefte.
ob er gedenken welle.
ob in der minne kraft ê hab behefte.
der selben einer mir wol helfen möhte.
nu ist ze hôch sin wirde.
daz ez mir armen niht versuochen töhte.

405. Gesellen unde herre.
vâht Helfen ab und Triuwen,
für grifet in ein terre.
mügt ir mir armen wol die vart verniuwen,
gedenket. ob mir ie von einer warte
Trôst troestlich si gehetzet:
ich jag mit Senen senelíchen harte.

406. Ir kunnet iuch berihten
bi wazzer und ûf walde.
krumb widerlöufe slihten
und hunden ûf dem brande helfen balde.
swâ ir nu schriet, daz ist niht ze verre:
ir hoert mich zuo in kobern
und lûte schrien schriâ zuo dir, herre.

407. Die merker sint die besten.
swie man si doch beschiltet,
ich mein die triuwen, vesten.
der merken man an keiner stat entgiltet.
ein smit der sol die zangen wol erkennen.
swelh lantman wol sin sprâche
vernimt. den sol man niht unwise nennen.

404. A 424; B 412; b —; C 237; D —; d 222; ſ 397; e 397; F 404;
g 404; a 400; E 379; e 404; h 415.
405. A 425; B 413; b —; C —; D —; d 223; ſ 398; e 398; F 405;
g 405, a 401; E 380; e 405; h 416.
406. A 426; B 414; b —; C 238; D —; d 224; ſ 399; e 399; F 406;
g 406; a 402; E 381; e 406; h 417.
407. A 427; B 415; b —; C —; D —; d 225; f 400; e 400; F 407;
g 407; a 403; E 382; e 407; h 418.

408. Wol in. die kunnen merken
und sint iedoch gesellen:
die selben kunnen sterken.
swaz si ze guoten dingen bringen wellen.
ân merken nieman wesen mac geselle.
dâ von si dem erloubet,
der ez geselliclichen tragen welle.

409. Swer merket und doch swiget.
gesellen, den lât riten,
gesellicliche im niget.
man vindet lützel ir ze disen ziten.
doch sol er gar wærlichen sin bewarret.
dem ir ze merken gunnet:
ir falscher muot værlichen iuch ervarret.

410. Man mac mit merken leiden
und lieben sich, diu beide.
ez ist wol underscheiden.
ze liebe merket man und ouch ze leide.
dâ von die merker niht geliche nennet.
wol im, der wol der guoten
und ouch der valschen underscheide erkennet.

411. Mit hunden abgelâzen
sach ich dâ varen einen
gên mir ûf einer strâzen.
bî wildes vil hôrt ich ir lûte keinen.
,hie ist vil wildes, vâhâ dine hunde!'
er sprach: „ich bin des sicher,
si jagent niur daz hellic und daz wunde.‟

408. A 428; B 416; b —; C —; D —; d 226; f 401; c 401; F 408;
g 408; a 404; E 383; e 408; h 419.
409. A 429; B 417; b —; C —; D —; d 227; f 402; c 402; F 409;
g 409; a 405; E 384; e 409; h 420.
410. A 430; B 418; b —; C —; D —; d 228; f 403; c 403; F 410;
g 410; a 406; E 385; e 410; h 421.
411. A 431; B 419; b —; C —; D —; d 229; f 404; c 404; F 411;
g 411; a 407; E 386; e 411; h 422.

412. Er frâgt mich waz ich jagte.
  ist ez hie bî iht nähen?
  er jach, daz ich im sagte,
  ob ez die hunde möhten balde ergâhen.
  ich sprach nein, daz im iht geschach ze leide.
  „war umbe jagst du danne?
    du solt ez haben lân ûf sîner weide.

413. Du maht ouch sîn ein narre.
  die dâ ir zît veraffen,
  drabe anhin und harre!
  dir ist ûf erden fröuden nie beschaffen.
  gedenke vil, daz nimmer müg geschehen.
  ich næme ein wilt gevangen
    für tûsent, diu ich fliehen solde sehen."

414. Ich wolte si betwungen,
  ungevangen haben,
  sô daz ich het errungen
  ir gunst mit arbeit gar für alle knaben
  und daz si rehtiu liebe des kund noeten,
  daz si mir des wær jehent
    und doch diu scham ir varbe kunde roeten.

415. Er sprach: „waz ist daz seine?
  noch verre ichz jagen hôre."
  ich sprach: „deist Harre aleine,
  der kobert ûf dem walde und in dem rôre.
  „wol hin, sîn jagen daz ist gar verdrozzen,
  von im zuo Enden kêre;
    der hunt hât ûf der hiute vil genozzen.

  412. A 432; B 420; b —; C —; D —; d 230; f 405; e 405; F 412;
g 412; a 408; E 357; c 412; h 423.
  413. A 433; B 421; b —; C —; D —; d 231; f 406; e 406; F 413;
g 413; a 409; E 388; c 413; h 424.
  414. A 434; B 422; b —; C —; D —; d 232; f 407; e 407; F 414;
g 414; a 410; E 389; c 414; h 425.
  415. A 435; B 423; b —; C —; D —; d 233; f 408; e 408; F 415;
g 415; a 411; E 390; c 415; h 426.

416. Ende het erloufen,
ob ich in aber hatzte:
dar umbe er wær ze koufen,
der schatz ist allen küngen unbeschatzte.'
ich sprach: ,des selben hundes ich niht wolde.'
„sô maht du sîn der arme,
und wær din al der Kriechen hort von golde."

417. ,Ich wolte in lieber henken,
ê daz ich immer wolde
wærlîchen mir gedenken,
daz ich mit im ez nider werfen solde.
er sol für Triuwen nimmer fuoz gesetzen.
mit rüden zuo dem swîne
an gemeinez wilt mac man in ouch wol hetzen.'

418. „Du möht vil hund verderben,
als ich an dir bevinde;
wænst dû ein vart ze erben,
frum dîner, lâ si dînem lieben kinde.
wie möhten dîne hunde alsô geniezen?
in mîner herren lande
die meister dich niht jägerkneht sîn liezen."

419. ,Din tagalt wær wilt morden,
prüef ich an dînem sinne.
an gerehticlîchem orden
bist dû ein widerparte gên der minne.
din krümme nieman slehte kan geslihten.
von reht mit einem rade
solt man dîn jagen weren unde rihten.'

416. A 436; B 424; b —; C —; D —; d 234; f 469; c 409; F 416;
g 416; a 412; E 391; e 416; h 427.
417. A 437; B 425; b —; C —; D —; d 235; f 410; c 410; F 417;
g 417; a 413; E 392; e 417; h 428.
418. A 438; B 426; b 487; C —; D —; d 236; f 411; c 411; F 418;
g 418; a 414; E 393; e 418; h 429.
419. A 439; B 427; b 488; C —; D —; d 237; f 412; c 412; F 419;
g 419; a 415; E 394; e 419; h 430.

420. „Unrihtic, unbesachet
bist dû nâch mînem wænen,
diu ougen hât gemachet
der glaser dir, diu lâ dir gar verklænen.
du lâst dich mit gesehnden ougen blenden.
lâ dich nâch einem bolze
drizic jâre ân widerkomen senden.“

421. „Wê im, wê sînen êren,
waz dir geschæch zerbarmen,
dem müht dû wol verkêren
sîner fröuden zît. owê dem armen.
ir machet aller fröuden widerspenen.
ez wehset in den landen
unmuotes vil von iuwerm valschen senen.“

422. Ein waltman sprach: „ich wolde
— der hôrt wol unser kriegen —
daz ich in wünschen solde.
die dâ die guoten valschlich wellent triegen:
swâ sich hofewart geheime flizzen,
daz ez in doch entliefe
und daz si in die hâhsen wol zerrizzen.

423. Iedoch râte ich iu beiden,
ir sît noch ungesellet,
mit lieb si daz iur scheiden.
jag ieder man daz sînem muot gevellet.
swer wil, der lâz sich mit gedingen weren.
dâ bî der ander trahte,
ob er ez füer heim an dem satelgêren.

420. A 416; B 428; b 489; C —; D —; d 238; f 413; e 113; F 420;
g 420; a 416; E 395; e 429; h 431.
421. A 441; B 429; b 490; C —; D —; d 239; f 414; e 414; F 421
g 421; a 417; E 396; e 421; h 432
422. A 442; B 430; b 491; C —; D —; d 240; f 415; e 415; F 422;
g 422; a 418; E 397; e 422; h 433.
423. A 443; B 431; b 492; C — D — d 241; f 416; e 416; F 423;
g 423; a 419; E 398; e 423; h 434.

424. Ich huop ûf disem walde
und hôrte herren hunde.
der seine, jener balde
liefen dâ, etlîcher jagt daz wunde.
vil manger jeit ân bogen, daz mich müete.
doch was mîn wünschen stæte:
got dich vor ir gelüpten schôz behüete."

425. Ich loset nâch den meinen
ob sich der indert einez
der verte wolte seinen:
doch hôrte ich weder grôzez lût noch kleinez.
ich gedâht, ez kumt doch nimmer Stæte
fürbaz von diser verte.
ich wil für slahen, ê ez werd ze spæte.

426. Ich vant ouch schiehe hinden,
gebirset wilt ze mâle,
daz einer möhte erblinden,
der ûf ez solte warten mit der strâle.
er wânte dicke, ez solte gên im gâhen,
sô was ez dannoch einem,
der lac und sliefe, rehte alsô nâhen.

427. Hie bî ein wazzer rinnet,
dâ spüre ich verte niuwe;
als sich min sin versinnet,
ez machet mangem herzenlîche riuwe.
er sprach zuo mir: „daz ist diu leckerie.
swer die niht wol besetzet,
der nietet sich unsælden vil dâ bîe."

424. A 411; B 432; b 493; C —: D —; d 242; f 417; c 417; F 424;
g 424; a —; E —; e 424; h 435.
425. A 445; B 433; b 494; C —: D —; d 243; f 418; c 418; F 425;
g 425; a —; E —; e 425; h 436.
426. A 446; B 434; b 495; C —; D —; d 244; f 419; c 419; F 426;
g 426; a —; E —; e 426; h 437.
427. A 448; B 436; b 497; C —; D —; d 246; f 421; c 421; F 428;
g 428; a 429; E 399; e 427; h 439.

428. Swaz an dem Schalkeswalde
mit jagen wirt ersprenget.
daz wil ouch fliehen balde
hin gén dem wazzer. swer ét nâch im henget.
diu leckerie hât vil manie giezen,
swer ez wil dannen bringen.
der muoz ouch geselleschaft geniezen.

429. Den satel manger trenket.
der fürte dar an suochet:
sin herz daz wirt gesenket
in jâmer gróz, daz ez im selber fluochet.
etlicher klagt. daz er ie wart geboren,
der hât gejeit mit Triuwen
und ez wirt in der leckeri verloren.

430. Doch mangez wird geletzet,
daz warnet hin gelangen;
swer ez wol undersetzet.
ez hât sich umbe ein schelkel balde ergangen.
die vohen man mit vohen widerstillet.
swie man ze walde ruofet,
billich alsô der galm widerhillet.

431. Swá ein schale wird beschalket.
ich wæn, daz si án sünde.
der schalkes fuore walket
und vindet schalclich niuwes schalkes fünde.
man mac ein fühsel wol mit hunden hetzen,
dar an só brichet niemen
den wiltban, oder váhen sust in netzen.

---

128. A 449; B 437; b 498; C —; D —; d 247; f 422; e 422; F 429;
g 429; a 421; E 400; e 428; h 440.
129. A 450; B 438; b 499; C —; D —; d 248; f 423; e 423; F 430;
g 430; a 422; E 401; e 429; h 441.
130. A 451; B 439; b 500; C —; D —; d 249; f 424; e 424; F 431;
g 431; a 423; E 402; e 430; h 442.
131. A 452; B 440; b 501; C —; D —; d 250; f 425; e 425; F 432;
g 432; a 424; E 403; e 431; h 443.

432. Ein tagalt ich wol lide,
so gar ein kündie vohe
sich dunket gar geschide
und doch ze verre müset von dem lôhe
und warnet, daz si nieman müg beschalken,
dar an sô brichet niemen,
ob man ir lært den balc die wind zerwalken.

433. Swenn ich sô leckerlichen
ein fühsel sich gebâren
und im doch nâhen slichen
lât einen, der der hiute kan wol vâren.
ich gedenk: sæhe ich an einer stangen.
für wâr sô wolte ich lachen,
dinen balc in einer decke hangen.

434. Swaz an der Rummelsliten
die hunde niht ergâhen.
den kan ze beiden siten
biz an daz wazzer nieman komen nâhen.
daz ist ein warte, diu bedarf wol winde,
die im die hähsen rüeren.
ê man ez in der leckerie vinde.

435. Swer niur ein kleine stunde
daz wazzer wolde bouwen,
wie manges herren hunde
er bî im in dem giezen möhte schouwen!
ez ist diu leckerie kunt dem wilde
von mangen walden worden.
des ich und manger armer sêre engilde.

432. A 453; B 441; b 502; C —; D —: d 251; f 426; c 426; F 433; g 433; a 425; E 404; e 432; h 444.

433. A 454; B 442; b 503; C —; D —; d 252; f 427; c 427; F 434; g 434; a 426; E 405; e 433; h 445.

434. A 455; B 443; b 504; C 290; D —; d 253; f 428; c 428; F 435; g 435; a 427; E 406; e 434; h 446.

435. A 456; B 444; b 505; C 291; D —; d 254; f 429; c 429; F 436; g 436; a 428; E 407; e 435; h 447.

436. Swer wunder wolte spehen
von klnogen widergengen,
der solte dâ wol sehen,
wie ez daz jagen kan mit fuogen lengen.
ez hât daz wilt gelernet nû ein fliehen,
dâ mit ist man betœret,
ez rihtet sich ûf zît und wil verziehen.

437. Mit kobern niuwe fünde
Harre dâ muoz vinden;
der wint im spotlîch ünde
sleht under ougen, daz er möhte erblinden.
der alte Harr, der junge Wille und Lide.
ich wæn, der drîer keinez
die dræten leckerî mit rinnen mide.

438. Daz wazzer ûf und nider
fürgrîfet Stæte und Triuwe,
ob ez gên Triuwen wider
noch liefe, dâ diu vart im wurde niuwe.
Stæt unde ouch Triuwe beide ungern rinnent
besunder in dem wazzer,
dâ si sich tief der leckerî versinnent.

439. Ez kan diu leckerie
wildes neren wunder;
man vindet ouch dâ bie.
daz mangez gêt ân allez swimmen under.
swaz sich ze verre troestet sîner kunste
und strô ze tiuwer mischet.
von kleinen fanken siht man grôze brunste.

436. A 457; B 445; b 506 C 292; D —; d 255; f 430; e 439; F 437;
z 437; a 429; E 408; e 436; h 448.
437. A 458; B 446; b 507; C 293; D —; d 256; f 431; e 451; F 438;
z 438; a 430; E 409; e 437; h 449.
438. A 459; B 447; b 508; C 294; D —; d 257; f 432; e 432; F 439;
z 439; a 431; E 410; e 438; h 450.
439. A 460; B 448; b 509; C 295; D —; d 258; f 433; e 433; F 440;
z 440; a 432; E 411; e 439; h 451.

440. Daz wilt bedarf wol flühte
ouch gên der leckerîe.
si nemen ab an zühte,
die dâ dem wilde stæte wonent bîe.
swâ wilt die leckerîe næm durch neren
vor valscher jägerhunde,
den selben louf im nieman solte weren.

441. Ich wünsche in mìnem herzen,
daz guoter frouwen ougen
wol sæhen âne smerzen
in al der minne gernden herze tougen
und ouch erkanden, dâ ir aller meinen,
sô möht man guot dem guoten
erzeigen und ouch mîden die unreinen.

442. Dem wazzer man Gelücken
muoz gar nähen halden,
ob er ze valschen tücken
gehetzet wirt, des læze man in walden.
Gelücke ist zuo der leckerî der beste.
bî swem der hunt belîbet,
daz bringet er ze fröuden wol ze leste.

443. Swaz sich berihten kunde
gar wol an allen sachen,
næm daz an sich die hunde
mit willen, waz dâ tagalt möhte machen,
swaz an dem Schalkeswalde wirt erzogen
und doch belîbet stæte,
dâ mit ist man an fröuden unbetrogen.

440. A 461; B 449; b 510; C 296; D —; d 259; f 434; c 434; F 441; g 441; a 433; E 412; e 440; h 452.
441. A 462; B 450; b 511; C 297; D —; d 260; f 435; c 435; F 442; g 442; a 434; E 413; e 441; h 453.
442. A 463; B 451; b 512; C 298; D —; d 261; f 436; c 436; F 443; g 443; a 435; E 414; e 442; h 454.
443. A 464; B 452; b 513; C 299; D —; d 262; f 437; c 437; F 444; g 444; a 436; E 415; e 443; h 455.

8

444. Swenn ez hât für gewunnen
in der leckerîe
und sich hât wol errunnen.
sô hilfet lützel, waz ich danne schrie.
man siht ez gên dem Attental ûz waten.
wê im, der dan dem loufe
volgen muoz und des niht mac gerâten.

445. Blint mit gesehnden ougen
muoz er dicke wesen.
sô er im hoeret lougen
daz er doch weiz. sol er des lang genesen?
jâ in lât ungelücke niht ersterben.
er mac wol frôuden siechen
und ûz dem herzen hôchgemüete serben.

446. Von hals und mit dem horne
jag ich ze mangen stunden
in suone und ouch mit zorne.
swâ ich hin var mit disen müeden hunden.
sô sint ir hazzes widerlöuf gedrîet.
ez hilfet leider kleine,
swie vil mîn munt an ir genâde schriet.

447. Sol Triege Triuwen dringen
von sîner verte süeze,
dâ mac ouch wol entspringen
diu leckerîe und ir falscher grüeze.
die si truglîch lieblîch kunnen sprechen.
ich wæn, der stæten marter
si der unstæten trugelichez brechen.

---

444. A 465; B 453; b 514; C —; D —; d 263; f 438;
g 445; a 437; E 416; e 444; h 456.
445. A 466; B 454; b 515; C —; D —; d 264; f 439;
g 446; a 438; E 417; e 445; h 457.
446. A 183; B 455; b 516; C —; D —; d 265; f 440;
g 447; a 439 E 418; e 446; h 458.
447. A 467; B 456; b 517; C —; D —; d 266; f 441;
g 448; a 440; E 419; e 447; h 459.

448. Trieg ist ein hunt genennet
wol lûte an dem anvange,
der sîn niht wol erkennet:
doch wirt er grâ. swer mit im rennet lange.
der hât mich dicke brâht von mînen hunden:
für Triuwen ich in hôrte,
dar umb werd im diu hût noch ab geschunden.

449. Nu sluoc ich her nâch Triegen
und lie von allen hunden.
ich sprach: ‚der kan niht liegen,
er hât gerehte ûz mangem wazzer funden.
ich jeit in an für Triuwen mit dem horne.
von Triegen manic jäger
hât sinen louf und al sîn hund verlorne.

450. Trieg ist ein valsch geselle
und kan sich doch erzeigen
als ob er helfen welle
gesellicliche und dienen gar für eigen:
kümt aber ez im selber in die ræme.
durch nieman er ez lieze,
er unde muot truglichen er im næme.·

451. Mir begunde grüsen,
dô ich nâch dem fuoze
müslîchen hôrte müsen.
ich sprach: ‚du nimst dir gar muozlîche muoze,
dîn süezez klaffen ist ein truglîch mære.
dîn vart wær lange erfunden
hin dan, ob ez der edel Triuwe wære.

448. A 465; B 457; b 518; C —; D —; d 267; f 442; c 442; F 449;
g 449; a 441; E 420; e 448; h 460.
449. A 469; B 458; b —; C —; D —; d 268; f 443; c 443; F 450;
g 450; a 442; E 421; e 449; h 461.
450. A 470; B 459; b —; C —; D —; d 269; f 444; c 444; F 451;
g 451; a 443; E 422; e 450; h 462.
451. A 471; B 460; b 519; C —; D —; d 270; f 445; c 445; F 452;
g 452; a 444; E 423; e 451; h 463.

452. Owê, mit welher fuoge
mac ich mich von dir ziehen?"
ich dâht, zuo welhem buoge
die vart ich lieze und war ez solde flichen.
dar huop ich mich mit iliclîcher île.
ach. Triege hât verfüeret
mich. daz ich hân versûmet fröuden wile.

453. Zuo dem rehten buoge
hân ich die vart ie lâzen,
von der ich mich durch fuoge
gemachet hân, und sluoc hin für mit Mâzen.
sol ich entgelten, daz ich siner êren
ie huote und immer hüete,
des muoz ich dicke von der verte kêren.

454. Ach. Rüege dicke rüeget,
des ich doch wol enbære.
sîn jagen mir niht füeget.
er ist ungewis, er kobert mit gevære,
wan er wil alle loufe gar ûz rihten,
und swenne er keinen vindet,
sô kan er selber niuwez klaffen tihten.

455. Hovieren, tanzen, singen,
jagen, vischen, beizen,
swaz sunder lust kan bringen,
daz kan den muot mir ze unmuote reizen.
ez widermachet swaz ie fröude machet
mir senden alle fröude,
min munt vil ân des herzen helfe lachet.

152. A 472; B 461; b 520; C —; D —; d 271; f 446; c 446; F 453;
g 453, a 445; E 424; e 452; h 464.
153. A 473; B 462; b 521; C —; D —; d 272; f 447; c 447; F 454;
g 454; a 446; E 425; e 453; h 465.
154. A 474; B 463; b 522; C —; D —; d —; f 448; c 448; F 455;
g 455; a 447; E 426; e 454; h 466.
455. A 475; B 464; b 523; C —; D —; d —; f 449; c 449; F 456;
g 456; a 448; E 427; e 455; h 457.

456. Ach, waz ûf hertem schraffe
der edel Harre harret!
sol den ein glanzer pfaffe
verdringen, der vor übermuote scharret
reht als ein vol gebunden an die hette.
der nie arbeit erkande?
daz hât genomen vil mir miner krette.

457. Hin gên dem Tantenberge
sô wil ez danne fliehen;
heim gên der herberge
rât ich, swer sich wol müg davon geziehen.
swer ân gesellen an dem Tantenberge
muoz einer verte volgen.
ein ris möht wol verswinden zeinem twerge.

458. Des Tantenberges dicke
hât jäger vil betrogen.
sô man die engen ricke
muoz rennen, dâ luglîchen wirt gelogen.
er vindet wazzer, dâ man im daz fiuwer
kan für die wârheit zeigen.
Lust, Wunne, dâ ist iuwer jagen tiuwer.

459. Owê, spotlîchez schimpfen,
wie bist du dâ sô genge!
ez scheidet von gelimpfen
ein weideman, er lose, er jage, er henge.
der Tantenberc ist wunneclich ze schouwen:
swer aber wil dâ jagen,
den mac ein scharpf sperîsen wol verhouwen.

456. A 476; B 465; b 524; C —; D —; d —; f 150; c 450; F 457;
g 457; a 449; E 428; e 456; h 468.
457. A 195; B 466; b 525; C —; D —; d —; f 451; c 451; F 453;
g 458; a 450; E 429; e 457; h 469.
458. A 196; B 467; b 526; C —; D —; d —; f 452; c 452; F 459;
g 459; a 451; E 430; e 458; h 470.
459. A 197; B 468; b 527; C —; D —; d —; f 453; c 453; F 460;
g 460; a 452; E 431; e 459; h 471.

460. Ob sich ouch überdenket
ein wilt und wænet scherzen,
ob daz ein tranc bekrenket,
sô daz der spot im leitlîch gât ze herzen.
etlîchez wænet dâ gar sicher wesen.
swenn ez kümt in die dicke.
ez möht hie vor an wirden baz genesen.

461. Swînrüden wol genozzen,
wæn ich al dâ gehoeren;
gelüppe an allen schozzen,
dâ mit man in ir triegen kunde stoeren.
nein, ôwê lât ê Stæten, Scham und Triuwen
ein wile ez umbe triben,
ob ez der wanc in herzen wolte riuwen.

462. Nu dar wîp, lâ sehen,
ob dîn kraft in noeten
müg helfen, ich wil spehen
dîn vermügen, ez gêt an ein toeten.
leg al dîn kraft alein an mich besunder,
ob dannoch mînem herzen
von dir geholfen wirt, daz ist ein wunder.

463. Sit ich nach helfe schrîe
und doch bin ân gedingen,
meister aller erzenîe.
sag. Minne, mac mich ieman widerbringen?
sol ich an dîner helfe gar verzagen,
muoz ich ân fröuden sterben
od genesen. daz solt dû mir sagen.

---

460. A 198; B 469; b 528; C —; D —; d —; f 154; c 154; F 461;
g 161; a 153; E 132; e 460; b 472.
461. A 199; B 170; b 529; C —; D —; d —; f 155; c 155; F 462;
g 162; a 454; E 433; e 161; b 473.
462. A 205; B 471; b 530; C —; D —; d —; f 156; c 456; F 463;
g 163; a 155; E 434; e 162; b 474.
463. A 206; B 472; b 531; C —; D —; d —; f 457; c 157; F 464;
g 164; a 456; E 435; e 463; b 475.

464. Sag an, muoz ich mich rihten
ûf ein lebendic sterben
und niuwen jâmer tihten
in herzen und ouch immer mère serben?
bin ich vertilget ab dem lebndic buoche?
sag an, sag liebiu Minne,
ob ieman leb, der mir ze helfen ruoche.

465. Owè, ein wè kan machen
mir wè und wèliche.
wè, daz wè für ein lachen
mir gît diu allem wè ist ungeliche!
wè, daz von wè hât wè und wè mîn wesen!
wè, daz wè mir bringet,
von dem vor wè ich möhte wol genesen.

466. Owè. Hoff und Gedingen,
sol iuwer jagen süeze
mich niht ze Gruoze bringen
hin für, dô er mich und ich in noch grüeze?
owè den armen Staeten, Trôst und Triuwen,
mac iur gerehtez kobern
mit diser vart verniuwen nindert riuwen.

467. Swâ Staet nâch Staete kobert,
wie vil daz für gewinnet,
daz wirt wol überobert,
ir beider sin zesamen widersinnet.
muoz aber Triuwe und Wunne wanken, swîgen,
dâ muoz ouch Lust verderben
und Muot an hôhem klimmen nider sîgen.

464. A 207; B 473; b 532; C —; D 273; d —; f 458; c 458; F 465;
g 465; a 457; E 436; c 464; h 476.
465. A 477; B 474; b 533; C —; D —; d 274; f 459; c 460; F 467;
g 467; a 458; E 437; e 465; h 477.
466. A 478; B 475; b 534; C —; D —; d 275; f 460; c 461; F 468;
g 468; a 459; E 438; e 466; 'b 478.
467. A 479; B 476; b 535; C —; D —; d 276; f 461; e 462; F 469;
g 463; a 460; E 439; e 467; h 479.

468. Ich jag der minne kunder
só gar zartlîch gestellet.
ach, dâ vergêt mir under
min bestiu zit, der jâmer wirt gesellet
dem herzen mîn und manic sorge swære.
hilf lieb, hilf zart, hilf triutel,
hilf helflîch Trôst, die wîl ze helfen wære!

469. Ein tac bî frönden zîten
mac wol ein jâr ûf halten.
daz trûren müeste bîten.
só tuot unmuot früe sorgen und ouch alten.
ein arzat mac versûmen einen siechen.
daz im die kraft verswindet,
alsô kan krankez alter ûf uns kriechen.

470. Ich bin der frönden frie.
daz ich mir muoz gedenken
ich sî melancolie:
só mir unmuot den sin beginnet krenken,
só vinde ich, daz diu liebe ist ein ursache
muot und ouch unmuotes,
siu würket waz ich trûre und ob ich lache.

471. Ab donen, nâch verwesen
der etica gelîche
bin ich vil dick gewesen,
kein erzenîe wart nie alsô rîche.
diu mir ze helfe kæme an krefte laben.
mîn kraft lit in ir hende,
trût geselle, bit si vaste haben.

168. A 180; B 477; b 536; C —; D —; d 277; f 462; e 463; F 470;
g 470; a 461; E 449; e 468; b 480).
169. A 481; B 478; b 537; C —; D —; d 278; f 463; e 464; F 471;
g 471; a 462; E 441; e 469; b 481.
170. A 482; B 479; b 538; C —; D —; d 279; f 464; e 465; F 472;
g 472; a 463; E 442; e 470; b 482.
171. A 483; B 480; b 539; C —; D —; d 280; f 465; e 466; F 473;
g 473; a 464; E 443; e 471; b 483.

472. Geswer ist ouch ein smerze.
des nieman sol sin gerent.
ich trage ein swerndez herze,
daz ist von siuften wegen worden swerent.
gesellen, welt ir mich nu mit iu neren,
sô ruofet an die zarten,
diu kan, daz mir diu stimme wol kan weren.

473. Kalt und ouch heizez vieber
iegliches überswenke
dâ für sô næme ich lieber
ir helfe, wan swann ich erznî gedenke.
ir lieblich blic für hitze ein küelin fiuhte,
gén kalt ir mundes brennen
ist wol erzenie, des mich diuhte.

474. Vapores henden, füezen
ist ouch ein suht sûre,
daz kan diu zarte büezen,
swer si mit wârheit nennet nâchgebûre.
unmuot die selben kranken kan bekrenken.
daz kan siu widerbringen,
swer an ir güete rehte wil gedenken.

475. Ie groezer lieb, ie leider
swer liebes wirt verirret.
owê, der bin ich beider
überladen, lieb und leit mir wirret.
diu liebe liebet mir in mînem herzen,
sô leidet mir ir fremden,
dâ von sô leide ich bitterlichen smerzen.

472. A 484; B 481; b 540; C —; D —; d 281; f 466; c 467; F 474;
g 474; a 465; E 444; e 472; h 484.
473. A 485; B 482; b 541; C —; D —; d 282; f 467; c 468; F 475;
g 475; a 466; E 445; e 473; h 485.
474. A 486; B 483; b 542; C 300; D —; d 283; f 468; c 469; F 476;
g 476; a 467; E 446; e 474; b 486.
475. A 487; B 484; b 543; C 301; D 1; d 284; f 469; c 470; F 477;
g 477; a 468; E 447; e 475; h 487.

476. Ich suoche ân allez vinden
herzen liebe ân leide.
min suochen muoz erwinden,
wan ich von liebe leide nindert scheide.
ez sî ie leit zuo liebe sô gemenget,
daz man sîn dâ enpfindet,
diu temperîe ist in mîn herz gesprenget.

477. Sit liebe und leit ist wegent
staete in mînem herzen
und siu der wâge ist phlegent,
diu mir git lieb und leide, fröude und smerzen,
saech siu, daz ich mit triuwen trag den orden,
siu legte ein lôt der frönden
noch dar, wan leit ist mir ze swaere worden.

478. Dâ min Herz nâch liebe
greif und nâch ir verte,
gelich dem helnden diebe
vant ich dâ leit, dem ich noch nie erwerte.
ich spürte ez ie, dô ich dâ wolde jagen.
ach und wê, wie dicke
mich leit geirret hât, daz muoz ich klagen.

479. Ei liebe, süeze, reine
wie habt ir min vergezzen?
und lât ir mich nu eine?
nû hât lieb und leit mîn herz besezzen
in iuwerm dienst, des wil ich iuch bewisen.
welt ir ez niht gar retten,
ir möht ez doch mit einem gruoze spîsen.

476. A 488; B 485; b 511; C 302; D 2; d 285; f 470; e 471; F 478; g 478; a 469; E 448; e 476; h 488.
477. A 489; B 486; b 515. C 303; D 3; d 286; f 471; e 472; F 479; g 479; a 470; E 449; e 477; h 489.
478. A 490; B 487; b 546; C 304; D 4; d 287; f 472; e 473; F 480; g 480; a 471; E 150; e 478; h 490.
479. A 491; B 488; b 547; C 305; D 5; d 288; f 473; e 476; F 483; g 483; a 472; E 451; e 479; h 491.

480. Nu jage ich mine hunde
froelîche an mit schalle,
man giht: der jeit daz wunde,
und ich fröuw mich, daz ez bî zîte valle.
stelle ich mich dan swîgent sam ich trûre,
zehant vil manger sprichet:
seht her, seht, er dünket sich gar sûre.

481. Niht ring, niht überswære
sint alliu dinc ze wegen.
swâ solhiu mâze wære,
dâ möhte man wol rehter siten phlegen.
mîn kummer gar unmæzlich wirt gehandelt,
für guot habt daz, ir guoten,
ob sich mîn muot dâ von ein teil verwandelt.

482. Ich wil ez dâ für haben,
swer lebt ân allez hoffen,
daz baz er wær begraben,
und dem ê liep daz herze hât durchsloffen,
sô daz er hât der rehten liebe künde,
und muoz er alsô leben,
ich wæne, er büeze tûsent menschen sünde.

483. Verzagelich gedenken
mich dicke dar zuo bringet,
daz ich mit willen wenken
von fröuden wille, swenn mich daz betwinget.
mîn herze wirt in jâmer dâ verkastelt,
swenn ich mich liep durch leide
verwegen wil, daz ez mit krachen brastelt.

---

480. A 492; B 489; b 543; C 306; D 6; d 239; f 474; c 477; F 484;
g 484; a 473; E 452; e 780; h 492.
481. A 493; B 490; b 549; C 307; D 7; d 290; f 475; c 478; F 495;
g 485; a 474; E 453; e 481; h 493.
482. A 494; B 491; b 550; C 308; D 8; d 291; f 476; c 479; F 486;
g 486; a 475; E 454; e 482; h 494
483. A 495; B 492; b 551; C 309; D —; d 292; f 477; c 480; F 487;
g 487; a 476; E 455; e 483, 597; h 495.

484. Toetlicher züge hischen
kan sich ze mangen stunden
zuo minem herzen mischen.
swenn ez mit solhen noeten ist gebunden.
só ist min tróst, ez welle ein ende geben.
swie ez kan danne erwinden,
só muoz ich aber in den riuwen leben.

485. Nieman kan wol vol hengen
der werlde widergenge,
sin jagen muoz sich lengen.
swer nâch ir verten grifen wil die lenge.
er mac vil lihte sûmen fröuden wile.
in fröuden ouch zuo fröuden
gâh ieder man mit îliclicher ile.

486. Man mac ez ouch versnurren
án allez widerbringen.
sein und ze snellez burren
muoz man mit fuogen an die mâze dingen.
diu henget niht ze snel und niht ze traege.
wol im, der mit der mâze
hengen, lâzen, jagen allez waege.

487. „Jeist dû, sag mir daz maere.
ûf gesellicliche triuwe,
ich frâg dich ân gevaere.
mir ist hie kunt, ich hilfe dir ûz riuwe.
ez sint gernot min phert und mine hunde.
daz nim, ich wil nu lâzen
min jagen, sach ich vor mir hie daz wunde."

484. A 496; B 493; b 552; C 310; D 9; d 293; f 478; e 481; F 488.
g 458; a 477; E 456; e 484; h 496.
485. A 197; B 494; b 553; C 311; D 10; d 294; f 479; e 482; F 459;
g 459; a 478; E 457; e 485; h 497.
486. A 498; B 495; b 554; C 312; D 11; d 295; f 480; e 483; F 490;
g 460; a 479; E 458; e 486; b 498.
487. A 499; B 496; b 555; C 313; D 12; d 296; f 481; e 484; F 491;
g 491; a 480; E 459; e 487; h 499.

488. Er sprach: „bî minem eide
swer ich dir, daz ich nimmer
mich von dir gescheide.
ich wil geselleschaft dir leisten immer.
war kom ez, hât ez verre für gewunnen?"
ich sprach: jâ mir ist leider
miner künste gar nâch im zerunnen.

489. Ez ist noch niht von danne,
ich lie ez ûf dem walde.
in der herrn wiltbanne
vlôch ez, dô muoste ich von der verte balde.
ich was im komen bî der verte nâhen,
dô sach ich wolfe wunder,
dô muoste ich aber mîne hunde ab vâhen.

490. Ich sprach: mir was got gebent
ein zæmez wilt gehiure,
dâ von beleip ich lebent,
mir was ouch anders alle fröude tiure.
des zemlîch geheime mich ernerte,
sîn güet hât mich enthalten,
ich wær nû lange tôt nâch jener verte.

491. Durch tagalt wolte ich gerne
mit einer schiehen hinden
schalclîchez rîten lerne,
diu schalkes bünde kunde wol verbinden
und ouch der widerloike meister wære.
verstên und ouch kunnen
solt, der hin umb rit, diu selben mære.

488. A 500; B 497; b 556; C 314; D 13; d 297; f 482; c 485; F 492;
g 492; a 481; E 460; e 488; h 500.
489. A 501; B 498; b 557; C 315; D 14; d 298; f 483; c 486; F 493;
g 493; a 482; E 461; e 489; h 501.
490. A 502; B 499; b 558; C 316; D 15; d 299; f 484; c 487; F 494;
g 494; a 483; E 462; e 490; h 502.
491. A 503; B 500; b 559; C 317; D 16; d 300; f 485; c 488; F 495;
g 495; a 484; E 463; e 491; h 503.

492. Ich wolte im gerne ziehen,
unb daz ich sehen solde
sin riten und ir fliehen,
wie er ez und ez in beschalken wolde.
dô sach ich weidenliche sätze machen.
vil brüch gên widerbrüchen
ergiengen dâ mit meisterlíchen sachen.

493. Bî wild vil manger ritet,
daz er ez wil versuochen:
sô ez sin danne bitet,
sô dienet ez sîn schelten und sîn fluochen.
vil dicke mich daz arme wilt erbarmet:
ez tuot in guotem meinen
vil guotes, dâ von ez an frönden armet.

494. Ach, daz mîn stætez sprechen
ist ach! des klage ich immer,
ach wil sich an mir rechen,
wan ach und ach ûz mînem muot kumt nimmer.
ach, mîn ach mit ache mich nu swachet,
wan ie ein ach mit ache
mir tûsent ach tegliche in herzen machet.

495. Ach überflüzzic trûren
wie hâst du mich begozzen!
sol mir in herzen sûren
daz mir sô süeze kom dar în geflozzen?
ei lieb, sol leit mit leide dich betwingen?
des vert min herze tobent,
ez möht vor jâmer ûz der brüste springen.

492. A 501; B 501: b 560; C 318; D 17; d 301; f 486; c 489; F 496; g 496; a 485; E 164; e 492; h 504.
493. A 505; B 502; b 561; C 319; D —; d 302; f 487; c 490; F 497; g 497; a 486; E 465; e 493; h 505.
494. A 506; B 503; b 562; C 320; D —; d 303; f 488; c 491; F 498; g 498; a 487; E 466; e 494; h 506.
495. A 507: B 504; b 563; C 321; D —; d —; f 489; c 492; F 499; g 499; a 488; E 467; e 495: h 507.

496. Mit siuften ach gesprochen
wirt dick von mînem munde
niht zeinmal in der wochen,
ich wœne in einem tac wol tûsent stunde,
sô daz mîn herze rehte daz bedenket,
daz rehtiu lieb noch stæte
niht helfen sol mit triuwen ungewenket.

497. Ez stecket als ein bickel
sich selp in mîn herze;
ich sach ein umbeblickel,
daz brâht mir alz mîn schimpfen ûz dem scherze.
ez kom ein donrstrâl, brinnent in der verte
der blic von himel litzte,
schûr mæzlîchen mir mîn fröude werte.

498. Mir was ie als ein wicke,
die wîle ich Hoffen hôrte.
swie dicke was ein dicke,
sîn jagen mir verzagen dicke stôrte!
für Hoffe und Helfe muoz ich hoeren Triegen.
ez ist ouch ungelîche,
Helf ist gewis, sô hoert man Triegen liegen.

499. Waz ist ein stam der este,
ûz dem diu fröude blüete?
waz heimet fremde geste,
waz samet fremder herzen wilt gemüete?
wie hebt lieb sich in unkundem sinne?
kan der minne machen,
sô mac siu heizen wol ein meisterinne.

496. A 508; B 505; b 564; C 322; D —; d —; f 490; c 493; F 500;
g 500; a 489; E 468; e 496; h 508.
497. A 173; B 506; b 565; C 323; D —; d —; f 491; c 494; F 501;
g 501; a —; E 469; e 497, 583; h 509.
498. A 174; B 507; b 566; C 324; D —; d —; f 492; c 495; F 502;
g 502; a —; E 470; e 498, 584; h 174.
499. A —; B 508; b 567; C 325; D —; d —; f 493; c 496; F 503;
g 503; a —; E 471; e 499; h 510.

500. Man sprichet vil von brechen,
unstæt hört ich daz immer.
waz wil man an dem rechen?
swer nie wart stæt, der ist unstæte immer;
swâ liebe ein stætez herze hât besezzen,
ez ist niht alsô lihte,
    als ir dâ wænet, daz sin werd vergezzen.

501. Ich hete Liebe und Leide
ein teil hin für gesetzet,
die warte nam ez beide.
nu hôrte ich, daz er Lieben an ez hetzet:
ich sluoc hin für und schrei: verhaltâ Leiden.
Leit warf sich ûz dem seile,
    nu kan ich si gevâhen noch gescheiden.

502. Trôsten, Wunne und Heilen
vil dicke ist sô geschehen,
daz man ir geilez geilen
von ungelücke unfroelîch hât gesehen.
wirt al den hunden bruch in mosic rôre,
dannoch hoert man mich schrîen:
    ét Harre hin, hoer zuo den lieben, hôre.

503. Swenn ich mir Lieb gedenke,
sô sich ich gebildet,
der form und gelenke
sô zartlich stat, daz allez trûren wildet.
hei, wie ich miner sorgen fluz vertamme,
swenn ich in dem gedanke
    si und mich mit rehter stæte samme.

500. A 204; B 509; b 568; C 326; D —; d —; f 494; c 497; F 501;
g 501; a 489; E 472; c 500, 592; h 511.
501. A —; B 510; b 569; C 327; D —; d —; f 495; c 498; F 505;
g 505; a 490; E 473; c 501, 598; b —.
502. A —; B 513; b 570; C 328; D —; d —; f 498; c 500; F 506;
g 506; a 492; E 475; c 502, 599; h —.
503. A 509; B 514; b 571; C 329; D —; d —; f 499; c 501; F 507;
g 507; a 493; E 476; c 503; h 512.

504. Dar nâch sô wirt durchwüelet
der tam al mîner fröuden,
der sorgen fluz mir spüelet
mîn fröude hin. solt ich von fröuden göuden?
des ich von wârheit möhte niht gesprechen,
ob ich ie fröude erkande.
sust kan sich aber leit mit leide rechen.

505. Alsus mîn herz sich wirret
stæte mit gedanken
und ist doch unverirret,
diu liebe sî dar inne sunder wanken.
ir wesen hât doch leider underscheide
mit lieb ze manger stunde
und eteswenn mit herzenlîchem leide.

506. Swâ ein hunt nâch gewinne
und der sich doch ze jagen
weidenlich versinne,
der sol in disen dingen niht verzagen.
swaz willen hât bî einer vert ze blîben,
daz rihte sich ze kobern.
gedenk alsô: ich wil ez immer trîben.

507. Ei der dem selben armen
indert kæm ze staten!
ez ist iedoch zerbarmen,
er muoz sich smiegen von den rüden saten.
ob in ellender muot, unheil bekrenket,
ein oed heimbachen knappe
wie wênic der sîn strenge nôt bedenket.

504. A 510; B 515; b 572; C 330; D —; d —; f 500; c 502; F 508;
g 508; a 494; E 477; e 504; h 513.
505. A 511; B 516; b 573; C 331; D —; d —; f 501; c 503; F 509;
g 509; a 495; E 478; e 505; h 514.
506. A 178; B 517; b 574; C 332; D —; d 304; f 502; e 504; F 510;
g 510; a 496; E 479; e 506; h 515. 177.
507. A 179; B 518; b 575; C 333; D —; d 305; f 503; c 505; F 511;
g 511; a 497; E 480; e 507, 587; h 516, 178.

508. In walde, ûf dem brande,
an wazzer, ûf den traten,
swâ man gesellen nande,
dâ sol gesell geselleclîchen râten
und helfe niht gesellen vor behalten:
ob daz gesellen tæten,
sô möhten wol die guoten froelîch alten.

509. Ach, wer hât mich gespîset
zuo ir, er hiete ouch danne
si des genzlîch gewîset,
daz wir gelîche ez buochen in der pfanne.
swaz ich versieden wil, daz wil siu brâten;
siu tuot gelîch den herren,
die sich durch verziehen lang berâten.

510. Wîlent dô die alten
krefticlîchen schône
ir verte kunden halten,
dô hôrt man ouch von jagen süeze dône.
nu wil man ez mit birsen sô durchwalken
und manic sätze râten,
dâ von daz wilt vor noeten muoz verschalken.

511. Ach, hât mîn stæte erworben
sô bitterlîchen smerzen,
mîn fröude ist hie erstorben:
ich trag den lebnden tôt in mînem herzen.
ach, sol ich dâ bî fröuden ieman helfen?
ich jag der fröuden wider-
vart mit Leide als noch geschiht den welfen.

508. A 180; B 519; b 576; C 334; D —; d 306; f 504; c 506; F 512; g 512; a 498; E 481; c 508, 588; h 517.
509. A 172; B 520; b 577; C 335; D —; d 307; f 505; c 507; F 513; g 513; a 499; E 482; c 509, 582; h 173.
510. A 512; B 521; b 578; C 336; D —; d 308; f 506; c 508; F 514; g 514; a 500; E 453; c 510; h 518.
511. A —; B 522; b 579; C 337; D —; d 309; f 507; c 509; F 515; g 515; a 501; E 484; c 511; h 519.

512. Kein weter drât noch wazzer
mich nimmer doch verirret,
ich jage in hitze und nazzer,
swie ez mir kumt und swie mîn vart sich wirret.
ich grîfe dicke für und suoche Triuwen,
ob siu sich wold bestæten,
daz mir diu vart noch wider stüende niuwen.

513. Unmuotes muot der kriuchet
von mir in den gedanken
sam ein rouchloch, daz riuchet
und dar ûz varen heize fiures fanken.
dar an mîn fröude mit gedanken leinet,
ich und der selbe kemech
sîn von dem selben wandel noch vereinet.

514. Gruozen hoere ich ninder;
war umbe mac er swîgen?
swie verre ich stüend hin hinder,
sô hôrte ich in doch kobern oder nîgen.
und sint die wolfe niht ûf in geplatzet,
daz er durch nôt verswîget,
sô ist der fröuden hort mir abgeschatzet.

515. Ach wie manic frâgen
mîn sendez herze toetet,
des mich doch muoz beträgen,
und manic red, der man mich dicke noetet.
der mir swig, den wolte ich immer mieten
und lieze ouch mich gedenken
dar an, des ich kan nimmer mich genieten.

512. A —; B 523; b —; C 338; D —; d 310; f 508; c 510; F 516;
g 516; a 502; E 485; e 512, 600; h —.
513. A —; B 525; b 581; C 340; D —; d 312; f 510; c 512; F 518;
g 518; a 503; E 486; e 513; h 520.
514. A 513; B 524; b 580; C 339; D —; d 311; f 509; c 511; F 517;
g 517; a 504; E 487; e 514; h 521.
515. A 200; B 526; b 582; C 341; D —; d 313; f 511; c 513; F 519;
g 519; a 505; E 488; e 515, 591; h 522.

9*

516. Ich wolte im immer nigen
dienstlîchen ûf die füeze,
der mich niur lieze swîgen.
mir ist für lachen, klaffen swîgen süeze.
dar umbe daz ich mac ân allez strâfen
mir. swes ich wil, gedenken;
daz fristet mich und trœume in dem slâfen.

517. Gedenke in slâfes twalme
mich twingent ie sô nâhen,
man möht mit einem halme
dâ zwischen niht, sô wæne ich, umbe vâhen.
owê owê, daz twingen und die schricke
mich aber tuont erwecken!
alsô ist mîn wandel nahtes dicke.

518. Siufte ich oder lache,
das sult ir nû bedenken,
swenn ich alsô erwache,
daz fristet mich und kan ouch sêre krenken.
dannoch sô wæne ich wachent alle wîle,
ich sî der trûten nâhen,
sô bin ich wol von ir tûsent mîle.

519. Ûz bitterlichem grimme
sô rief mîn sendez Herze,
mit senelicher stimme
sprach ez: ,mich twinget herzenlicher smerze.
ir guoten, ir sult wisen mich der slihte,
swâ man gên rehter stæte
unstæte phligt, wâ vindet man gerihte?

516. A 201: B 527; b 583; C 342; D —; d 314; f 512; e 514; F 520; g 520; a 506; E 489; e 516; h 523.
517. A 202; B 528; b 584; C 343; D —; d 315; f 513; e 515; F 521; g 521; a 507; E 490; e 517; h 524.
518. A 203; B 529; b 585; C 341; D —; d 316; f 514; e 516; F 522; g 522; a 508; E 491; e 518; h 525.
519. A 514; B 530; b 586; C 345; D —; d 317; f 515; e 517; F 523; g 523; a 509; E 492; e 519; h 526.

520. Und klage ich ez der Minne
diu dâ diu herze roubet,
diu ist ein rôuberinne;
mîn geloube êt anders niht geloubet,
wan daz siu ân rehte liute pfendet
und mangem herzen swære
 gesendet hât und ouch noch hiute sendet.

521. Ich ger mit reht des rehten
und bit dar umb ze frâgen:
ob sich mit triuwen flehten
zwei herz gesament haben sunder bâgen,
dar über hât diu Stæte ir spruch gesprochen,
dar nâch daz eine sprichet:
 ich lougen niht, ich hân an im gebrochen.

522. Frouwen, ritter, knehte!
diu fråg sî in gemeine,
mac einez mit dem rehte
ouch ledic sîn, daz sunder bruche reine?
mac diser bruch enbinden jene triuwe?
der fråg fråg ich die guoten,
 owê owê der klagenbæren riuwe!

523. Mac ieman widerbringen
ein brechen rehter stæte?
hoert ieman sagen, singen,
wie man den bruch mit stæte widertæte?
mac ieman kein gelimpfen dar zuo vinden?
jâ gar verwîsen alten
 oder gar unwîsen jungen kinden.

520. A 515; B —; b 634; C —; D —; d —: f 516; c —: F —; ç 527;
a 510; E 493; e 520; h 527.
 521. A 516; B —; b 635; C —; D —: d —; f 517; c —: F —; g 528;
a 511; E 494; e 521; h 528.
 522. A 517; B —; b 636; C —: D —; d —; f 518: c —: F —: g 529;
a 512; E 495; e 522; h 529.
 523. A 518: B —; b 637; C —; D —; d —: f 519; c —; F —; g 530:
a 513; E 496; e 523; h 530.

524. Swaz under zehen jâren
ein kint mit stæte sprichet,
nieman mac des gevâren
ob ez den spruch mit brüchen widerbrichet,
und swer vor alter sich niht wol versinne,
den zwein ist ez erloubet,
ez wil erlouben nieman mêr diu Minne.

525. Ein ê, ein rehter orden
ist diu gerehte minne,
dâ mit ist manger worden
ein marterær heimlîchen in dem sinne.
man mac dâ mit wol büezen unde sünden.
der regeln gar unrehte
si leider tuont mit schalclîch falschen fünden.

526. Ich red nâch mînem sinne
unschedeliche in beiden,
ez lît vil an der Minne.
ob sin ez wil ir twingen lâzen scheiden,
sô möht man wol ein fuog dar under vinden.
wer mac ein stætez herze
ân sterben wol von rehter liebe enbinden?

527. Den text von minnen twingen
mac man hin her glôsieren
mit sprechen und mit singen,
nu lieben, danne leiden, smæhen, zieren.
swaz Minne schrîbet und diu Liebe sigelt
in Triuwen kanzelîe.
wirt daz gebrochen, waz ist dan verrigelt?"

524. A 519; B —; b 638; C —; D —; d —: f 520; c —; F —; g 531;
a 514 E 497; c 524: h 531.
525. A 520; B 534; b 590: C —; D —; d —: f 521; c —; F —; g 532;
a 515; E 498; c 525: h 532.
526. A 521; B 535; b 591; C —; D —; d —; f 522; c —; F —; g 533;
a 516 E 499; c 526; h 533.
527. A —; B 536; b 592; C —; D —; d —: f 523; c —; F —; g 534;
a 517 E 500; c 527: h 534.

528. Mîn Herze gert niht touben,
brâchvogel, gibitz, stâren,
sô kunde ez stæte rouben,
ez wil ouch anders keines vogel vâren;
wan mit dem reigervalken gên den lüften
wil ez êt immer klimmen
nâch ir, der lob kan nieman übergüften.

529. Natûrlîch Lust, dem raben
gelîch, vlôg ob den hunden,
er wolt ouch von in haben
sin geniez, ob si erjagen kunden.
er schrei grâ grâ; jâ grâ trag ich mit leide.
kopp, weidgeselle. ich türhte,
dîn varbe swarze werde mir ze kleide.

530. Ich bat niur, daz ich immer
die hunde solde hoeren
und doch erjagen nimmer.
ein schoen beschouwen kan mir trûren stoeren.
und liefe ez êt gên einem bogstal indert,
gelüptin strâl mit willen
ist in mîns herzen kocher gên ir nindert.

531. Zuo dem ich het gedingen,
und was mîn lebndez leben,
sol mich daz nû betwingen
sô daz ich alle fröude muoz ûf geben?
ach wie ist mîner fröuden zît vergangen!
ich jeit nâch herzen liebe,
nu hân ich leider leitlîch leit gevangen.

528. A 522; B 538; b 594; C —; D —; d —; f 524; c —; F —; g 535;
a 518; E 501; e 528; h 535.
529. A 523; B 539; b 595; C —; D —; d —; f 525 c 475; F 482; g 182;
a 520; E 503; e 529; h 536.
530. A 524; B 540; b 596; C —; D —; d —; f 526; c —; F —; g 537;
a 521; E 504; e 530; h 537.
531. A 525; B 541; b 597; C —; D —; d —; f 528; c —; F —; g 539;
a 523; E 506; e 532; h 538.

532. Mit siuften widerklimmet
min herze ûf in der brüste:
unlange ez leider swimmet,
ez sinket hin von sorgen überrüste.
ze frist heb ich ez aber ûz der freise.
diu gewonheit machet,
daz ez ist worden zeiner slitereise.

533. Mich wundert wie die loufe
nu in der werlde loufen!
sô vil ist riuwe koufe!
læg alliu rehtiu triuwe hie ze houfen,
man möhte si mit einem mantel decken.
„pfui swîg,“ sprach ein geselle,
„dîn klaffen einen jungen möhte erschrecken“.

534. Ein widerlouf der triuwen
hât fröuden vil versoumet,
daz mich muoz immer riuwen,
daz ich ez hân sô lange übergoumet.
stêt ir vart niht ab gên rehter stæte,
ach ach dem klagnden leide,
sô wirt der fröuden tac mir gar ze spæte.

535. Hie her in jener leise
sich ich die vart vermezzen
durch holen sîner reise,
ob ez sich hiete ein teil an start vergezzen.
moht ich ez von dem weg zuo walde bringen,
ich mein gên rehten triuwen
gerehticlîch, sô mohte mir gelingen.

532. A —: B 542 : b 598: C —; D —; d — : f 529: e —: F —; g 540;
a 524 E 507 : e 533: h 539.
533. A 526: B 543, b 599: C —; D —: d —; f 530: e —. F —: g 541;
a 525: E 508: e 534: h 540.
534. A 527: B 515: b 601: C —: D —: d —: f 531: e —: F —: g 543;
a 527 E 510; e 535: h 541.
535. A —; B 516; b 602; C —, D —; d —; f 532; e —: F —; g 544;
a 525; E 511, e 536; h 542.

536. Die strâze manic mile
ich hin und her beschouwe
und sûme ouch fröude wîle:
daz klage ich dir frou Minne, süeze frouwe.
ob ich und daz Herze, mîn geselle.
noch einen fuoz beschouwen,
der sich gerehticlichen schicken welle.

537. Ach daz die zarten, reinen
sô lîhte möhten sprechen,
sô si ez wolten meinen,
dâ von unmuot ze mâle müeste brechen!
doch müezen si durch noete sich bewaren.
ez ist sô vil der valschen,
die dâ ir êren valschlîch kunnen vâren.

538. Durchgraben mit dem stempfel
des scharfen minne ortes
ist mîner fröuden kempfel.
wan daz ich mich troest des einen wortes,
ân daz müest ich an fröuden gar verzagen
ez ist min ûfhalten,
doch sult irz fürbaz nieman sagen.

539. Bî guote ich sicher lâze
ân allez widerdriezen
die mâze ie in ir mâze.
ein rüde ûf einem âze sol geniezen.
sol ein geruoter hofewart nu Triuwen
von einer verte dringen,
sô mac in wol sîn langez kobern riuwen.

536. A —; B —; b —; C —; D —; d —; f 533; c —; F —; z 545;
a 529; E 512; e 537; h 543.
537. A —; B —; b —; C —; D —; d —; f 534; c —; F —: g 547;
a 531; E 514; e 538; h 544.
538. A —; B —; b —; C —; D —; d —; f 535; c —; F —; g 546;
a 530; E 513; e 539; h 545.
539. A —; B —: b —; C —: D —; d —; f 538; c —; F —; g 549;
a 533; E 516; e 542, 573; h 548.

540. Will der fuorte ez harte
nû ein kleine wîle,
dô nam ez ein warte
wol in der mâze ûf ein gefuoge mile.
aldâ wart Scham für Willen hin gehetzet,
diu kobert bî dem hunde,
daz ez vor im belîbet ungeletzet.

541. Als ich mich dan verdenke,
daz ich bin âne Sinne,
min herz ich tiefe senke
al durch der minne grunt in die unminne.
swer durch die minne unminne hât ergründet,
der hât ouch wol enphunden,
man büezet dâ mit, mit dem man dâ sündet.

542. Leitlichez leit mit leide
mir alle fröude leidet,
wan leit ân underscheide
sich leider nimmer zît von mir gescheidet.
ich möhte leide den studenten lesen,
des bin ich leider meister,
ob sie durch schuole bî mir solten wesen.

543. Swâ ein birsær mûzet
bî wilde in einer dicke,
dar ob mir noch mêr grüzet,
ob jäger hengen ich sô niht erschricke,
swâ der zerwürket des wirt innen niemen.
swer wænet wild erziehen
bî im, sô sint die hiute worden riemen.

540. A —; B —; b —; C —; D —; d —; f 539; e —; F —; g 550;
a 534; E 517; e 513, 574; h 519.
541. A —; B —; b —; C —; D —; d —; f 540; e —; F —; g 551;
a 535; E 518; e 514, 575; h 550.
542. A —; B —; b —; C —; D —; d —; f 541; e —; F —; g 552;
a 536; E 519; e 545, 576; h 551.
543. A 528; B —; b —; C —; D —; d —; f 542; e —; F —; g 553;
a 537; E 529; e 516, 577; h 552.

544. Sîn bracke hât des wunden
alze niht genozzen
er hât ouch abgeschunden
vil biute, die er mortlich hât erschozzen.
daz er die göudenlîchen müg vertrinken,
lât erz an fröuden sterben
und an hôchgemüete immer hinken.

545. Ir strâl kan mangez snîden,
daz si doch niht erjagen!
daz wunde wil niht mîden
die wolfe mêr, vor den ez muoz verzagen.
mit falschen worten si ez dicke krenken.
swer daz von ir erhoeret,
der kan sich mürdiclîchen an ez henken.

546. Fruo grîsen, ê zît alten
muoz ich von disem hunde,
ich mein den hunt Gewalten,
des ich mich leider nie entslahen kunde.
er trîbet Helfen ab mit sînem schalle,
ach, ich besorge in leider,
daz er gewalticlîchen an ez valle.

547. Ez hât nu für gewunnen
und verret sich mir verre,
wie selten ich mêr Wunnen
erhoeren kan, sît daz von diser terre
sich hât gewendet, ôwê, Fröude. unminne
vil dicke hât gemachet,
daz ich besorgen muoz in mînem sinne.

544. A 529; B —; b —; C —; D —; d —; f 543; c —; F —; g 554;
a 538; E 521; e 547; h 553.
545. A 530; B —; b —; C —; D —; d —; f 544; c —; F —; g 555;
a 539; E 522; e 548, 578; h 554.
546. A 531; B —; b —; C —; D —; d —; f 545; c —; F —; g 556;
a 540; E 523; e 549; h 555.
547. A —; B —; b —; C —; D —; d —; f 546; c —; F —; g 557;
a 541; E 524; e 550; h 556.

548. Nu schrei ich hie an Stæten;
der hunt ist leider træge,
ich fürht, sich well verspæten
min bestiu zît. ob ich daz rehte wæge.
sô möhte ouch mich betwingen wol verzagen.
nein, ich wil mit dem hunde,
gê swie ez gê, unz an mîn ende jagen.

549. Ê ich bî fremden gesten
die widerlöufe ûz rihte,
und wæren halt die besten
die hunde mîn, si würden dâ ze nihte.
swâ guot gesellen niht den wolfen weren,
sô mac ûf disen welden
die hunde nieman wol vor in erneren.

550. Swâ sich daz herze teilet,
dâ ist diu lieb gespalten,
gedinge blanc sich meilet.
swer rehte liebe kan mit triuwen halten.
des muot, des sin, des herze sol des einen
und ouch niht mêr begeren,
daz ist und anders niht gerehtez meinen.

551. Swie man bî Harren grîset,
er hât doch mangen jäger
vil dicke dar gewiset,
dâ ez eteswenne ist worden wæger.
swaz mac geschehen, dar zuo ist Gedinge,
êt nâch im, Harr, nâch ime!
ob uns Gedinge zuo Gelücken bringe.

---

548. A 532; B —; b —; C —; D —; d —; f 517; e —; F —; g 558;
a 542; E 525; e 551; h 557.
549. A —; B —; b —; C —; D —; d —; f 518; e —; F —; g 559;
a 543; E 526; e 552; h 558.
550. A 533; B —; b —; C —; D —; d —; f 549; e —; F —; g 560;
a 544; E 527; e 553; h 559.
551. A 534; B —; b —; C —; D —; d —; f 550; e —; F —; g 561;
a 545; E 528; e 554, 601; h 560.

552. Jagâ nâch im, Harre,
und hab dar zuo Gedulde,
sust jage ich armer narre.
Harre, an dir wirt schînen noch mîn hulde.
swie man dîn seinez jagn an dir vernihte,
doch sich ich dick, daz Harre
den snellen hunden widerlouf ab rihte.

553. Harre hât zwô lûte,
ein grob und ouch ein süeze,
der selbe hunt vil trûte
hât mangem wilt erwecket sîne füeze.
jeit man in lustlîch an, sô jeit er suoze;
wil aber man in fremden,
sô sleht er swîgent für nâch einem gruoze.

554. Swaz sunder underscheide
kan alle varbe bringen
ze fröuden und ze leide,
ze senen, hoffen unde ze gedingen,
daz muoz mit jagen gar ûz rihten Harre.
swer sînen wandel schriben
gar wolt, die notel trüege niht ein karre.

555. Volsprechen noch volsingen
mit aller zunge lenken
kan nimmer munt volbringen,
noch herze volliclîchen volledenken,
waz guoter dinge man mit Harren endet.
dâ von, ir edlen, harret!
sîn jagen iuch ze hôhen fröuden sendet.

552. A 535: B —: b —: C —; D —; d —: f 551; e —; F —; g 562;
a 546: E 529: e 555: h 561.
553. A —: B —; b —: C —: D —; d —: f 552; e —; F —; g 563:
a 547: E 530; e 556; h 562.
554. A 536; B —; b —; C —; D —; d —; f 553; e —; F —; g 564;
a 548: E 531; e 557: h 563.
555. A 537; B —; b —; C —; D —; d —; f 554; e —; F —; g 565;
a 549: E 532; e 558; h 564.

556. Harre sit mîn wesen
und allez mîn beginnen,
mîn sterben und genesen
lît an dir eine, daz solt dû besinnen
lâ hoeren dich, daz ich bî dir belibe
und daz kein nôt. ân sterben,
uns beide von der verte nimmer tribe.

557. Nu muoz ich mit im eine
jagen âne Wunne
und ist ouch leider seine
der alte hunt; in minneheizer sunne
muoz ich mich bî im sieden unde brâten.
ach Harre. min geselle,
wie hât Triege uns von im verrâten.

558. Slach ich dar oder danne,
fürgrife ich oder henge,
sô wil mir sendem manne
min jagen nû verziehen in die lenge.
ich hoere keines mére ûz allen hunden
niht wan aleine Harren,
den hoere ich grobe lûten under stunden.

559. Ich spüre an sinem fliehen
der widerlouf sich driet.
ez meinet ein verziehen;
min munt nû aber jâ! an Harren schriet.
ich wolte ez mit im harren, wie ez wolde,
des ich Trôst und Gedingen
zuo Harren under stunden hoeren solde.

556. A 538; B —; b —; C —; D —; d —; f 555; e —; F — g 566;
a 550; E 533; e 559; h 565.
557. A 539; B —; b —; C —; D —; d —; f 556; e —; F —; g 567;
a 551; E 534; e 560; h 566.
558. A 540; B —; b —; C —; D —; d —; f 557; e —; F —; g 568;
a —. E 535; e 561; h 567.
559. A 541; B —; b —; C —; D —; d —; f 558; e —; F —; g 569;
a —; E 536; e 562; h 568.

560. Zwâr ich hoer aber Rüegen,
daz in sîn niht betrâget!
ich kan doch niht genüegen,
er klaffet daz, des in doch nieman frâget.
sin zunge træt gift über slangen zungen:
Fröud ist von im geswîget,
er hât sich ouch von manger vart verdrungen.

561. Harre lie dâ schînen
als er ê dicke erzeiget,
swie grôz er was in pînen.
daz houbt er aber nâch der verte neiget.
er jaget hin ân Fröuden und ân Wunnen.
ân Trôste und ân Helfe,
der hunde was im aller dâ zerunnen.

562. Swer harret, dem wirt dicke
ûf sînen louf gehetzet;
dar ab er niht erschricke,
bedenke alsô: ich wirt sîn wol ergetzet.
ich wil mich des in mînen sinnen troesten.
sîn hôher prîs ez machet,
man gert ie mêr des besten dan des boesten.

563. Mich kan von herzen riuwen
nieman mêr gescheiden;
wan ob ich hôrte Triuwen,
und ez den hunden sich niht wolte leiden,
ob ez durch nôt sich wolde von mir verren,
west ich halt bi im Triuwen,
sô wære ich unbesorget mêr von Werren.

560. A 542; B —; b —; C —; D —; d —; f 559: c —; F - ; g 570;
a —; E 537; e 563; h 569.
561. A 543; B —; b —; C —; D —; d —; f 560; c —; F —; g 571;
a —; E 538; e 564; h 570.
562. A 267: B 253; b 318; C 244; D —; d —; f 23s, 561; c 283; F 244;
g 244; a —; E 539; e 565; h 571.
563. A 544; B —; b —; C —; D —; d —; f 562; c —; F —; g 572;
a —; E 540; e 566; h 572.

564. Ob ez sich Triuwen leidet,
    owê, Hoff und Gedinge
    und Trôst, vil balde scheidet
    ez von iu. ich wæge ein sterben ringe,
    wan daz wær bezzer mir dan ein genesen.
    für wâr ich wolte ân Triuwen
        niht jagen noch bî keinen tagalt wesen.

565. Ein ende diser strangen
    mit trâge nieman vindet.
    siu sol dahin gelangen
    aldâ der tôd mîn leben underwindet.
    alhie der lîb, diu sêle dort sol jagen
    mit Harren êwiclichen,
        dâ von dem ende nieman kan gesagen.

Strophen, die nur in einzelnen Handschriften überliefert sind.

a. Ich hielt ûf einer wegescheide
    und lost der mînen hunde.
    mir geschach doch nie so leide
    dan daz ich si hôrte und niht erkennen kunde.
    Triuwe und Stæt die jagen vor in allen,
    und hete ez got gehoeret,
        sicherlich ez het im wolgevallen.

b. Owê owê Gedinge,
    waz hât dich nû gesweiget?
    ich wag ie arbeit ringe,
    die wil din jagen mir die loufe zeiget,
    al min beginnen daz ist ân dich swære:
    nu muoz ich leider hoeren,
        des gar wol und billîch ich enbære.

564. A 545. B —: b —: C —: D —: d —: f 563: e —: F —; g 573:
a — E 541. e 567: h 573.
565. A 546: B —: b —: C —: D —: d — f 568: e —: F —; g 574;
a — E — e 568: h 574.
a. h 115
b. A 175: h 175: e 555.

c. Fürgrîfen mit Gedingen
daz tuon ich dicke wîte,
ob ich ez möhte bringen
von sorgen ban, sô ist ez allez bîte.
möht ich mit liebe ez âne leit verniuwen,
het ez halt widerloufen,
daz wære ein suon, ob ich noch hôrte Triuwen.

d. Durch wol, durch wê, durch liebe,
durch fröude noch durch leide,
swie sich diu erd zerkliebe
vor hitze, und verbrinnet sô diu heide,
dannoch mîn herz wil niuwen heizen brande.
kein stæticlîchez kobern
ûf velde, in wazzer, in wald und ûf lande.

e. Geselle, ich wil dir klagen
den künfticlîchen schaden.
mêr dan ein herz getragen
sorgen mac, ich hân ûf mich geladen,
mîn fröude krachet von dem überlaste.
dâ ich was wirt mit stæte,
dâ zelt man mich nu leider zeinem gaste.

f. Durch göudenlîchez iagen
vind ich vil weideliute,
die ich hoer schône sagen
von tagalt, und doch stellent nâch der biute.
swaz er sîn möhte vâhen durch ein göuden,
des jugent würd versalzen,
er liez ez dorren immer âne fröuden.

g. Gewalt, guot unde êre,
golt und ouch gesteine,
kraft, witze, schoene, lêre,

c. A 177; h 176; e 586.
d. A 181; h 179.
e. A 182; h 180; e 589.
f. A 194; h 184.
g. c 459; F 466; g 466; f 564.

ob ich daz bete ân si, daz hülf mir kleine.
waz möht mich allez himlisch her erfrouwen.
wer ich sin gar gewaltec,
    solt ich mit gotts drîvaltickeit anschouwen?

h. Ez wil uns vorgenesen.
geselle, nun ze mâle,
des muoz ich trûric wesen
und lide ouch staticlîche grôze quâle.
wâ sol Triuwe und Stæte niht vervâhen,
ach ach, daz klage ich immer,
    sol ich daz zarte wilde niht ergâhen.

i. Diu vart mir dicke leidet
durch mangerleie smerzen,
wan sich der lip scheidet
von ir. sô hât siu doch gewalt des herzen.
dar în sô ist ir zartez bilt geloetet.
dar ûz sô kumt siu nimmer,
    ez wirt dan mit jâmers nôt getoetet.

k. In disen staeten kriegen
muoz ich sender leben,
daz ist sicher âne liegen,
der lip an muot, daz herz in sorgen streben.
nun râtent, friund, zuo dirrer senden swære.
ich gelich mich wol einem hafen
    bi einem fiure, den man siht der tiuhte laere.

l. Bittend si durch alle triuwe
den lip zum herzen haben,
sô wirt min fröude niuwe.
ich wolte ouch mich mit willen zuo ir traben,
oder aber gebe mir daz herz zum libe.
geschiht daz niht in zite,
    sô sicht siu niht an güete aller wibe.

h. c 474; F 481; g 481.
i. c 518; F 524; g 524; f 565.
k. c 519; F 525; g 525; f 566.
l. c 520; g 526; f 567.

m. Sleht, kurziu, wâriu wort
und diu doch stæt belîben,
daz selbe ist der hort
und zieret lieb und kan ouch leit vertrîben.
in rehter lieb bin ich mit lieb vereinet,
des sol siu wesen sicher,
min herz, mîn muot, mîn sin niht anders meinet.

n. Gedenke ich dicke sende
von mir über berge und tale
zuo der, diu mir wende
mit ir güet mîn trûme alle mâle.
der reinen guoten ich zwâr niht vergizze,
wie verre ich bin, doch liebet
siu mir ie baz, daz wizze.

o. Ich hân mir ûz erkoren
die vil werde reine.
ir wirde ist hôchgeboren
an tugent, an zuht, an êren, die ich dâ meine,
dar zuo mich ir triuwe und stæte bringet,
daz ich und mîn gemüete
immer nâch iren genâden ringet.

p. Kein gedank sol eine
niht ze worten komen;
gedenke ê waz er meine,
ob er dir bringe schaden oder fromen.
ein gedanc sol ursprunc sin des wortes,
der ander in beleite;
und hüete wol der zungen klafferortes.

q. Ez kan zuo muot ouch reizen
swen solher kummer twinget.
muot machen wir daz heizen

---

m. B 531; b 587.
n. B 532; b 588.
o. B 533; b 589.
p. B 537; b 593; a 519; E 502; g 536; e 569.
q. g 538; a 522; E 505; e 570.

swer tuot durch muot daz im doch ère bringet.
ob minne muot hoch ûf an wirden klimme.
jâ sô kan scharf gedenken
ouch prîs erwerben. daz ist muot von grimme.

r. Swie diu vart sî verfirmet
von grôzer minne hitze,
der brant ez lützel schirmet,
min Herze kobert stæt mit solher witze,
vil manic stücke ez niuwes vor im schoute
mit ungerehtem willen,
sô wurde ez nimmer nâch ir keinem loute.

s. Waz kan diu herz durch kriechen,
daz ez den muot erfrischet,
kein erzenî den siechen
sô balde labet, sô ein wort daz mischet
ist mit dem zeichen dar an man enphindet
ein lieplich sunder meinen,
wie snelle daz unmuotes bant enbindet!

r. B 544; b 600; g 542; a 526; E 509; c 571.
s. g 518; a 532; E 515; c 572.

Lesarten.

1. 1. Pet vnd sañftig *A*. 3. fraẃden *A*. 4. selber *A B*.

2. 1. anfachen *B*, ann vanch *a*. 2. frewde *a*. 4. alle die *B a*. 5. im *fehlt B*; ein *fehlt B a*: kiesen *B*. 6. warte wol *a*. 7. pestev *A*.

3. 5. wa *B*, wo *a*; si *a*: mit] durch *a*; vnstät verwirret *B*. 7. dort] da *B a*.

4. 1. Die *a*. 5. hûget *A*: *B* hatte *früher* huget, *dann wurde das u ausradiert und en an seine stelle gesetzt*. 7. in] nu *B*.

5. 2. seinen *a*. 4. wann geleich seinen geleich wol chumber wande *a*: wan glich wol sym gelichen komer want *c*. 5. kunden] kund an *c h*; stättũ *h*. 6. möht] mach *a*. 7. niht] wol *c h*.

6. 1. wilde *A a*, wild *B*, wildes *c h*. 3. swie *A B a*. 4. manigem *A B a* (*hier und oft: ebenso* manigen, maniger). 5. lert mich iagen da *A*; mich ein iagen *B*; dä *fehlt B a*. 6. dar nach mir dickche *a*; sit *fehlt B*. 7. ist seid *B*.

7. 2. selbers *A B*. 3. Wa *A B*, Swo *a*: sich *A B*. 4. ez] daz *A*; sunst *B*. 5. ûf] In *a*: anf saete *A*: auff der seten *B*. 6. iht *fehlt a*: da *fehlt B*.

8. 2. wis *a*: ĉt *fehlt B*, ot *a* (*und so auch immer*). 3. wer er *B*. 5. dew halse auff haide *B*.

9. 3. die *B*. 5. wirt doch nicht *B*. 6. sol ir stäte *B*. 7. ir] zwar *B*.

10. 1. Frewden *B*. 2. trosten *B a*. 3. hunde] kund *B*. 5. Ez sei auf wazzer auf wald . . . *A*. 6. liezz *A*. 7. die] der *B*.

11. 1. mir ein] mein *B*, meine *a*. 3. gegen *a*. 5. wolfen *a*. 6. nemen *a*. 7. so solten die geruoten hunde helffen *A*; geruebten *a*.

12. 3. rehten *B a*. 6. er] es *B*; er *fehlt a*. 7. sicher *fehlt a*.

13. 1. lies *B*. 4. iait *a*. 5. vart *B*, warten *a*.

14. 2. wolt sy han *B* 511, *a* 491. 3. den] in *B* 511, *a* 491. 4. lait *A*. 6. vil *fehlt B a*, *ebenso in B* 511 *and a* 491. 7. beleibt *A*; *das wort in allen 5 hss. zu c. 6 gehörend*; den man sieht von laid greysen *B* 511, *a* 491.

15. 2. mag wesn an in paiden *B* 512, *f* 497. 4. niemant *A* (*hier und auch sonst oft*); wol *fehlt A B*; schaiden *A B*; so möcht wol gelucken weil schaiden *B* 512; si mocht wol gelück ein weyl scheiden *f* 497. 5. si *fehlt B*; wol *fehlt A B*. 6. hetze *A B a*, hetza *c h*; gesell vnd hetza *B* 512; Gesell vnd hetz *f* 497.

16. 1. halt euch *a*. 2. weil *B*. 6. vnd] so *B*, nu *a*; stand et *A*, standot *a*, stand (ĉt *fehlt*) *B*. 7. Lazz *a*.

17. 1. selber *A*. 2. dem *A B*; iäger knecht *B*. 5. vnd heczt ir iemau czu den seinen *a*.

18. 2. vnd auch *B*; in *fehlt B*.

19. 1. gedacht *A*, dach *a*. 2. es et kain *B*; nu] halt *a*. 3. mir] muz *a*: ward gezaiget *A*. 5. wan] dann *B*. 7. beiagen *a*.

20. 1. Ein wartt *A*. 4. ez] si *A*. 5. die] den *B a*. 6. dem *fehlt a*.

21. 1. walde] wald dem *B a*. 3. durch suesses empfahen *B*, durch gar suezzes vahen *a*. 5. Herze] vil *A*, herzen *B a*, hertze *E c*. 6. sleichen *B a*. 7. sender sorg *B*.

22. 1. auszprechen *B*, aufprehen *a* 2. ouch] auf *a*; dem *fehlt a*. 5. gunnet *B*, grimmet *a*. 6. 7. igleichs sunder laute | lie hören . . . *A*; yeglicher sunder lie | laut hören . . . *B*.

23. 1. Dein *B*; wart *a*: enrüstet *A*, entrüst *B*, er : : üste *a*. 2. döne *a*; daz *fehlt B a*. 4. ez *fehlt B*. 5 ez] daz *A*. 7. wer *B*.

24. 2. laides *A*. 4. würchen *A*. 5. aingepornev *B*; fruht *A B a (wie auch alle übrigen*; lern *A d c*. lerne *B b a E*, leren *c h*. 6. ain *B*, einem *c*. 7. sach *A*: gern *A d E c*, gerne *B b a*, geren *c h*.

25. 1. de *a*. 2. gesuecht *a*. 3. frawden *A*. 4. si] sei *a*; gedaeuchen *A (hier vnd ort . B*; gerert *b*. 5. beschawet *A*. 6. etlich *B*; geprochen *A*. verborgen *B*. 7. pawet *A*.

26. 2. gerut *A*, gerewt *B*, gerautte *a*. 3. inder *a*. 6. selber *A*, selb *a*, selbe *c*: selbe] dañ *B*. 7. hiutze *A*; ze *fehlt a*.

27. 2. vnderschaiden *a*. 3. mit plümen *B*, vnd *fehlt B a*, vnde *A*. 4. und] oder *A*. 5. gras] ganz *c*; tausent *A*. 6. sunne *a*. 7. richten *A (gehört hier zu v. 6) B a*: si *fehlt a*.

28. 4. waidenmane *A*, waid mañ *B*.

29. 7. sehen *a*.

30. 1. Einem *a*: chluge *a*. 3. zuo mir *fehlt B*. 4. zu mir Gel. . . . *B*: deins *A B*: süchen *B*. 6. iegler maister *a*. 7. hie *A B a*, alhie *d c*.

31. 5. dar inne] dar bin *B*: dich] dick *B*. 7. daz *fehlt a*; die hund dar auf nu hauhen *A*.

32. 1. Dein *A*. 5. sö] nu *A*; waidenleichs *A*.

33. 1. seinem *A*. 2. ich] nu *A*; jag] sag *B*. 3. Geloub ob ich dir swüre *A*. 4. ez] ist *A*: noch laiden *B a*. 5. hab du] habit *a*: du *fehlt B*: wille *a*. 7. stete *d c*, stewr *A B b f a h*, stüre *E*: trewe *a*: aines *A B*; danne *a*.

34. 1. Dem lohe *A*; locken *b*, lochen *a*. 6. Ez hört die hunt *A B*: dein iagen *in A B zu v. 6 gehörend*. 7. So wirt ein peiten vnd ein verziehen *A*.

35. 1. man] mein *A B*. 3. ist nu lieb *a*. 4. wä] was *B*.

36. 3. Die frag sei hoh gehöhet *A*. 4. minne *A B a*.

37. 1. Ein] Seinem *a*. 2. schawn *A B*. 4. frawn *A B*. 5. sehen *fehlt B*: sitich *B*. 7. daz hertz ze müt *A*.

38. 2. schoener] seiner *A*. 7. disen *B a*: preis *A B d f a*, bris (*b nachträglich durchgestrichen*) *E*, risz *c*, reys *h*.

39. 2. losen *A*, loszt *B*; manigen *A*: horn (: zorn) *A B*. 3. din] den *a*. 4. warte sich vil wil an nemē *A*: worte *B a*. 7. verzemen *B*.

40. 2. got *B a*. 4. selber sich das *L*: selber *A*. 5. hengen] hartez *a*: arbeit *fehlt A*. 7. maez *a*: sich] man *A*: gen *fehlt a*: gelucks *B*.

41. 4. dorn hekge *A*. 6. 7... beleib vnd volge mir ....*A*; ... vnd volge mir ob du ....*a*; *B macht gar keine unterscheidung*.

42. 2. danne *a*. 3. si gröz] gro grosz *B*. 5. si] sei *a*.

43. 6. auszrichten will *B*. 7. wie mag der immer *A*; fuoglich *fehlt B*.

44. 4. solher] selber *a*: sicher *fehlt a*. 5. iait *B*: wiltpan pezzer machet *A a h*; *zwischen* wiltpan *und* pezzer *eingeschaltet*: nit *in B i*. icht *in e*. nicht *in e*; nicht pösz machet *b*. nicht pessert *d*. 7. sint] ist *B a*: sicher *fehlt B a*; immer *fehlt A*, nimmer *a*: ungesmächet *B*.

45. 4. vor den r. *B*. 5. fröude *fehlt A*, freuden *B*: geschawen *B*. 6. jungen *A a*. 7. waidenleiche *B a*.

46. 1. Geufterleichs *A*, Geuerliches *h*, Varlich *B*, Verleiches *a*. 4. manigem *a*. 5. gelüpp *A*: ein] an *A*.

47. 1. des *B*: dö *fehlt B*. 2. gabe *A B*. 3. mein gehund *B*. mein gebünde *a*. 4. ich] mich *A a*: sein stabe *A B*, seine stebe *a*. 5. ruten *A B a*, gerüten *d*. geruten *i*. 6 durch noch not *a*.

48. 1. Din] Ein *A*. 4. ez] er *e*: gar *fehlt a*. 7. alsö] als *A*, al-ü *fehlt in den übrigen*.

49. 2. nieman] meinen *B*. 3. bis] weisz *B*. 7. selber *A*, selb *B*.

50. 2. verten newen *B a*. 4. öt *fehlt A*; (trewe *A B a*). 5. frawd vnd wunne *A*; uarn *A*, harren *B*. 6. harr *A B*, harren *a*. 7. Triuwen] treiben *e*.

51. 1. vnderstunde *A B b a*, — den *die übrigen*. 7. zno] gen *B a*.

52. 2. sich] siet *a*. 4. liepleichen *A*, pillich *B*. 5. tot heylig *B*: ouch *fehlt B a*: wol *fehlt a*: *in B*: auf dich wol louffen. 7. geselleichen *A*, gesellikglichem *B*, gesellichlechen *a*.

53. 2. disen] deinē *B*. 4. wort an dir wol *a*.

54. 1. Sein *B*: trew di waer *a*. 5. schied *A B*.

55. 1. manigem *a*. 3. widerzucken vñ pf. *A*. 4. ichs *A*: den sailen *A*. (mit) sail *B*. 6. sē hie] zū im *A*.

56. 1. weide] waid *B*, wait *a*. 4. von verre] nie dhel *A*. 6. tempeye *A*. 7. velt] wol *A*, hat *B*.

57. 3. vnd *fehlt B a*. 4 solh] daz *B*: geschehen *a*. 6. Du suurrest vast la sehen *A*, du snurren lazze sehen *a*. 7. was es mag sein *B*.

58. 1. An gefng *B*. 4. piu] ich *B*. 5. toblich *A B a*, toblichen *c e*: als ob ez *A*: wainen *B*. 6. doch] do *a*. 7. hinnen *a*.

59. 2. er-chrickte *A* 118. 4. erschawet *a*; erplickte *A* 118. 6. für] vor *a*;

60. 1. erplikche *a*. 3. erschrikche *a*. 4. ich] es *B*: sprechen] spehen *a*; ernant *B*, ermante *A*. 6. nu *fehlt B a*. *Die scheidung der verszeilen 6 und 7 nur in B c a richtig durchgeführt*. 7. nach komen wil *A*: m. man fur *B*.

61. 1. gestunet *B*. 3. 4. erchrummet die pain also *A*. 4. rechten *a*. 6. allz *fehlt a*. also *A*, alles B. 6. 7. recht also *A*.

62. 1. vil *fehlt B a*. 2. verdachte *B a*. 4. verworren *a*. 5. hercze *a*: daz *fehlt B a*: ob *fehlt B a*. 6 schönä] schon an *B a*.

63. 1. dö *fehlt B*. 2. onch *fehlt B*. 3. nü *fehlt B*. 7. dö] ich *B*.

64. 1. Die] Ein *A*, Der *B*. 6. widerzaichen *A*. 7. vart nymer verlassen soldt *B*.

65. 1. hengent *a.* 4. alsö *fehlt A.* 5. mich *fehlt A:* hertze daz beweiset *A.*

66. 2. er sach *A.* 3. ouch *fehlt B.* 4. mir *fehlt a.* 5. alhie] das hie *B,* da hie *a.* 7. ez *fehlt B:* fröuden] fromen *A.*

67. 1. zuo] mit *A.* 4. näch] wol *A:* noch *fehlt B,* nach *a.* 5. der, der sin] sin der *A,* der sin *B.*

68. 2. gât] stet *B,* sted *a.* 3. arger *a.* 4. ot *fehlt A:* din] dich *A.*

69. 4. fürprah *A,* verpracht *a.* 5. da recht *B.* 6. ersæhe *fehlt B.*

70. 3. und] du *A.* 4. volenden *B.* 7. sich fremden] fliehen *B, in a aus ersehen c.* 4. 6. 5. 7.

71. 2. vor *A a:* von wnnder] verwunder *B.* 3. wunder] waren *c.* 4. gar hin vnd her die hertze chan si prechen *A,* gat hie her die du hercz kanst zeprechen *B.* 5. ir] dir *B:* wunder *A B a:* vnd] auch *B,* vnd auch *a.* 7. ez treit *B.*

72. 1. Du] Und *B;* hütte ot deiner *a.* 5. wisz nicht *B.* 7. wan *fehlt A a:* sö *fehlt B a:* schaide *a.*

73. 4. alles *fehlt A.* 5. her sprach ich sicher .. *B:* gnot *fehlt a.* 6. 7. Nach im nach im die chnechte rieffen .. *A;* 6. vare *fehlt B; dafür aus v.* 7 die chnechte. 7. war] wo *a.*

74. 1. in dentö *A,* dönten *B,* donentem *C.* 4. ein liepich teil *fehlt A;* von senden sorgen *A.* 5. trostlich *B.*

75. 1. Den lieb ward mir gesüzzet *A.* 5. ich newr sei der *A.* 6. ich] iz *a.*

76. 3. noch hevt mit *a:* mit den sprüchen *A.* 4. mit *fehlt a.* 7. vns helf paiden *B.*

77. 3. di erd *B.* 4 siu] ez *A a:* zetrande *a.* 5. Ich sachs ich graifs *A;* ez] ich *a;* gar *fehlt B;* gar] ot *a.* 7. auf erd hie *A.*

78. 2. wer gesach *a.* nie] ich *B.* 6. an die stat her *B a.* 7. trit *B a.* unser] ander *a;* lieb liebes *B;* allem *B.*

79. 4. und] ye *a.* 7. nimmer *fehlt A;* nieman *fehlt B.*

80. 3. ez] das *B,* daz *a.* 4. hoer, hoer] hie her *B,* hey her *a:* erlaube *B a.* 5. genge *A.* 7. du vns vnser *B:* wol erwenden *A*

81. 1. Ach ach *a.* 3. volgangen *A,* wol gangen *B a,* wider gangen *b.* 4. her vm w. *B;* umbe *fehlt A a.* 5. dar] her *B.* 7. nu *fehlt B.*

82. 1. Hin hin *B a.* 2. her hat *B;* her *fehlt a.* 5. hin wider geselle lieber *B a.* 6. liebe] dir lieb *A.* 7. valsch sich] valsche *a:* sich *fehlt B.*

83. 1. Hie ist ein *A:* Das do her was ein *B,* Daz waz ein *a,* Das was *C.* 4. pabest *A.* 5. die *fehlt B a.* 6. der tot der *B:* dö *fehlt a.* 7. dä bi *fehlen A:* wol enden *a.*

84. 5. sif sich *B a;* het] her *A a.* 6. gesell da hat es angerüret *B,* gesell da hat iz an geirret *a.*

85. 3. gold reiche *B.* 4. trat *B:* sol auch *a. B.* 6. her] er *a.* 7. das da trait di reichen schuld *B.*

86. 4. des] der *A.* 6. albäch] noch hie *B a.* 7. hunt *A B:* den *fehlt B a.* iren] seinen *A.*

87. 1. von schachen *A.* 4. samme *A,* besanme *a.* 6. rate *a* 283. 7. ez chan nicht wider gen gen späch litz *B.*

88. 3. den pleiden vnd den frechen *A*. 4. gelichen *B*; nennen engel
oder pilde *B a*. 6. widen schlimmē *A*. 7. daz] hat *A*: höher *fehlt A a*.

89. 2. müedin] meine *B a*. 4. slaff *A*.

90. 2. haissen *B*: sunnen *a*, 3. mir] mit *a*: senden *A B a*. 4. den]
dar *a*: erscheinen *A B*. 5. selb *A B a*. 6. vor] ob *a*. 7. in *fehlt A*.

91. 5. sich] si *a*: von den füzzen *A*: vor dem *B a*. 7. helfīt gesellen *A*:
helfen *a*: mich ir *B a*.

92. 7. Herze *fehlt a*: stetleichen *a*.

93. 1. Dein *A B*, Sein *C*. 3. mit *B*. 4. ir ist von mir immer *a*.
5. raitzet scharffes schaches praemen *A*, kraczen scharpfes schalkes pr. *B*,
chraizzen scharfes pramen *a*. 7. spür *B*; laider saemen *A*: linden samen *B a*.

94. 1. sprach] sich *C*. 4. im also ich *B a*. 5. zende *A*. 7. smatzen *A*.

95. 4. im] immer *A*: ob *A*. 5. mein angen *A*; erchennet *a*. 7. ach
es hat von gedanckt mich verprennet *B*: ob iz hat von ged. *a*.

96. 4. diu *fehlt B*: und *fehlt a*. 5. dar es ist *B*. 6. nider *a*.
7. schanze *fehlt B*.

97. 2. den deins *a*. 4. minnichleien *a*. 7. darnach solt du nicht ge-
denchen *A*, dar nach halt mich gedanck nicht gedenck *B*, dar nach gedencke
nicht gedencke *a*.

98. 1. Kêrā] Aber *B*: zuo] ez *a*: kêre] geselle *C*. 2. ez her *A*. 3. her
gere *A*. 4. gêt ez *fehlt A*: dem] der *a*. 5. wunderleich *a*. 6. 7. *fehlen in a*.

99. 1. smerczen *a*. 4. darauz drungen *A*, dar ausz sprugen *B*, dar
springen *a*. 5. vor *a*: gweclicher *B*: tobt *B*, tobte *a*. 7. gar] hat *B a*:
hāt] gar *B a*: vberobt *B*, vberobte *a*.

100. 1. ouch sich] sich üf *C*. 2. der frawden wunsche *A*: fröuden
fehlt B: von mir des wunsches chrone *a*. 4. reht *fehlt B*: himelreiches *a*:
chron *B*. 5. all die pawm *B*. 7. ich *fehlt a*: reht *fehlt a*: tawm *B*.

101. 1. ze] hincz *B*: meinem *A B*. 5. der *fehlt B*. 6. er] es *B*, ez *a*.
7. widerlauff *B*, wider lauffe *a*.

102. 2. kundet *B*. 3. niuwe] mirre (?) *B*. 4. rechten *a*: des] der *B*:
er] ez *a*. 6. Belibst du pei der verte *A a*.

103. 1. teil] weil *C*. 3. mir] der *A*. 4. des muoz ich] oder ich muez *a*:
nu *fehlt A B a*. 6. dā *fehlt A B a*. 7. iait her *a*.

104. 4. frewden *B*. 6. richten *B a*. 7. von *fehlt B*, danne *a*.

105. 1. gedachte *A*, gachet *B*. 3. nachte *A*, nachet *B*, nahet *a*.
4. chuntleich *A B*, chvnich *a*. 5. ein *fehlt B*. 7. von ir paiden laide
smertzen *A*.

106. 3. wi pald si iz danne losten *a*. 4. dar czu begunden alle hund
setzen *a*: hetzen *A*. 5. rainen *B a*.

107. 3. hetza *A a*. 4. vū setz zū trewn doch die rechten *A*.

108. 2. ker *A*. 3. nu *fehlt B a*. 6. hunt *fehlt a*. 7. vnd mein *A a*.

109. 2. euch ieman *a*: euch ab yemaū weysen *B*. 3. iu *fehlt B*: ān]
nu *B*: genaerde *A*, genar *B*. 5. dar zuo] dar *a*. 6. iu] nu *B*. 7. ich *fehlt a*.

110. 1. stawer *a*. 2. ich auch nach *B*, ich ev nach *a*. 3. sint] si *A*;
so *fehlt B*. 4. kobernt] tauren *a*. 5. musz *B*. 7. wenden *A*.

111. 1. ēt *fehlt B C*. 5. dises *A*: williklich *B*, willechleich *a*. 6. iagent
worden *A*. 7. du *fehlt B a*.

112. 2. dö *fehlt* a. 4. hellen *fehlt* A: frones A: chlaines trones a.
5. kunden B. chonden a: wol hnten B. 6. hie B. 6. 7. iaget gen dem
wald vnd auf das gevilde A: gewilde a.
113. 2. chunde A a. 3. daz] sicher den A. 4. ab jagt] iagen A.
6. abliefſe A. 7. het] hie a: liebem A.
114. 2. er] ez B a: gelukche a. 3. vñ wil B; ät *fehlt* B. 5. ein]
tůt A. 7. ůf walden] auch wil A.
115. 2. erschlinget A. 3. hereze chlieben a: erklieben B. 4. wider-
springet A. 6. jag *fehlt* A; im so iage A B.
116. 1. allen C. 3. die] den a. 4. herez a: mnet a. 5. gůt B:
lazzet A. 6. geswigen A, sweigent a. 7. wolfen] woltl B. wol a: wirt *fehlt* B:
manie] mä mit A, manigen B, manige a.
117. 1. dö] du C a. 2. vnderlauffen A. widerlauff B. widelaufſe a.
3. doch] da A. 4. Steten *fehlt* B; aller] der B: hauff B. hauffe a. 7. in]
nu A, im a: sère *fehlt* a.
118. 1. Nu hort ich doch ab richten A. 2. ab] hin B a. 3. gedacht A B.
6. verte] hert B. 7. wol *fehlt* A a.
119. 2. zn wechen B. czn wechen a. 3. ich slůg an einen ort B, Ich
slůg gen einem ort a. 4. dawcht mich B, dauchte mich a: daz] do A. 6. in
der a. 7. im B.
120. 1. Nv hailes a. 2. an] ze a. 3. hereze a: sich *fehlt* B. 4. da
ich ez A. 5. gewaltich A B a. 7. des] als B a: als] gar B a: ainnaltich A B a.
121. 1. liez ez] liezze A. 3. vachen B. 5. einem *fehlt* a. 7. pheil a.
geprachen a.
122. 2. Herz *fehlt* B. 5. Waz ez A, wann es B: alda] allenthalben B:
wunde *fehlt* A B, went a: gachet B, gahet a. 7. mich *fehlt* a: min] sein a:
versmachett B, versmehet a.
123. 2. gesenckt B, gesenchet a. 4. min sin] wenn si A; erdeneket A.
5. rates B a. 6. lebentig A a, lebentiger B.
124. 1. an] auff B, auch a. 4. ich han A. 5. ich *fehlt* a: vu solt
ich mich der nar lang nern B.
125. 2. daz] vñ B. 4. rueb a. 5. waere A a. 6. arm A a.
126. 1. müte A. 3. pain B: gůte A. 4. do a. 5. mit] pey B. per a.
7. den müte A.
127. 7. ze *fehlt* A; kunden B.
128. 1. Doch vaste A. 2. si an a. 4. zagen A.
129. 1. fröhch a. 3. lieben] selben A. 4. nů *fehlt* a.
130. 3. sol ich] ich da A. 4. bedähte] gedacht B a: ich] vnd A: ich
sol *fehlen* B. 5. leschen a.
131. 4. vnd auf dem sande A.
132. 1. waer dem A. 4. ez] ich A B a. 5. ez *fehlt* A; dicke] ette A.
6. sin *fehlt* a.
133. 4. si] sich A, sy B, sey ot a.
134. 7. irrer B a.
135. 3. chrenchet A. 6. begert *fehlt* B; unguotes] vnmutes A.
136. 1. sterben A: sterket vud chrenket C. 7. zertleichen a: und
fehlt B a.

137. 3. selber *A.* 4. ez wild dich *B,* wild dich *A;* selber *A.* 5. er
fehlt A B.

138. 1. zarten *A.* 4. den *fehlt a;* schricket *B,* schikchet *a.* 5. der|
Dein *a.* 6. vnd zeuhet der vil gůten *A.* 7. ir] der *B.*

139. 1. der *A;* edlen] vrischen *C.* 5. icman *a.* 6. wirt *fehlt a;* muot
fehlt A a. 7. er vindet *a.*

140. 2. wunschichleich *a.* 3. ist er ein *B.* 4. mnoz *fehlt a;* end *a.*
5. sô *fehlt B.* 7. aber *fehlt A.*

141. 1. wir *a.* 2. vnd auch mein *B.* 4. zu einander indert *B a;*
wese *a.* 5. Mein hereze lazzen *a.* 7. den| die *A,* dem *B;* im| in *A;* lazzent *A,*
lasz *B,* lazze *a.*

142. 3. niur] mir *B a.* 5. frewd wissenliche *B.* 7. ziechent *B.*

143. 1. vallet *B.* 4. lauffent *A,* lauff *B.* 5. vnd nicht *a;* niht| noch *A.*
6. suchen *B,* suechen *a.*

144. 1. Kain *B,* Chain *a.* 5. daz *fehlt B;* vinden *a.* 7. noch *fehlt A a;*
genäde] pfat *A.*

145. 5. lazz *A B a;* allez *fehlt B a;* für gar verz. *B a.* 7. daz] di *B;* alle *a.*

146. 1. Ach ach awe nu . . . *A;* weyt *B.* 4. dem gedinge *A.* 5. und
fehlt B; frewden *B.* 6. Da *A B;* di *B.* 7. wer aber wer mût *B,* wer aber
üer muet *a;* nu *fehlt A B a.*

147. 1. preschleich *a.* 4. noten *B.* 5. ei] E *A a.* 7. helf *a;* von]
mit *A,* vn̄ *B.*

148. 1. Wem *B,* Swem *a.* 2. ge-] all *B,* al *a;* bestatet *B a;* 5. den] der
a; wider *B.* 6. laffes *A.*

149. 4. swen *A,* wenn *B;* solche *a.* 5. seinem *a;* end tag *B.* 6. mir
fehlt B a. 7. in] an *B a.*

150. 4. gantzen nicht vergezzen *A.* 5. -lich *B,* -leich *a.* 6. hân doch]
hoch *a, fehlen B.* 7. strenck *A;* armůt *B.*

151. 2. ir] iz *a.* 3. lieff geswind *B.* 4. amor] ainer *a;* darzů m. t. *B,*
dar zene m. t. *a.* 6. must mein *B.*

152. 1. nert *B a,* nerte *a.* 3. daz] doch *B;* wert *B,* werte *a.* 5. unde]
vn̄ *B,* oder *a.* 7. ist es *B.*

153. 2. wal di welt *B.* 3. für] vor *a.* 4. frawde *A;* hub ich *B,* hueb
ich *a.* 5. vaste al vmb *B,* vaste all vmb *a.*

154. 1. luech *a.* 4. dz das an mir kan wurcken *B,* Daz daz an mir
chan wurchen *a.* 7. maister schelte *a.*

155. 2. ouch *fehlt B a.* 5. můzze *A.*

156. 1. In *B e;* lange tage *A;* tagen] dingen *B.* 2. gar] harr *B.*
3. hespete *a.* 5. besorg vil sere *A.* 6. Do *a.* 7. chera *A.*

157. 1. Und *fehlt B C a.* 4. lange *fehlt B.* 5. wol *fehlt A.* 6. cz]
das *B,* des *a.*

158. 4. dick wöllent plinden *B.* 6. vnnuczes *a,* vnmutes *B.* 7. dick
betöret *a.*

159. 1. Ze pilder *A C,* Ze zil *B,* Zepildev *a.* 3. min] die in mein *B.*
5. es ich *B,* iz ich *a.* 6. erblüet] nu plůet *A,* erplewet *B,* erpluecke *a.*

160. 1. arm *A.* 2. so sůzze *A.* 3. driualtig *B.* 4. swerez *a.* 7. trûric]
in trawren *A.*

161. 1. gar] vil *B C*. 3. ez] ob *B*. 4. geprochne *B:* knaur pawlen *A*, knaur päwl *B*, chnawert pavl *a*.

162. 1. Ach und owe *C*. 3. der súzzen *A*. 4. chain *a*, 7. Doch ist er kupfer doch bey ienem gold *B:* ez kupfer bi] er chopher doch *a*.

163. 1. geruote] ruden *B a*, rûden *C:* wiuden *a*. 2. durch den 1. *B a*. 3. Vnd gern fleucht geswinde *A:* vnd geren fleucht geswind *B*. 4. hiute] hawt sich *A:* dicke vil verchauffen *A*, dich vil verr kauffen *B*, dich vil verre chauffen *a*. 5. sieh] dich *a;* wenet *a*. 6. ein *B a;* hohuart *A:* genozzen *B*, gemezzen *a*. 6. gehaimez *B a:* verhern *a*.

164. 1. Holer *A B C:* spitzigs *C*. 5. sunn *B*, sunne *a*.

165. 1. súcht *B*. sawchte *C*, suechte *a*. 2. und] ze *B a:* gewinnen *a*. 3. ratent *A:* wa ich richte *A*. 4. daz ich *a:* wie] wa *B*. 5. der] dem *B*. 6. mit *fehlt a*. 7. ûz] zu *B:* erwern *a*.

166. 1. Ân] In *B*. 2. narren *A*. 3. kobren *B*. 4. gar *fehlt A:* snellen iungen *A*. 5. im] in *B*.

167. 2. halten *B*. 3. gegeben *a*. 4. von ordenlicher ding *B*. 5. leib *A:* noetet] die nötet *B*. die lernt *A:* taget *A*. 6. sol ich dann *B*. 7. sin] sich *B:* ertawren *A*. getawren *a*. entrennen *B*.

168. 1. Hör *A B*, Höre *a:* Hort aber iemand *C*. 6. sey *A a*.

169. 6. dem *fehlt B a*. 7. von] Vnd *a:* hóch her] hôch *B*, hohe *a:* fröude] sorge *a*.

170. 2. allen rehten *A*. 4. daz *A B a:* erparmt *A;* arm *A*. 5. fusz *B*. fnezze *a:* mit *A*. 7. genedechlrichen newen *a:* ernewen *B*.

171. 3. manigem *a*. 4. mangem *fehlt A*, mangen *B*. 5. gewalten *a:* zwinaltick *A B a* (: gewaltick *A B*). 6. 7. in *a aus* str. 172 (v. 5. 6. 7) muez ich diestleich dir wesen | lieb so versprich dein ougen noch cze genesen.

172. 5. dienest *A*.

173. 5. hiete *fehlt a:* laider ist *a*.

174. 1. waltet *A*. 2. würken *A:* ie *A*. 3. Der *A:* zwinaltet *A*. 4. muet *a*. 7. din] die *A*.

175. 3. willichlichen *A*. 4. den lob geleich den engel *A:* volg ich *a*. 5. Ist so m. *a*. 6. deinen güten preisen *A:* speizen *a*. 7. als] acht *A;* chorber *A*.

176. 2. gantz da *A:* derren] herre *A*. 3. din] Triw vnd *A*. 4. wol] vor *a*. 5. nu] Do *a*. 6. Da maniger iagt m. *A*. 7. dein güt werch *A:* gueten würten *a*.

177. 2. der rehten grontneste *A*. 3. gewizzen *A*. 5. werden groz *a;* vnwirdich (: vngirdlich) *A a*.

178. 1. Ungelückes *A*. 2. trewen *A*. 4. entlavffen *B a*. 5. noch *fehlt B a*. 7. noch indert *B*.

179. 2. drinaltich (: gewaltich) *A B a*. 4. minem] dem *B a:* war auch sein *B*, wer ich sein *a*. 5. zu fuszen *B*, ze fuezze *a*. 6. ez] in *B*. — In *a folgt a*. 1, 2, 5, 6, 7, 3, 4: *als correctur bei* 5 *ein* b, *bei* 3 *ein* a.

180. 5. pullen *B*. 7. noch *a:* gernffen *B*.

181. 2. den verten *a*. 3. an iaren *A:* an *fehlt a*. 4. rate *a*. 5. bedacht *B*, bedachte *a*.

182. 1. sprach *B C*. 2. indert] fur sich *a*. 3. in hertze *A B a:* wonne *A a*. 5. Vor im jaget will mit staete vnd mit trewe *A*. 7. lieff *A:* allez *A*.

183. 1. Iz *a*. 4. er an wan *A*, er vnd wan *a*. 5. vnd ez nicht erchennet .1 *a*.

184. 1. Dö] Doch *C*. 2. chunde *a*. 4. icht iag per *B*, iagen were *a*. 5. dich *fehlt* .1. 7. wol endet *a*.

186. 3. bewache *B a*. 4. al din] die *a*. 5. hellich (: schellich) .1 *B a*. 7. an im vnd *B*. an in vnd *a* : machten *B a*.

187. 3. Seit .1 *B a* : wer *fehlt* .1. 4. zart zartlicher zart .1. 5. geslungen *a*. 7. ouch *fehlt B a*.

188. 2. Daz niemä .1 : hörte *a*. 4. törte *a*. 7. für *fehlt a* : köllel A : müez *a*.

189. 4. vint *fehlt* .1 a.

190. 2. schelchleich *a*. 3. im] immer .1. 4. wær] stund *a*. Ein nummernamen .1, eiñumer dumb *B*, Ein nvmmer dvm *a*.

191. 2. waistu *B a*. 3. Ainer .1 a ; haisz erharren *B*. 4. der] die *B*. 5. nâch] nahen .1 : sinne *a*.

192. 7. dort] da .1 *a*.

193. 4. nöt *fehlt* a. 6. Der *B*. 7. muoz] wil a.

194. 1. Dar vmb .1. 2. ziehen *B a*. 4. swem *a*. 5. kan| schol *a*.

195. 1. Der .1, Dew *C*. 5. sich gen ir *B*. 6. Drön oder fliehen .1. 7. man muez *a*.

196. 3. gehaimen *a*. 4. vil dinges] von gedinge .1 : frömd *B*. 5. dicke obert .1. 7. frevden *a* : immer *a*.

197. 1. Swaz .1 *B a* : ist .1. 2. daz .1 ; sein auch wol *B a*. 4. von vil *a* : frömd *B* ; die| der *B a*. 7. ôwê *fehlt B*.

198. 3. edelmazze .1. 4. die] der *B a*. 5. Daz haizz ich dich .1. 6. snuor] Bit .1. 7. gên] an *a* : dir] ir *B* : geswigen *a*.

199. 4. mit liebe *fehlt* .1. 5. ouch *fehlt* .1 a. 7. vneruaren .1.

200. 4. diser vart *B* : geraubet *a*. 7. fri *fehlt B a* : swie *fehlt* .1.

201. 4. genomen .1. 5. hören .1 : nynder *B a*. 7. inder *a*.

202. 1. sach ich .1. 3. ich] es *B*, iz *a*. 4. waide maisterscheffte .1. 5. Dein daz iait doch mit in paiden aine .1. 7. dacht *a*.

203. 1. Doch sach ichs vmb vahen *a* : ez] sie *C* : rachen *B*, raiïen *C*. 3. sy slachen *B* : geslahen *a*. 4. den *fehlt* .1 *B* : üf] nach *a*. 5. sint *fehlt a* : ze stätem jagen hund *B*, ze stetem jagen hunde *a*. 7. sñeze *fehlt* .1.

204. 2. ir solchen mocht pünden *a*. 4. menbran .1, menoran *a*. 5. waz *B a*. 6. laet .1, leich *a*.

205. 1. frewd *B*, frewde *C*, frevde *a*. 2. senden *B*. 4. si] pin *a*. 5. weltlich *B*, willechleich a ; wol *fehlt B*. 6. chainê gerichte .1. 7. nv gen *a* : nicht wann ich ger g. *B*.

206. 3. gewärn *B*. 4. pillichen *B*, pilleichen *a*.

207. 2. gelimphent *a*. 3. lait recht .1, lantrechten *a*. 4. wer aber will gotlichen dewten *B* : güetleich *a*. 5. allem recht *B*. 6. genar .1 *B*, geverte *a*. 7. wil *fehlt* .1 *B a* : flechten .1, flecht *B*.

208. 1. mans *B a*, dag ob an erfunden *C*. 2. und] ob *a*. 4. benoegen *B*. 5. du nit gen ir me ze *B*. 7. tegeleich *a* : müst mein herez erprechen *B* : mêveste brechen.

209. 1. Hör ab *a* ; sich] dir .1 : wencke .1. 4. ez] ich *a*. möcht .1 *B*. sich] si wol *a*. 5. letze .1, herezen *a*. 7. wol *fehlt B a* ; gên] ze .1.

210. 1. Tust du mit tat ich laide .1. 4. ez] Daz .1; walde] wazzer .1; auf dem genilde .1 a. 6. zeyt *B*. 7. unz] biz .1; ward da iagent .1.

211. 1. ît] doch .1, *fehlt B*. 3. den *a*. 5. sicherlicher *B*. 6. harre .1. 7. ez] ich *a*; meinen *a*.

212. 2. gehandelt .1. 3. was *fehlt a*; sin *fehlt B*. 4. ez lige, ez stê *fehlt* .1. 5. walden] wolfen .1 *B*. 6. den *B a*; als ich mohte *fehlt* .1 *B*. 7. vor den wolffen .1; vor *fehlt a*; mürdigen .1, murdig *B*, muedich *a*.

213. 1. sach .1; sich] han *C*. 4. daz die] dem vil .1. 5. und triuwe] vntrewe .1; trewen *B a*. 6. *der ganze vers fehlt in a*; ez] ich *B*; sin] ir .1; dan *fehlt* .1 447. 7. heeze *a*; er] die .1; vah ez .1, vachz *a*.

214. 1. Wenck .1. 3. si *fehlt* .1; weltfe .1; vachen *a*. 6. schrey .1 *B*, schrier *a*; laut *B*, lute *a*.

215. 2. in heck *B*. 4. ir kaines da pei eren beleibet .1. 7. wider *B a*.

216. 3. aber es will *B*. 5. vil ist die .1. 6. Da von sich gût wild dicke .1. 7. sich *fehlt* .1; von .1.

217. 1. ainem *B*. 2. het *fehlt B*; gewert *B*; mit] nu .1. 4. dir] ir *B*. 5. dir] der *B*. 6. nu] noch *a*. 7. wer *fehlt* .1 *a*.

218. 2. gemüt *B*, gemuete *a*. 3. dich *fehlt B*. 4. tobent] tobet vnd .1; wüt *B*, wnete *a*. 6. dri] dez .1; kûme] chünne .1. 7. also .1; nû *fehlt* .1; drizie] sechtzigek *B*.

219. 1. Het] Hie *a*. 4. meinen *a*. 5. ich *fehlt B*; ez *fehlt* .1. 6. vnrecht .1. 7 pillichen *B*.

220. 2. wenchen *a*. 3. ze aller .1 *B*; ze *fehlt a*. 4. ze danken] gedanken *a*. 5. diser *B*, der .1. 6. nu] ir *B a*. 7. von ir] wider .1.

221. 1. mach *B*; dich] wol .1. 3. ez an ane .1. 4. ez *fehlt B*; dâ von] von im *B*; wider *fehlt* .1 *B*. 5. sein .1 *B*; trew *B*; schiehen] sehen hauffen .1. 6. im *B*. 7. her *fehlt* .1 *B*; lauffen .1.

222. 4. ouch *fehlt a*. 7. gemaehlich .1; im] mir *a*.

223. 2. vnd laufe *a*. 3. wil *B*; wege *a*. 4. fraewn .1. 5. chunden .1; geselleschefften *B*. 6. mac] kan *B*; nieman trösten .1. 7. kreffen *B*.

224. 2. angnär *B*. 3. ist] iz *a*. 4. und *fehlt a*. 7. alles gen ir *B*.

225. 2. snssigelich *B*, sonfezechleich *a*. 3. Ich sprach nu chan ez .1. 4. wo *B*; schone *B*; vnstaet .1 *B a*. 5. saemmet .1, samet *B*; snezzen *a*. 6. Daz nach vil wunde *a*; wol *fehlt B*. 7. Da non .1; edelen iungen *B*; edel .1.

226. 1. schrecklichen *C*, schraileich *a*. 4. gröz] gar *B*. 6. pestô .1. 7. dar an *fehlt* .1 *a*.

227. 1. Sö] Swann *C*. 4. sin *fehlt B*; fur] wider .1. 5. trenckt frewden sich *B*, trenchet frevde sich *a*. 6. mac] sieht .1. 7. meilen *a*.

228. 1. Falschleicher .1. 2. aine .1. 4. mischet sich] gemischet gar *B*; maine .1. 5. laiden .1 *B*. 6. sich .1. 7. ich lobe] ir sol .1; trüren] trew .1, trewen *B*.

229. 1. Mir hindert *a*. 2. swebents *B*. 7. in] ich *B*; müt so verzag .1; sicher *fehlt* .1,] sich *B*.

230. 1. verzagt *B*, verzaget *C*, vnverczait *a*. 3. Swie .1. 4. stätiklich *B*. 5. chan ich mich *a*; daz *fehlt B*,] doch .1. 6 min] mir .1; frewd *B*, fraide *a*.

231. 1. wol *fehlt a*; ewichleich *a*. 4. alter *fehlt a*. 5. vermessen *B*.

232. 2. iuwern] irn *B*; libesten *B*. 4. kranckes *B*, charkches *a*: chan sich *A*. 5. helffent *A*: in] hin *a*; fröuden] zeiten *A*. 6. wər] Gar *A (G undeutlich)*: versenleiches *a*. 7. dä *fehlt a*; wol] nicht *B a*.

233. 5. Daz muet vmuet in muete *a*; muote] vnmûte *A B*. 6. mût in die *A*. 7. und] Der chan *A*; des *fehlt A*.

234. 1. hort *A*: mvten *C*. 4. graa *a*. 6. beweinen *A*. 7. nein *fehlt A*.

235. 1. ich dich *fehlt a*: dich *fehlt B*. 2. alhie] dich wañ *B*, ich dich *a*. 3. iht] ich *a*. 4. lait *a*: gar] wol *A*. 5. von *fehlt a*.

236. 4. wol endet *a*. 5. selen *B*. 7. du solt *A*: keren *B*, chern *a*.

237. 4. So si in nach sünden twinget *A*. 6. hie] den *A*.

238. 1. sprich ez ob *A*. 2. din] mein *B a*; not die pei *B*; deinen *B*. 3. ze erkennen *B*, ez verchumen *a*. 6. haben *a*; niemant *A B a*. 7. stunde *A*: fraẃden *A B*.

239. 4. Versaumt ist er hie vnd da gar verirret *A*. 6. hertze *A*. 7. än] vnd *a*: chrenchen *a*.

240. 2. wer] mir *B a*. 4. schad *a*. 5. vlieser] sleicher *B a*.

241. 2. waiz *A B a*; dich in der *A*, dich mir der *a*. 4. die *A a*. 5. meinen e wol *B*. 6. hastu an frewden dann gewinn *B a*. 7. din] di *B*; selbe *fehlt A*.

242. 3. wundert weise *A*. 5. igleichs *A*, igleicher *a*. 7. erkennet *B*.

243. 1. an wanges *a*. 2. wünschet] wünsch er *A*. 3. So sich lieb mit lieb veraine *A*. 4. Vnd daz liepleich weret lange *A*. 6. mit lieb] lieber *a*, lieb *A*. 7. lieben] newen *B*.

244. 4. gedinge *a*. 5. leget *a*. 7. dar *a*; planck die klaider *B*.

245. 4. girde *fehlt a*, gir *B*, gird lieb *A*. 7. ein gemaltez *a*; fewr *A*, swert *a*: haizzet *a*; kocht *B*.

246. 7. leider *fehlt B*; entreten *B*, daneben in rot entreren.

247. 1. si] ze *A*: sprechent *a*. 3. prechent *a*. 7. daz] ez *B*.

248. 2 vnd 3 fehlen in *a*. 5. uahen *a*; ein] an *B*; enden *a*. 6. ze rehte *fehlt A*. 7. muoz tragen in *A B : u r. G gehörend*; haissen wol *B*: wol *fehlt a*.

249. 4. ǒt] ez *A*, *fehlt B*; gerehte blenke] gerechtichlichen *A*. 5. dem] dev *A*, der *B a*: ie] hie *B*. 7. nie] mer *a*.

250. 1. sonder *a*. 3. erzaigent *B*. 6. gellen *a*.

251. 2. ûf *fehlt B*: halten *a*. 3. pesin *B*, pesim *a*. 4. den *fehlt A*: schalten *a*. 7. schanden in werlich vindet *B*.

252. 3. dinem] dem *B a*. 4. ist waerlich *A*. 5. vil unlust] den lust *B*. 7. begunde *a*.

253. 1. zû lieben chinden *A*. 2. gehöret *A*, gehort *B*: pesin *B*, pesim *a*. 3. das *B*, daz *a*. 4. der] die *A*. 7. geben *a*.

254. 2. dä *fehlt B*,] die *a*. 5. gén] durch *A B*: die *fehlt a*. 7. minne innen in dem sinne *a*.

255. 1. Solt *B*. 4. ewik reste *A*. 5. höch *fehlt A*: geniezzen *a*.

256. 1. bekande] der chand *C*. 3. dar in] daz *A*; er *fehlt B*,]her *a*. 4. durch den gelauben *A*. 5. got *fehlt B a*,]gût *A*; der *fehlt a*; veriehen *B*. 7. dich ich pin *B*: gelaubent *B a*; sehen *B*.

257. 1. Mein rat ich enpinde *a*. 4. chan *fehlt a*. 7. mich *B*: ie daz *A*.

258. 1. weiset *A*. 2. iaegern *A*. 3. tuot] durch *A*: sendiu] soliche *B*, solche *a*; greiset *A*. 6. minem *fehlt B*. 7. büezen *fehlt B*; funde *B*.

259. 1. an zorn *a*. 3. Die *a*; verlorn *B a*. 4. iehen *B*. 5. ze guote *fehlt B*.
260. 3. niwn *A*. 4. so *fehlt A B*; verstelen *A*. 7. ez *fehlt a*.
261. 4. ob] seit *A*; ich *B*; mit mir *fehlt A*; mit mir wil *a*. 5. wenen *a*.
6. ze schaffen machet] Ez beschaffet *A*; ze schaffen] beschaffen *a*. 6. 7. ....
im selber 'Der dev zal wil im selber vber zelen *A*.
262. 3. Ich wurd nimmer *B a*. 4. welet *B*, welt *a*; ie *fehlt A*; wurd *A B*.
263. 1. ê] norc. 2. alle *a*. 3. vnpillich *A*. 7. nů din wille] man *A*.
264. 1. Die *a*. 3. si *fehlt B*,] ot *a*; die] daz *a*. 4. an schadū vil
wol *A*, an allen enden schaden *B*. 5. sünde vnd an *A*; möht] nicht *a*; daz]
da wol *a*; fugen *B*, fuegen *a*. 7. sicherleich *A a*; benogen *B*.
265. 3. dem *fehlt A*. 4. Wunne und *fehlt B*,] werde *a*. 5. da frawd
und lieb ist an hertzen leibes sochen *A*; liebe ân] lieb on *B*, lieben *a*;
sochen] schon *a*. 6. Süst hör ich wunnen chriegen *A*. 7. ewickleich *A a*.
266. 5. ewigclich *B*. 6. rew *B a*.
267. 4. mit *fehlt B*; sunden *B*; vergiltet *A*. 5. hât *fehlt a*. 6. vn-
geleich *A*. 6. 7. waiz ich | wen er mag wol haizzen *a*; mûz wol haizzen *B*.
268. 1. ist *fehlt a*. 3. mocht *A*, machtu *a*. 4. der vert nicht keren *B*.
5. vâch] La *A*, Nach *a*. 6. slâ] ward *A*, slag *a*; sich *fehlt A*,] ich *a*; ge-
nerbet *A*, verbent *a*.
269. 1. galawū *A*. 2. warde *a*; harren *A B a*. 3. Der *A*; an *fehlt A*.
4. wânt ez snurrū *A*; narrū *A B a*.
270. 3. sêr] se *B*, so *a*. 4. vber mazz der sterkch *a*. 5. vart] wort *B a*;
müet] nu *B*; sinne] herezen *a*; hart *B*. 7. leide *A a*.
271. 2. beleiten *a*. 3. all die *B*. 5. zuo mir *fehlt B*. 6. all di *B*. 7. biz] vnez *a*.
272. 2. weid·] guet *a*. 4. war *fehlt a*. 5. dar weysz *B*, dar weisen *a*;
selben] lieben *a*. 7. in] nu *A B*; staeten *A B*.
273. 1. sprach *B C*; ich *fehlt C*. 4. wart *A*, worten *a*; ste *A B*.
7. ainū *A*, in *B*.
274. 1. Iedoch so hiezz *a*. 3. mit *fehlt B a*; erlaubet *A*. 4. immer
fehlt A, | nymer *B*. 5. mich *B a*. 6. 7. willen liessen | vū *A*; ich *fehlt A B*;
ez *fehlt B*; doch *A*.
275. 3. vnder pringen *B*. 4. ein veste mawr *B*; pestev *A*. 5. wol
fehlt B a. 6. ez] ichs *A*. 7. si *fehlt A*, si *B a*; ichda staet *A*; rein des] reines *a*.
276. 5. ir *fehlt a*. 7. daz man ir vnlaster mailich fvnde *a*.
277. 1. launen *a*. 3. avnen *A*. 4. mit chlainem dienst erwirbet man
vil selten *a*. 5. wer libes phligt der muez sich dez verwegen *a*. 6. wil er
eze rechte dienen *a*. 7. wan] dan *B*; ir] im *A B*; leip vnd guet muez er ze
schancze legen *a*.
278. 1. erharrn *B*. 4. aller *B*; selher *A*. 5. din sêl *fehlt B*. 7. var fürbaz *a*.
279. 2. den *A B a*. 3. die da wellen *B*. 5. hab *B*, heb *a*; hoch kryech
B; chriechet *A*. 6. vil] wol *B*. 7. dick wirt siech *B*; siechet *A*.
280. 1. zorn *A B*. 3. verlorn *A B*. 4. taete] rat *A*; si] ser *B a*. 5. so
fehlt a. 5. 6. hilf im schimpfen ' vū ernsten wenn er sich wol bedenck *B*.
7. nicht gůt gelimpfen *A B*.
281. 1. nieman (:ieman) *A B a*. 3. iendert iezuo] ainer ieczant *a*. 4. im] nv *a*.
282. 4. hat der masz *B*. 5. dar zuo] daz *a*. 7. das man nicht durch
fug ze höll mag dingen *B*; Das man nicht schol durch fueg ze helfe dingen *a*.
283. 1. Awe an *A*. 5. Dv *a*; ob halt sei *A*. 6. pringen *a*.

284. 1. gesprechen *B*. 2 gewinn *A*. 3. mocht ich zerprechen *B*. 6. siu] so *B*, *fehlt a*. 7. min halb] nider halb *A*, meiuenthalb *B*: ich dir swûre *B*.
285. 1. Ez ist *A*: deinen *B*. 2. all maister *A*, almoistich *B*: diu] ding *a*. 3. manigem *a*. 7. wûrckeut *A*.
286. 1. Geding *a*. 2. bin *fehlt A B a*. 5. ab *fehlt A B a*. 7. niur *fehlt A a*: niuwe *fehlt B*, | newer *a*: ernewen *B*.
287. 2. schräcklich *B*, sprechleich *a*. 4 bi mir *fehlt A*; dem *B*. 5. ez] si *A*; den hund *B*. 6. mocht gesprechen *B*. 7. zuo mir *fehlt A B*: vnd wund *B*.
288. 2. auch in *A*. 3. versetzʒ *A*, für setzet *a*. 5. iagen *B*. 7. iungst *A*, Jungsten *B*.
289. 1. wol möcht *C*: vergahen *A a*. 2. Willen] girden *B*; vergirde *a*. 4. wirden *B*.
290. 5. schrickenleichen *A*, syttiklich *B*, 7. vart velle *A*.
291. 3. Gedanck *A*. 4. ich lige *fehlt A*. 7. grob *B*: von im] don *a*.
292. 1. Herre mir *a*. 5. sin] in *A*: ein rüde] an rû *A*. 7. gerunnet hat indart vnd in vnchunden diezzen *a*: draet *A*, drät *B*: grozzen *A*.
293. 1. dich *fehlt A*. 2. pildaer *A*, pilder *B a*. 3. Ludweick *A*, ludweig *a*, Ludwig *B*. 4. Deck *A B*, dekch *a*: vnmaer *A*, vnmer *B a*. 6. er *fehlt a*.
294. 1. doch] ouch *C*. 3. doch] noch *B*. 4. nicht gelazzen *A*. 5. er hat gesûndet *A a*, er e sûndet *B*.
295. 2. dir mufs *B*, dir muez *a*. 3. gar *fehlt A*. 5. alsô *fehlt A*. 6. laide *a*. 7. mangem *fehlt a*: ze *fehlt B*.
296. 1. rewen *B*. 3. iedoch] doch *B*; trewen *B*. 4. greift *A B*, greif *a*. 5 ringer *A a*.
297. 1. in trewn *A*. 3. sôlhes riwn *A*. 5. mag *B*. 6. gat *A*. 7. wol verczagen *a*.
298. 2. hneter *a*. 3. geleichen *A*.
299. 2. nahent *a*. 3. sendem mache *a*. 4. des *B*. 5. mich *a*; senem *B a*.
300. 1. Swaz ich *A*. 2. sich *fehlt B a*. 3. also *A*; sich *a*: mich *fehlt a*. 5. sehen] schône *A a*; ich iz fuegen *a*. 7. là] sol *B*, schol *a*.
301. 4. trewn *A*. 7. czornet *a*.
302. 1. wendet *a*. 3. witze *fehlt B*. 4. wicz wan *B*; wander *a*. 5. niur] mir *B a*. 6. in *A*.
303. 2. sich vmb treiben nicht eriagen *A*, sich treiben noch es gachen *B*: sich trewen narch ergahen *a*. 4. kæm] kain *B*, chein *a*; genaerleich *A*, varlichen *B*, vroleich *a*; nimmer *A*. 5. hiu hau *B*, heya *a*. 6. vndern *B*. 7. all *B*.
304. 1. ierre *C*, irre *a*. 3. nâch *B*, vaher *a*; virr *B*, virre *a*. 4. erlauffen *A*; mir *B*. 6. Dich *a*; an *fehlt A*. 7. iagt *B*; lecze *a*.
305. 1. Hie *a*. 4. er] iz *a*. 7. müeden] iungen *A*.
306. 1. ich *B a*. 3. iesleichem *a*. 4. in] nu *B*. 5. Den] der *A*; selb *A*, selber *a*. 6. waer im der *A*. 7. nicht *B a*.
307. 5. Gelûcke *A B a*.
308. 4. mit] pey *a*; füge *A*: er] ot *a*. 5. eine] an helfen *B a*; wol *fehlt a*.
309. 1. Für losen hiet ich mazze *A*: massen *B C*, mazzen *a*. 2. tempereye *A B*, temperey *a*. 3. hassen *B*. 4. peye *A*, pey *B a*. 5. massen *B*, mazzen *a*; seinem *a*. 6. werre *A*, wer *B*, werd *a*.
310. 4. sein *a*; leb *fehlt a*. 5. dinestleichen *a*. 7. schold ich *a*.
311. 1. niht] mit *B*. 2. dort *fehlt B*. 5. im ziehen *fehlt A*. 6. al dar *B*. 7. vil *fehlt A*.

312. 2. ymer *B*. 5. meine *A B*. 6. Ir dheiner *A*; kainer *B*, chainer *a* : mir *A*.
313. 3. alt da lerte *A*. 4. Harren] bürn *A*. 5. sprach *fehlt a*.
314. 2. irre *a*. 3. aller *B*: hauff *B*, hauffe *a*. 4. däht] doch *a*.
5. schachen *A*. 7. erwalchen *A*, ze walcken *B*, cze walche *a*.
315. 4. jû jû] ew *B*. 5. Etleiche *A*: ez] sich *a*.
316. 1. den *fehlt a*. 4. demselben *A B*. 5. im *B a*: mit *fehlt B*,] ot *a*;
golt *a*. 6. wen *a*. 7. ez in der wurte *a*.
317. 3. gedacht *A*. 4. arm *A*. 6. wie] wil *B*. 7. rieffen oder pliesen *a*.
318. 3. Hellilichen *B*: entslagen *a*. 4. verr verr schlachen *B*. 5. dem
hund dem word ich vil cze taile *a*: vil dick ze *B*.
319. 6. siz] sy es *B*, si iz *a*. 7. ze geluck vart *B*.
320. 1. horn *A B C a*. 2. sagt *A*. 3. ët *fehlt B*: zorn *A B a*. 7. man
im ez *A B a*.
321. 1. dem *B*. 7. ein *fehlt B*.
322. 5. da hin *B*: daz iz *a*. 6. Mein *A*.
323. 1. Mäze] Hasz *B*: wille *A*, vnd willen *a*. 2. machent *B*. 3. fûr
fehlt B. 4. mas *B*. 5. beweisen *A*. 7. än *fehlt A*: schamlichen *B*, scheme-
leichen *a*: must *B*, mocht *a*.
324. 1. ich iz *a*. 4. in *a*: im doch vil *A*: manigem *a*: doch *fehlt A a*.
5. ouch *fehlt A*. 7. in *fehlt a*: funden *B a*.
325. 1. Hey *B a*, Ey *C*. 2. liebe *a*. 4. verrauschet *A*; sehen *fehlt A B*;
al dikche *a*. 5. rnerte *a*. 6. 7. augen | ettleichen *a*; ims auch schon *A*.
326. 1. hiel vor *a*. 3. gelück ez ende *A*, geluckes end *B*, gelukches
ende *a*. 5. ich *fehlt a*: slair *A*, schlair *B*, sloýr *a*. 6. vorlich *B*, werleich *a*.
7. ich *fehlt A*: den *fehlt a*.
327. 1. dar erpruege *a*. 2. Daz *A*. 3. nu spreng wem ez nu fûge *A*.
4. die *fehlt A*. 6. mündel in driniers *B*, mündel in driuierd *a*.
328. 1. Swer sich nach widereitē *A B a*: swem sie mag wider reiten *C*.
4. geladen *A*; mundlein *B*. 5. dem *B*: trost *B a*: paymel *B*; wurd] wird *A*,
fehlt a: verlencket *A a*. 7. süzzen *A*, süssen *B*: gedenchent *a*.
329. 1. kusse *B*, chüsse *C*, chuezze *a*. 2. horn *B a*. 4. darüb *A*: ynnert-
halben *B*, innerhalb *a*. 5. zer presten *B*. 7. nymer paide westen *B*; niemant *A*.
330. 1. Der *B*; nimer *B a*. 3. ich]ew *A B a*: eren *A B*. 4. sit *fehlt B*;
frawden *A*, fruden *B*: plut sind ansz myun *B*. 5. er *fehlt B*.
331. 1. sich hat *B*. 2. geselleschefften *B*. 4. kreffteu *B*. 5. her *a*:
hillft *A*. 7. ainem *B*; wil czu dem andern pringen *a*.
332. 1. rüichleiché *A*, ruelichen *B*, rüeleichs *C*. 2. krachen *B*; den *A B*.
3. czetleich guezzen *a*. 4. mein kan erwecken anz *A*. 5. ob] So *a*. 6. gir-
digen *B*. 7. für war *a*: grusses *B*.
333. 4. gröz an] ain grosz *B*. 5. Swelich *A*, welich *B*; wol *fehlt B*.
7. herezen *B*.
334. 3. bi] an *A*. 5. hellen *A a*, hellm *B*. 6. hort ich aber noch g. *a*.
335. 1. gar] nu *A*. 2. ich aber an *A a*. 4. so ist *a*; ist so gar g. *B*.
5. an nimt vnd sach ers *A*; er es *B*, er iz *a*.
336. 2. trewn *A B*. 4. riwa *A B*. 5. dem hund *a*. 6. So möcht von
meine hertzen *A*.
337. 1. kundent *B*. 3. richten *A*. 4. gar *fehlt A*; vndären *B*, vn-
derm *a*: grüssen *B*. 7. ob *fehlt A B*: vergahet *A a*.

338. 2. her nach waern *A.* 7. fugen *B.* fuegen *a;* in sterbenden *A.*

339. 2. leip *a;* gesetzet *A.* 3. allez *A B.* 4. was *fehlt A.* 5. vnd mügē wir fliehen da si wande *A.* 7. in. des] ditz *A.* im des *B;* bekand *B,* bechande *a.*

340. 3. man *A.* 5. ercheñe *A,* erkenn *B.* 6. den trite ze wunsche *A a;* der treit den wunsch der vber wunsches *B.* 7. mit wunsche *fehlt A;* gennen *a.*

341. 1. hörte ich] höret *A.* 3. ez] daz *a.* 4. gēn im] da gen *A.* 6. waidgot *A.* 7. herr hōra zū hōre *A,* herr zu her hör *B,* herre her czu hōre *a.*

342. 3. mit mir ist *a.* 5. die *a.* 6. 7. hōr hōret | ob *B a;* hōrent *A;* lazze *a.*

343. 2. was aber im nachet *B.* 3. chuntleich *a.* 5. zuo *fehlt A.* 7. lieb *fehlt B.*

344. 5. all der *B.*

345. 1. Ende der *A a;* Und du mir saczt *B.* 2. in waiz *a.* 3. pald ob ich *a;* ich da auf *A.* 6. schropp' *B.* 7. wolf die *A,* wolff e *B;* corper *B,* chorper *a.*

346. 1. den] an *a.* 3. mich] man *B.* 5. ich] vnd *B.*

347. 1. und *fehlt a.* 2. äu sprechen *fehlt B;* und *fehlt A a;* än *fehlt B.* 4. die chunde von mir *a.* 5. der] aller *A,* all der *B.* 6. meinē *A.*

348. 1. aller der *a.* 2. geschawt *B.* 3. chnechte *A B.*

349. 1. schamen *A.* 3. hōrte] het *a;* namen *A.* 4. du mir es *B;* selbe *fehlt A.* 7. anderst nicht dan *B.*

350. 1. lengen *a.* 2. ēren *fehlt a.* 3. ich ez würcken *A.* 4. erplicket *A a,* erplecken *B.* 5. sicherleich *a.* 6. ez in ainē *A.*

351. 2. danne *A.* 3. gedencken *B.* 4. waidenliche *B a.* 5. tothen wil *a;* im] ew *A.* 6. Alz in *fehlt a.*

352. 1. ainen *A.* 5. erwendet *A.* 7. ich *fehlt B.*

353. 1. Sich] Ich *A a;* getar *A.* 2. im *fehlt A,*] in *B.* 4. iu] nu *B;* ein *fehlt B,*] er *a.* 7. in] nu *B;* gar *fehlt a.*

354. 1. ir *fehlt a.* 5. da vor *B.*

355. 1. ez] das *B.* 4. wenden vnt taet *A;* wern vnt taet *B.* 5. *beide male* wachset *A.*

356. 3. ob er ez indert preñet *A.* 4. als] so *B a.* 7. melde *fehlt a.*

357. 1. Welich *B.* 3. den armen *B.*

358. 1. Ach schrencken *A;* Srencken *B,* schrencken *C,* sprechen *a.* 4. laides mich *a.* 5. doch das *B,* doch daz *a;* Smutz *fehlt a.* 7. im *fehlt A;* pfait *A;* sin] ir *A;* chrenken *A.*

359. 3. sprach *B.* 4. er denn den *a;* tak immer leben solde *A a.* 7. ald *B;* ich hōrte *fehlt B.*

360. 2. in zorne *fehlt B.* 3. in zorn er sprach ich sagt nu recht *B;* sag *a.* 4. ich *fehlt a;* iuch] noch *B;* well betriegen *A.* 5. begriffen *A.* 6. gesweiget *B.* 7. chlainer *a.*

361. 1. edel *fehlt a.* 3. wunde *A B.* 4. iaemerchlich *A,* iamerlich *B.* 7. von mir verre chunde *a;* kern *B.*

362. 1. cham *C a;* ouch] min *C.* 2. dem] des *B.* 4. immer *fehlt B.* 5. ich *fehlt a.*

363. 1. wont *A;* gesunden *B.* 2. chawn *A B.* 4. mēr] ie *A;* wunden *B.* 5. daz] der *a;* verich *a;* im sey *B.* 7. lebentigen *A B a.*

364. 4. reichleichen *B,* reichleich *a;* bile *fehlt B.* 5. Wille] wirde *A;* girden *B a;* sich da er gachet *B.*

365. 1. lust *A C a.* 3. laiden *A B a.* 4. täglichen *B;* chlegeleicher ich chumber hab gechlagen *a.* 5. mit] an *B a.* 7. sicherleich nu *A,* sicherleich in *a.*

366. 5. podem .1 *a*. 7. mir wol dar Inn *B*.

367. 3. daz *B a*: iag ich nu .1. 5. Fúrbaz ich *a*; ét *fehlt* .1 *B*; also sein vnd .1; und *fehlt a*. 7. oder .1 *B a*: es hand nicht war die pfaffen gelesen *B*.

368. 4. mich ye in solichen *B*. 5. sich in herzen] mir in hercze *a*. 6. é| auch *a*. 7. lenger] immer .1, lange *a*; taubert *B*.

369. 1. mein *C*. 4. si] sei *a*. 6. wirtlichen *B*. 7. vor *B*.

370. 2. noch *fehlt B*. 3. dem selben] kebem (?) *B*. 4. zuzim *B*, czu im *a*, pei im .1. 5. Senen] vnd *B*. 7. frouden wunne die *a*.

371. 5. mit vnderlauften .1: vnderlauffe *a*; machet *fehlt* .1. 6. trauiric *B*. 7. wachet *fehlt a*.

372. 1. awe vnd .1. 4. gebenden *a*. 6. ich] vnd .1: 7. -valtic *fehlt B*.

373. 5. ist gegen ir nicht alaine .1. 7. seneleichen .1: sicherleich gehelfen *a*.

374. 1. gesundet *B a*. 5. vnwizze .1: enpindet *a*. 6. ir *fehlt a*. 7. selb .1: an mir laider *a*.

375. 1. seneleichen netzen .1 *B a*. 2. her *a*. 3. dein .1 *B*; mit setzen .1. 4. einem .1 *B a*. 5. frewdes *B*; mit *a*; entslaffen *B a*. 6. seinem *a*.

376. 3. versenen *a*. 6. helten .1. 7. der mir dä senen solte *fehlt B*.

377. 2. Daz er mir helffe pringen .1: hilflich *B*, helfe ich *a*; pringen *B*. 4. man *B*. 5. ich e meiner *B*. 6. ist] vnd ich .1. 7. allez .1.

378. 1. Seint *C*. 2. chan *a*: weychen *B*. 3. man mit gedanken *B*. 4. sunder wanck hoch *B*: durch ein neren *fehlt B*.

379. 2. eze geleichen *a*. 4. sagt *B*: daz fraŵde von mir seige .1; frouden *a*. 6. mir *fehlt B*.

380. 3. fröwet sich hie *a*.

381. 2. munt der lachet *B a*. 4. des selten *a*: entchelten *a*.

382. 1. natawr .1, natur *B*, natúre *C*, natawer *a*. 3. sawr .1 *B*, sawer *a*. 4. nach natur .1 *B*. 5. In *a fehlt* dieser *vers: unten am rande der seite steht*: Hie gepricht ains reimes.

383. 5. schinet] chomet *a*: groblich *B*, grolich *a*. 6. antburten .1, entworten *a*.

384. 1. rechten .1 *a*. 2. gegen *B a*: ia nain *B*: hort *a*. 4. namen .1, mainen *a*. 5. gehawset *B*. 7. mir *fehlt B*; immer *fehlt* .1 *a*.

385. 2. den .1. 3. richten *a*. 4. lust] mût *B*. 5. tiuhte] fruch *B*: wol *fehlt B*.

386. 3. ere *fehlt a*: sich erneiget *B*.

387. 1. in] nu *B*: jagt *B a*. 3. La *a*: vart *fehlt B*,] wort *a*. 6. eine *B*, ainev *a*. 7. der der] der die .1 *a*.

388. 6. des *fehlt a*. 7. mortleich .1, wortlichen *B*.

389. 3. er] her *a*. 4. jagen *fehlt a*: dick iagen *B*; chaffen *a*. 7. Jungstú *B*: ez] ist *a*.

390. 2. die vart vil] mit leyden *B a*. 3. mit Leit] di vart *B a*. 4. erschrikchet *a*.

391. 1. Swie gras latwt laide *a*: grob .1 *B a*. 2. in *fehlt* .1. 4. ez mit suzze .1: kunde *fehlt* .1. 5. die *fehlt B*; sint in ainer .1. 6. ez mich liezze .1. 7. hunt noch *fehlt a*.

392. 5. iens hunt von welben .1. 6. vn von wazzer mit fügen .1. 7. waidenlichen chunnen helffen .1.

393. 1. welen] leben *B.* 4. niht *fehlt B:* gachen *B.* 6. liezzen *A B.*
394. 3. wie gar geleich *B.* 4. ich trawrn wer sy kund *B.* 5. merke *A :*
den *a.* 6. sendem *B;* mag *B.*
395. 7. ët] ez *A,* auch *B.*
397. 1. Gesellichleichev *A B,* Gesellechleiche *a,* Gesellicleichen *C.*
2. allen *A,* aller *B;* schancz *B.* 4. porten *a.* 6. anburten *A,* verantwurten *B.*
7. vnsalden *B,* vnselden *a.*
398. 1. Geselle *A.* 2. dar pey *B.* 4. dem] im *A :* auch dem *B.*
399. 2. hefen *A a,* hebn *B.* 4. temperey(e) han von *B a.* 6. muges *B.*
400. 7. trovrich *a.*
401. 1. rieff *A B a,* ruef *C;* ich *fehlt B.* 2. an *fehlt B.* 4. tot *A a:*
gezaemet *A B.* 5. retten *fehlt B.* 7. lang *B a.*
402. 6. ir] der *a;* zungen *B.*
403. 3. hart *B.* 4. ir *fehlt a;* zungen *B.* 5. miner *fehlt B;* horñ *B.*
7. E muzt man mich auf einer merhen morden *A:* der merhen] dem rosz *B.*
404. 3. becheüen *A,* bedencken *B.* 7. er *B;* mir *fehlt a.*
405. 1. Gesell vnd herren herre *a:* vñ herrñ her *B;* herren *A.* 4. ir
mugt *B;* mügt *fehlt a:* wol *fehlt A.* 5. mir] nu *B,* ev *a.* 5. kainer *B,*
chainer *a.*
406. 1. kunt ewch wol berichten *A:* chummer *a.* 3. sleichen *a.*
5. er *A:* nu] ew *A,* wer *B, fehlt a.* 6. mich nu zu kobern *B;* chern *a.*
407. 4. mercker *B.* 5. der *fehlt a.* 6. Swelich *A B:* wol *fehlt A B.*
7. vernimt *in a zu vers 6 gehörig:* wol vernimt *A B:* vnwiczig *B.*
408. 1. knuden *B.* 5. mag wesen *B.*
409. 3. Geselleich *a.* 5. gar *fehlt a.* 6. den *B.*
410. 5. die] dir *a:* sind geleich geneñet *A:* geleich man nennet *B.*
411. 4. horet *a.* 5. vāhā] vah an *A.* 7. mir *a.*
412. 3 er] vnd *A:* sprach *B.* 4. palde mochten *a.* 5. ze] so *a.*
413. 2. fur affen *a.* 3. darf *a.* 4. ùf erden *fehlt B:* erde *A;* hie *A B a;*
beschaffen *a.* 5. Gedenckel *A B,* Gedenchen *a;* immer *a;* mag *A.* 7. solt fliehen *B.*
414. 4. für] an *A.* 6. wær jehent] veriehent *a.* 7. doch] daz *A.*
415. 2. ich *B.* 3. deist] daz ist *A B a.* 4. der] dem *a.* 6 ende *A.*
7. hunt *fehlt B;* der *fehlt a:* haut *B a.*
416. 1. Ende] Müd *B.* 2. in *fehlt B.* 4. vngeschatzte *a.* 5. hunden *B.*
6. maht du] mochte *a.* 7. aller *B a.*
417. 3. werlichen *B,* wrleich *a:* mit *B.* 4. ich es mit im nider *B.*
5. es *B;* solt *A.*
418. 3. ergen *B a.* 4. dein *B a;* liebem *A.* 6. lande herren *a.*
419. 1. wilt] vil *a.* 2. dem *a.* 3. gerechticklichen *A a,* rechtiklichem *B.*
4. widerwart der minne *B.* 5. Dem chrumb *a;* slechter *a.* 6. rechte mit
dem *A.* 7. sol *A a;* iagen vnd weren dir richten *a.*
420. 1. besachet *B.* 3. vermachet *B a.*
421. 1. seiner *A B a.* 3. mùchst *A a.* 6. alle fraẁde *A:* widerspaene
A B a. 6. dem lande *A.* 7. saene *A B,* schen *a.*
422. 3. in] nu *B.* 5. Swa si sich *a;* hochuart *B:* gefliezzen *a.* 6. ez
fehlt a: im *a.* 7. hachsen *A,* hochsten *B,* hasen *a.*
423. 1. in] nu *B.* 2. vnsellet *a.* 5. gedinget *B.* 7. ez haime *a;*
satel fuer geren *a.*

424. 3. Die seinen doch gar palde .1. 6. doch] da *B*; stæte] saine .1 ;
7. gelüppen .1 *B*.

425. 4. doch] da *B*; lût] lait .1 *B a*.

426. 1. siech *B*. 2. verpirset *B*. 3. Dz iener *B*. 4. warten solt *B* ;
dem *B*. 5. ez] er *B*.

427. 5. daz ist *fehlt B*.

428. 4. êt *fehlt B*; henge .1 *B*. 5. manigen .1. 6. dann will *B*. 7. ouch
fehlt .1 *a*.

429. 4. selber .1 *B*. 5. chait *a*.

430. 5. vohen] laich *B*, loyken, loyk *a* ; vnderstillet .1.

431. 1. Da *B*. 4. schalckleichen .1; newnes *B*; schalkes *fehlt a*.
5. vol .1. 6. dar an pricht nyemanden *B*.

432. 2. wan ein so listich vâch *a*. 3. gar geschide] also pleide *a*.
4 mausent *a*; lâche *a*. 5. Das si dez wenet sei mueg niemant beschalchen *a* ;
erschalcken *B*. 6. Daran sprichet *B*; svndet *a*; nieman .1 *B a*. 7. zerwalcken]
walcken *B*, wol walchen *a*.

433. 4. einem *a*. 6. wil *a*. 7. in einer] meiner *a*.

434. 3. dem *B*. 5. ein *fehlt a*. 6. Die im bechsen ruru *B* ;
hasen *a* ; rûre .1.

435. 1. ninr] mir .1 *B a*, nur *C*; chalme *a*. 4. in] ein .1; dem] der .1 *B a* ;
gazze *a*. 6. manigem wald *B*. 7. sêre *fehlt a*.

436. 1. seben *C*. 4. daz] da *a*. 5 geleret *a*; nû] an .1, im *B*. 7. iz
richt ot sich auf weil vnd czeit verziehen *a*.

437. 2. daz *a*. 4. vnder di(e) augen *B a*. 5. leiden *B*. 6. wæn] wer *a*.
7. meiden *B*.

438. 4. da im die vart ward *B*.

439. 4. allez *fehlt* .1. 5. ze verre] der verte .1; trostet *fehlt B*.
6. Swer mischet stro zu fewr .1; trostet vñ sich zû fewr mischet *B*. 7. fanken
fehlt B, funeken .1.

440. 4 stæte wönent bie] wonent stät pey *B*, benemt stete pey *a*. 7. in .1.

441. 4. aller *B*; gernder *B*. 6. guot dem *fehlt a* ; gûtem .1.
6. 7. erzaigen | vnd .1 *B*.

442. 3. es *B*. 6. swen .1 *B*.

444. 1. Swem .1 *a*, Wenn *B*. 5. gên] chen *a*.

445. 1. geschenden .1 *B a*. 3. im] nu *B*. 6. süchen *B*, sehen *a*.
7. hochmût *B*.

446. 2. ich es ze *B*. 3. in suone] Ich sten *a*; mit dem zorn *B*.
4 hin ich .1; var] vach *B a*; disen *fehlt B*. 5. haizz .1.

447. 7. trugleicz prochen *a*.

448. 1. gennet *a*. 4. grab .1, grob *B a*; renne *a*. 5. mich] nicht *a*;
prach *a*. 7. abschvnden *a*.

449. 1. her fuer nach *a*. 2. liez *a*; alten *a*. 5. mit] von *B*. 7. sin]
die *B*, di *a*.

450. 3. hoffen *a*. 4. gesellichleichen .1. 5. käm *B*; im ez selben in
die ram *a*. 7. trugenlichen *B*; nam *a*.

451. 2. den fûzzen .1. 4. muzzechleiche muezze *a* ; mûzzen .1 ; 5. suesz *B*.

452. 1. welhem .1. 2. ir .1; gezichen *B*. 5. eyklicher *B* 5. trieg
der .1. 7. mich *fehlt B*; gesoumet *a*.

453. 1. Gerecht zů *A B a*. 2. hat *a*. 4. hin für rechte mazze *A*.
6. hůt *A*, hewt *B*, huettet *a*: hůte *A B*, huette *a*.

454. 1. erdichten *a*.

455. 4. dem muete mir czu muete *a*. 6. all frewd *B*.

456. 7. mir *fehlt a*.

457. 1. taentenperge *A*, tentenperge *a*, tantemberg *B*, dieselbe schreib-
weise auch vers 5. 2. vz] ich *a*: danne] da imen *A*. 4. sich da von wol
mag *B*: cziehen *a*. 7. mag *a*: wol *fehlt B a*: zů einem *A B a*.

458. 1. Taentenperges *A*: Tentenperges *a*, tantenbergs *B*. 3. enge *a*.
4. wirt vil gelogen *A*.

459. 2. dā *fehlt A*. 5. taentenperch *A*, tentenperch *a*, tantenberg *B*:
senelich *B*. 6. da will *B*. 7. scharffer dorn wol *A*: behawen *a*

460. 1. Ob] Swenn *A*. 2. wenet *fehlt B*. 4. gät] gar *B*. 5. Etleicher *a*.

461. 2. aldar *B*. 4 ir *fehlt A*. 5. owe *fehlt A*: staete *A*: schein *A B*.

462. 3. wil ich *A*. 5. macht *A*: alein *fehlt A*. 7. von dir *fehlt B*: ir *a*.

463. 2. bin] gar *B a*. 4 Minne] mir *A*: nyeman *B*. 7. oder *A B a*.

464. 4. mēte *fehlt a*. 5. vertiligt *B*: lebentigen *A B a*. 6. Sag an
lieber *B*. 7. ze helfen] gehelffen *A*, ze hilff *B*.

465. 4. diu] dz *B*. 7. von dem we we *A B*.

466. 3. grůzzen *A B* 5. den arm *A a*, der armen *B*: trosten *a*. 6. gerechtes
fehlt B. 7. dise *B*. disev *a*: vernewn vnd nindert *A*: riwn *A*, newen *B a*.

467. 5. wanken] machen *A a*. 7. hohe wirde *A*, hoch klymmen *B*,
hohem chummen *a*: wider *B a*.

468. 2. gar *fehlt A*. 4. der] min *A*. 5. In *a die beiden verse 5 und 6
durch versehen umgestellt*. 6. traute *A*.

469. 7. ůf *fehlt a*: chrenchen *a*.

470. 3. melicoley *a*. 7. swaz *a*: und] oder *A*.

471. 1. dönen *A B a*. 4. so *A B a*. 7. gesellen *A*, geselt nu *B*, geselle
nu *a*; vast ze haben *B*; haben *fehlt a*.

472. 1. Ze swär *B*; smerczen *a*. 2. sein sol *B*: sin *fehlt a*; gernde *a*.
3. swerntz *A*, swerent *B*, sweren *a*. 4. fawchte *A*, seufte *a*: wegen *fehlt A*.
] wegent *a*. 5. nu *fehlt A*: mich mit ew nu *B*: ia neren] ernern *a*. 7. mir
dez stimgen *A*: stum kan wol wern *B*.

473. 1. fewer *a*. 2. vber swenchen *a*. 3. dar *B*. 4. gedenchen *a*.
5. blic für *fehlt A*; hitze] hintz *A*, hincz *B*, *fehlt a*. 6. prechen *B*.

474. 2. suht] senken *A*, sevch *a*. 4. nachtgepaure *A*. nachtgepawer *a*.
5. selben leckerey chan chrenken *A*. 6. sy kan *B*; kan *fehlt a*. 7. will recht *B*.

475. 1. groezer] lieber *C*. 6. in frawden *A B a*.

476. 2. hercze *D*. 4. nirgen *D*. 5. ie *fehlt A*: ye ze lait *B*; leit] lieb *D*.

477. 2. minen *D*. 5. Sich *D*: truwe *D*. 6. leg *A B D a*. 7. noch dar
in *A und B zu vers 6 gerechnet*; wan] waid *a*.

478. 2. der *B*. 3. helden *B D*. 5. ie] hie *B*; dā *fehlt A*; sagen *B*.
6. awe *B*, o we *D*. 7. mich irret lait daz můz ich sere cblagen *A*.

479. 1. Ey liebe frawe raine *C*; süzzev fraw rainev *B*. 3. nu *fehlt A B*.
4. leit *fehlt a*. 6. welt ir sein nicht geraten *A*: reden *D*. 7. grussen *B*,
gruezzen *a*.

480. 3. jag *B*. 4. ich *fehlt a*; farwe *D*. 5. stele *D*; sam] als *B D*.
7. her] herr *B*, herre *a*, nu *D*; gar] so *D*.

481. 3. solich *B*. 4. rehter] solicher *B*. 5. Ja ein *a*. 7. ain tail da
von *B*, ein deil do von *D*.

482. 1. dar *B*. 3. baz er] pesser *B*, bezzer *D*, pezzer *a*: er waer
paz *A*. 7. *das letzte wort fehlt in D*.

483. 1. Der czegleich denchen *a*. 2. mich dar zu dick *B*: dicke daz
dar *a*. 3. weneke *A*. 4. vil *A*. 5. in] mit *B*. 7. wegen *B a*.

484. 1. *die ersten 5 verszeilen dieser strophe fehlen in D*. 6. swie *fehlt*
D: kan *fehlt A*: danne can *D*: erwinde *A*. 7. den *fehlt D*: truwen *D*.

485. 1. wol *fehlt C*. 2. wolde *a*: wider : : : ge *D*. 3. Sein iagen ist
ze strenge *A*. 5. suomen *D*. 6. ouch *fehlt B a*. 7. ie do man *a*: ilicher *D*.

486. 1. versuorren *D*. 3. sin nn : : : snelles *D*: phnurren *A*. 4. fuoge *D*.
6. wol im mit *D*. 7. kan hengen *D*.

487. 1. Magstu *B*. Waist du *C*: Ja : : : : sag *D*: die *C*. 2. geselligelich *B*.
3. ane sere *D*. 4. auz der riwe *B*: ruowe *D*. 5. ist *B D*: geruwe *D*: phort *a*.
mein hund *B*. 6. nim *fehlt A*,] meyn *D*, min *a*: ich nu hie wil *A*: wil
fehlt D a. 7. min iagen *in D zu vers 6 gehörig*: saeh ich halt daz wunde *A*:
wende *a*.

488. 2. dir *fehlt A a*. 3. gescheide] noch schaide *B a*, scheyde *D*,
schaide *a*. 4. dir geselleschaft *B*. 5. Var schon ez hat so *A*: war kom : : : :
verre suor gewunnen *D*: es hat es verr gewunnen *B*. 7. miner : : : gar nach
nuo zuo runnen *D*.

489. 2. liez *D*. 3. der *A D*. 4. vloh ez *fehlt D*: von *fehlt a*: firte
nahen balde *D*. 5. ich waz : : : : uf der firte nahen *D*: bi] auff *B*. 6. ich
fehlt a: wo : : *D*. 7. an vahen *A*.

490. 2. reynes wilt *D*: gehuore *D*. 4. ouch *fehlt a*: anders *fehlt A*:
duore *D*. 5. nert *B*. 6. en : : : *D*. 7. ir wär lang tod *B*: herte *D*.

491. 1. gern *A B C D*, gerne *a*. 2. siechen *B*. 3. : : schelklichez *D*:
lern *A B*, lerne *D a*. 4. Die schalck pund der es kund wol gepinden *B*, daz
schalkes bunde kunden *D*: erpinde *a*. 5. und] waz (?) *D*: widerloike] wider
lauil *A*, widerlaich *B*, wider loyck *D*, widerlovk *a*. 6. auch wol chunnen *D a*.
7. der] er *a*: seiben *fehlt A*.

492. 2. ziechen *B*. 3. ir] sin *D*. 4. in *fehlt A D*. 5. weidelich *D*:
sazze *A*, sasz *B*, sasze *D*, seeze *a*. 8. widerbruoche *D*. 7. ergangen ist mit *D*,
er gieng do mit *a*.

493. 2. ez *fehlt A*. 3. So ez daß erpeitet *A*: dan sein *B*. 4. sin
fehlt a. 5. mir *a*. 6. güte *A*, guten *B*, gueten *a*: manige *A*. 7. an] in *A*.

494. 1. staetez] sendes *C*: prechen *A B*. 2. ist] ich *a*: dez *A*. 3 Ach
daz wil *A*. 4. und ach *fehlt A*: munt *a*. 5. mit ache *B*: sich *a*: vachet *B*,
wachet *a*. 7. teglich *fehlt a*.

495. 2. mein vergezzen *A*. 5. sol] so *a*.

496. *In a ist der erste vers mit der 2.—7. verszeile der str. 500 zu*
einer einzigen verbunden. 5. so daz] weil *B*: hertze dz recht *B*.

497. 2. seibn *B*: meine *A B a*: hertzen *A a*. 3. Ich sach vmb plicken *B*.
4. alles *A a*: schertzen *A a*. 5. brinnent in der verte] in prennen verte *A a*,
prennen verte *B*. 6. von] fürt *A a*: litze *A a*, pliczen *B*. 7. massigklichen *B*:
wert *B*.

498. 6. ouch] doch *B*.

500. 4. nymer *B*, nimmer *a*. 6. also *fehlt B*.

501. 5. verhalte *a*. 6. sich] ez *B a*.

502. 1. Trost *C*. 2. so ist *B*. 4. han *a*. 7. ėt *fehlt B*: harra *B*.

503. 1. mich *a*. 3. den *a*. 5. vertamen *B*. 7. samen *B*.

504. 2. aller *A B a*. 4. frönde] sorge *A a*. 5. nicht möcht *B*.

505. 1. sich *fehlt B*. 2. sich staet *B*. 3. vnwirret *A a*. 4. leib *A B*.
5. laide *a*. 7. etswenn *A*, etwen *B*, etteswenne *a*.

506. 1. gewinnet *B a*. 3. versinnet *a*. 5. ze bliben] beleiben *A*.
6. der *B a*. 7. nymer *B*.

507. 2. in der *a*. 4. den *fehlt a*. 5. ain *A a*. 7. er *a*: bechennet *a*.

508. 1. An walden vnd auf prande *C*; walden *a*. 2. Inn der trat *B*,
nider trat *a*. 3. mande *a*. 4. rat *a*.

509. 3. dz si das *B*; zeweiset *A*. 4. es geleich *B*; ez *fehlt A*. 7. die
sich da durch *B*.

510. 5. erwalken *B*. 7. vor] von *B*.

511. 7. ward mir laide her als *B a*.

512. 4. vnd sich mein vart verret *B*. 5. trewe *a*, 7. vart widerstunde
newe *a*.

513. 1. der *fehlt B*. 4. dar zû auz *B*. 6. kemich *B*, chunich *a*.

514. 1. nindert *A C a*. 4. oder] vnd *B*. 6. besweiget *a*. 7. ab ge-
saczet *B a*.

515. 1. Ach got wie *C*. 2. herez sendes *B*. 5. der für mich swür *A*;
ich *fehlt A a*. 6. ouch *fehlt B a*; mich *fehlt B*. 7. des] daz *a*; ich mich kan
nimmer genieten *B*.

516. 2. Dienstleich *A a*. 3. niur *fehlt B*,] ot *a*. 4. swigon *fehlt A*.
5. all straff *B*, alle straffe *a*. 6. wes *B*. 7. trawmen *B*, troumen *a*;
slaffe *a*.

517. 2. pringent *B*; ie so] also *A*: nachent *B*. 3. Man praecht nicht
einen halme *A*. 4. niht, sö] vns so *A*, nichtz *B*, nicht *a*: vmfachen *B*.
5. Awe daz *A*; strick *B*. 6. thund aber *B*. 7. meinem *B a*.

518. 1. Seufftz *B*. 4. kan also bekrencken *B*. 7. wol *fehlt B a*.

519. 2. rueff *B*; min] ein *A B a*. 3. sendlicher *B*, senicleichen *a*.
4. mich *fehlt B*. 5. ich was der trawten treulich kumen nachen *B*. 6. nu
ist sy mir verswunden *B*: gerechter *A*. 7. des musz ich sterben oder ir huld
ergachen *B*.

520. 5. *fehlt in a*. 7. hiute *fehlt A*.

521. 2. ze *fehlt a*. 4. herz] lieb *a*. 7. an *fehlt A*.

522. 1. chnechten *a*. 2. iu *fehlt A*. 3. rechtë *A a*. 7. Owe der *A*;
chlagn wern *a*.

523. 6. Ja vnnerweisen alten *A*: verwesen *a*.

524. 4. pruch *a*. 5. besinne *A*.

525. 4. martrer *A B a*; haimeleichen *a*. 7. schalchlichë *A B*, schalchich *a*;
falschen *fehlt B*.

526. 5. dar zû *B*, dar czu *a*.

527. 4. nu] wol *B*. 5. und *fehlt B*.

528. 1. herez begert *B a*. 2. giewiz *a*. 4. wil] kan *B*: kaines andern *B*.
6. ez *fehlt B*; ėt *fehlt A*; chimmen *a*.

529. 3. im *B*. 6. Schoppen waiden geselle *B*: chopp haid waid ge-
selle *a*; ich fürhte *in B a zu vers 7 gerechnet*. 7. taile *A a*.

530. 1. pet *a : niur*] mir *B a*. 4. getrawren *B*. 5. ez *fehlt .1 B a*, öt] auch *.1 : einem*] dem *.1 :* pogen stalle *B ;* nundt *B*, nindert *a*. 7. chober *a ;* gen ir *fehlt .1 :* mundt *B*.

531. 1. den *B*. 3. nu daz *a*. 6. näch *fehlt a*.

532. 1. seufftzen *B*, suften *a*. 3. Vnlag *a ;* swummet *a*. 4. ich furcht sein vor sorgen vber rustet ze fruste *B :* hiuket *a*. 5. ze frist *fehlt B ;* ez *fehlt B*. 7. ze einer *B a :* schlite rayse *B*.

533. 3. ist vil *a :* chanßen *a*. 4. gerechte *a :* hie *fehlt B*. 5. einem nadel mantel *B*.

534. 1. wild lauffe *B*. 3. vnser müsz rewen *B*. 6. Ach dem *.1 ;* ach ache deiner clagender laide *B*. 7. tage *B ;* gar *fehlt .1 B a*.

535. 2. geniezzen *a*. 3. holen] lehn *B*. 4. hiet *fehlt B ;* stat hat vergessen *B*. 7. gerechtigklichen *B*.

536. 1. straz ich manich *a*.

537. 5. not *a*.

539. 5. gerubter hofart *a*.

541. 4. der] di *a*.

542. 3. an] vnd *a*.

543. 1. pir saur *.1*, puser *a*. 4. ich] sich *a*. 5. iune *a*.

544. 1. prach *.1 a*. 4. verschozzen *a*. 6. er letz an *a*.

545. 2. eriagent *.1*. 4. Die wolfe mer dez muez ich verzagen *a*.

546. 5. treiben *a*. 7. an ez *fehlt a*.

547. 4. seid daz ich von *a*.

548. 5. So tüt auch mich der twinge gar verzagen *.1*. 6. dem *fehlt a*. 7. unz] biz *.1*.

549. 2. richten *a*. 4. min *fehlt a*.

551. 2. er] und *.1 a*. 5. do ezu *a*. 7. pringet *.1*.

552. 1. Ja ia noch im lieber harre *a :* harren *.1*. 3. narren *.1*. 4. Harren *a ;* schinen *fehlt .1 a :* min] veinde *a*. 5. samez *a ;* vernichtē *.1 a*. 7. richtē *.1 a*.

554. 4. hoffen *fehlt a ;* vnd gedingē *.1 a*.

555. 4. volle *fehlt .1*, vol *a*.

556. 1. sind *a*. 3. vnd mein genesen *.1 a*. 4. daz solt dü] so scholtn *a*.

558. 3. senden *.1*. 4. nū *fehlt .1*. 5. hör nu kaines *.1*.

559. 4. mein munt in aber iu an schreyet *.1*.

562. 4. gedenk *B*.

b. 5. Alles *.1 h e*.

d. 2. frewdü *h*. 4. prinnet *h*. 6. kein *fehlt h*. 7. auf dem lande *h*.

e. 4. sorg *.1 h e*. 7. ze einem *.1 h e*.

f. 6. wirt *h*. 7. immer gar ane *h*.

g. 4. mich *e*. 5. erfrüwen *e*.

h. 4. stetentlich *e*.

k. 5. sende *e*.

n. 2. aber *fehlt B h*.

o. 6. ich] hertz *h*.

p. 2. warten *a*. 3. Gedanch *a*. 7. chlaffen orten *a*.

r. 7. minner *a*.

Anmerkungen.

1. ersiuftic *adj.* = siuftic „mit seufzern verbunden". **gerehticlich** *adj. gerecht, gebührlich:* *vgl.* an gerehticlichem orden bist dû ein widerparte gén der minne *419; fehlt in Lexers Mhd. HWb.* **begeren** *stn. begehren, verlangen, wunsch; fehlt bei Lexer.* **sich entweren** „sich der gewährung berauben" *s. Lexer I. 598.* **hie**: *da ich keine* unbetlich bet *stellen will.* *Zu* **froelich ze** *vgl.* vrô ze *Parz. 47, 4, 94, 28. In* **daz von dem ende froelich werd ze göuden** *offenbar ellipse des pers. pron.* ich, *ebenso in 187, 2:* nu sprich (ich) dar zuo daz beste; *189, 3:* dar umbe (ich) ez niht enbære; *197. 7:* ôwê des wil (ich) nimmer zougen; *295, 5:* kom ez alsô her, kom (ich) ouch hinne. *hiemit fällt wol Strobls bemerkung in der anzeige von Lambels Steinbuch (Zeitschrift f. österr. gym. 29, 60). ellipsen leichterer art sind:* daz mir der munt stât offen und (ich) stên *91, 4:* daz fristet mich und tröume (ich) in dem slâfen *516, 7.*

2. anevâhen *stn. anfang; fehlt bei Lexer.* **meiste** *ist adv.*

3. ân allez wenken *ohne jedes wanken, fest, treu: derselbe ausdruck 246, 2.* **bruch** *stm. hier bruchtheil; fehlt bei Lexer I, 362:* sunder brüche galle *ohne bruchtheile von falschheit, treulosigkeit, ohne jedwede falschheit, treulosigkeit; vgl. 116, 3.* **hie und dort** *formelhaft; vgl. 190, 192, 236, 237, 239, 257, 260, 361.*

4. **mâze** *hier wie 46* (in solher mâze) *in der allg. bedeutung „art und weise".* **misselâzen** *stv. „durch einen fehler vorbeilassen"* Oberl. *1052: vgl. 42.*

5. *V. 1 hat bei Schmeller 6 statt 4 hebungen.* **sin** *für* sinen *wie* din *für* dinen *39, 172;* ein *für* einem *119;* eigen *für* eigenen *172;* sin *für* sinem *493.* **genüegen** *swv. trans. zufriedenstellen, befriedigen; dazu das acc. obj.* stæte (die stüten, die treuen): *somit hier ein sicheres beispiel zur trans. bedeutung des wortes im mhd.; s. Lexer I, 864.* **mit brüchen**: *dadurch dass man sie (die fröude) bricht, stört; vgl.* ob ez den spruch mit brüchen widerbrichet *521.* bruch *522, 523;* Dô ir diz mære wart geseit, ir herze wart von jâmer breit Und irre vröuden bruch gemêrt. *Gesammt-Abent. 3, 368, 437.*

verbüegen *swv. „buglahm machen", schädigen, vernichten.* Der sinn der letzten verse ist folgender: wenn jeder der not seinesgleichen abhelfen könnte und die treuen den anforderungen der treuen genügen würden, dann könnte man den untreuen ihre freude (an der untrene) unverkümmert lassen.

6. **gane** *stm. weidm. pfad oder steig des wildes, fährte, hin und her-
ziehen des wildes: vgl.* swaz midet liehte genge *11,* swie sin (diu vart) ver-
worren si in mangen gengen *74,* sich berihten in disen gengen *157: s. Heppe
Wohlredender jäger 1779, s. 171: Hartig Lexicon für jäger und jagdlirende
1861, s. 212: Kehrein Wörterbuch der waidmannssprache 1871, s. 126: Grimm
DWb. IV, 1, 1225.*

7. **Herze** *cauif. es ist der leithund des minnejägers,* nom. *21, 26, 38,
55, 57, 60, 62 ...: dat.* Herzen *8, 21, 110, 126, 132, 155, ...: acc.* Herze
7, 42, 79, 90, 91 ... das geschlecht des wortes Herz *ist neutr.: vgl.* dô ich ez
wolte vâhen *8,* lâ din gâhez Herze dâ beliben *42,* phnurren ich ez mit dem
seile kunde *55 ... es steht diese geschlechtsbezeichnung im gegensatz zu der
der übrigen allegorischen hundenamen, die wenige fälle abgerechnet durchwegs
eine masculine ist: ob man den* (Geldcken) rehte hatze *12,* ich dinge an in
(Genäden) *16,* ich wil den alten Harren ziehen *18 ... über die hundenamen
vgl. Wackernagel Germ. 1. 143 ff.* **si:** *das wild. collectivbegriffe mit
folgendem pron. im plural s. Grimm Gr. IV, 196 f. vgl. u. a.* gras, din sich
richtten *27:* swer disen bruch ersehe, daz mich die hengen liezen *69:* vider,
so ich die heb ze fliegen *378.* **bern** *swr. treten, betreten:* die strâze: *vgl.*
wie ez die erden berte *77,* diu (vart) was alsô durchberte mit mangen lönfen *104.*

scherz *oder* **scherze** *st. subst. platz, wo das wild scherzt, mutwillig herum-
springt, tummelplatz. das wort in dieser bedeutung nicht weiter belegbar; fehlt bei
Lexer, vgl. aber* weiden *und* weide*;* scherzen *swr. heisst weidm. das spielen des
jungen dam-, roth- und rehwildes Heppe 316.* **mit spur** *der spur nach: vgl. 60,
88, 256, 340.* **weidenlichen, -e** *adv. jägermässig, jagdgerecht:* weidenlich
für setzen *288,* weidenlichen helfen *392,* weidenlich versinnen *506: vgl. Nib. 898,
1:* Dô reit der riter edele vil weidenliche *(' weidenlichen)* dan.

8. **geselle** *gewöhnliche anrede und bezeichnung des jagdhundes. ,Wenn
man der jäger also jägerlich auffgeweckt hat, und hinauff ziehen will, so soll
er sich jägerlich hören lassen, vnd mit seinem leythund also reden: gesell,
gesell ...' Noe Meurer Jag- und forstrecht 1576, bl. 72 (Gräfse Jägerbrevier
1. 28).* **halse** *swf. der breite riemen, der dem leithund, wenn man ihn
führen will, um den hals gelegt wird, halsband'.* **vergähen** *stn. das über-
eilen: vgl.* Versumen und vergahen, diu zwei schadent an dem guote und an
den eren *MSH. 3, 108 a.* **strange** *swf. brockenseil. pleon. des seiles* strange
62: vgl. ein ende diser strangen *565.*

9. *Eine apostrophe des hundes, womit der leithund, das Herze, gehalten
wird. Zu c. 1 und 2 vgl.* din minne ist slôz unde bant mins herzen unt des fröude
Parc. 76, 26 f. Beim **riemen: niemen** *hier und 513: ebenso Wig. 5334,
7619; Dietr. Fl. 8696; Suchenw. 28, 37; Minne Falkner 111: s. Weinhold Bair.
s. 13.* **ir:** *Hadamar weist, obzwar niemand darüber in zweifel sein kann,
dafs die jagd nach dem edlen wilde nur die allegorische einkleidung, nur das
bild für die liebeswerbung um die dame seines herzens sei, wiederholt ausdrücklich
auf seine geliebte hin, so hier, so 78, 81, 84, 122, 137, 138, 146, 150, 154, 174 ...*
funden: *ausfall des präfixes ge- im part. prät. bei Had. in* funden *hier
und 181:* troffen *91;* worden *102, 158, 183;* bräht *285. vgl. Grimm Gr. 11, 817;
Haupt zu Engelh. 1257.*

10. **Fröude** *cauif.* nom. *10, 50, 51, 105, 117 ...: dat.* Frönden *201,
303, 391; acc.* Fröuden *102, 140, 178, 200 ... und* Fröude *115, 370.*

ein hund Frönde auch in der Jagd der minne Lassbergs Ls. 2, 289 ff j v. 108 . . . **Wille** *canif. nom. 10, 63, 113, 129 . . . und* Willen *323; dat.* Willen *289, 346, 348; acc.* Willen *33, 104, 540. vgl. Spiegel (Meister Altswert; 21. Publ. des lit. vereins zu Stuttgart 1850, 126, 22:* Min hunt Will loufet für, Mit willen er der vert begert *; Hugo von Montfort, Weinhold Mittheilungen des hist. vereines für Steiermark 7. heft, 170, 29:* Ich jag mit Willen aber lant *und Jagd v. 66, 95, 122 . . . s. Grimm Mythol[4] 3, 6.* **Wunne** *canif. nom. 10, 50, 51, 116, 265 . .; dat.* Wunne *502; acc.* Wunne *106, 115, 140, 202 . . . und* Wunnen *265, 547. auch bei Hugo heifst ein hund* Wunne *170, 32:* Wunn des wirt och nicht gespart. **Tröst** *canif. nom 10, 50, 336, 405, 468, 564; dat.* Trösten *502; acc.* Tröst *106, 466, 559, 561. ebenso begegnet ein hund* Tröst *in der Königsberger Jagdallegorie (hs. 898 der königl. und univ. bibl. fol. 102 a — 103 b; s. einl. r. 43, 99, 169, 275; im Spiegel 127, 4. 127, 16; ferner in dem nd. gedichte des cod. Vind. 2940*, fol. 15 b:* De anderen tzwen sint troest vnd wân; *endlich in der Jagd v. 69, 96, 130 . . .* **Stæte** *canif. nom. 10, 122, 129, 156, 164 . . . dat.* Stæte *12, 353, 467 und* Stæten *150; acc.* Stæten *50, 106, 117, 118 . . . und* Stæte *33, 155. vgl. K. Jagd v. 46, 52, 99, 107, 253, 261, 276; Spiegel 126, 17: Jagd v. 98, 281 . . .* **Triuwe** *canif. nom. 10, 51, 52, 102, 103, 122, 129 . .; gen.* Triuwen *388; dat.* Triuwen *12, 50, 51, 107, 108, 126 . . . und* Triuwe *296; acc.* Triuwen *33, 104, 155, 302, 335, 344 . . . vgl. K. Jagd v. 46, 99, 107, 275: Seyfrid Helbling 4, 426, 431 (s. einl.); Spiegel 126, 18; Hugo 170, 32 und Jagd v. 99, 343 . . .* **ruore** *stf. weidm. verfolgung des wildes; vgl.* in die ruore ziehen *18 und* in ruor schicken *20. über die verschiedenen bedeutungen des wortes s. Lachmann kl. schriften 1, 111; Zarncke Beiträge zur erklärung und zur geschichte des Nibelungenliedes 1857, IV; Müllenhoff Zeitschrift f. d. a. 11, 262 ff: Zarncke Germ. 4, 421 ff; Mhd. Wb. II, 1, 816; Zingerle Germ. 8, 56 ff und Lexer Wb. II, 549 f u. o.*

11. warte *stf. weidm. „die punkte, wo das wild sich aufhält, seinen wechsel hat, die von den jägern besetzt werden, um es zu schiefsen oder dahin zu treiben, wo es zum schusse kommt'; vgl. 12, 13, 19, 20, 39, 40, 114, 273, 290, 315, 319, 405, 434, 540. zu* ein warte besetzen *vgl. Wolkenst. 43, 26; V. Trist. 1039:* sehet daz ich vinde versetzet wol die warte; *Trist. 3127:* Die jägere die suln die warte sâzen. **widerparte** *stf. gegenpartei, gegner; vgl.* bist dû ein widerparte gên der minne *419; s. anm. 149.* **welf** *stm. junger hund; vgl. 199, 305, 346, 511.* **ez** *: das wild. fast immer erscheint bei Had. dieses unbestimmte* ez *statt des bestimmten* daz wilt, der hirz; *vgl. 12, 13, 19, 20, 57, 64, 66, 71 . .; im 73, 85, 94 . .; sîn 77, 78, 85 . . .* **die warte nemen** *weidm. „wechseln', den lauf nehmen, hinziehen; vgl.* næm ez die warte hin gên jener nöne *13,* swaz fremder warte vil wil an sich nemen *39,* nimt er Gelückes warte *114,* die warte nam ez beide *501,* dô nam ez ein warte *540.* **geruot** *adj. ausgeruht, frisch; g.* hunde *hier und 47,* winde *163;* geruotez wilt *322,* phert *487;* geruoter hofewart *539.*

12. Gelücke *canif. nom. 186, 391, 442; gen.* Gelückes *114 und* Gelücken *40, 290, 319; dat.* Gelücken *168, 554; acc.* Gelücken *12, 13, 334, 442 und* Gelücke *299.* **fürsetzen** *swv. auf die spur des wildes schicken; vgl. 288:* Swer Wägen kan weidenlich für setzen, *561:* Ich hete Liebe und Leide ein teil hin für gesetzet. **Schalkeswalt** *stm. hier wie 311, 313, 428 und 443 fingierter name: vgl.* Rummelslite *434,* Affental *444,* Tantenberc *457, 458, 459. s. Grimm Mythol.[2] s. 645; Vridank 82, 9; Mhd. Wb. I, 165.* **hatzte.** *Schmeller bevorzugte hier die handschrift* e *gegen alle übrigen und setzte* recht erhatzte; *darnach wurde das wort* erhetzen *von Lexer in sein HWb. I, 656 aufgenommen: es ist aufser der zweifelhaften stelle bei Diemer 65, 23 nirgends sonst belegt.* **leckerie** *stf. schelmerei; vgl. anm. 427.* **ouch** *dennoch, dagegen; s. Lexer II, 182.* **harte ligen** *schwer fallen: vgl.* solt ez mir und im immer ligen harte *19,* lit ez under stunden harte *114,* ez lit drivaltic harte *149.*

13. Lust *canif. nom. 146, 186, 319, 323, 358..; dat.* Lust *168; acc.* Lust *15, 265, 358, 370 und* Lusten *309, vgl. cod. Vind. 2980, fol. 15 a.* Tzwen (hünde) heyssen leyfft vnde lust De jagen nac des wildes brust. **der hunt ist wol ein herre** *der hund ist gar tüchtig: ähnl. 136:* An langen tagen Staete ist jagens gar ein herre. *l.* jener. *ich merke hier einige an und für sich unbedeutende abweichungen von der sonst herschenden orthographie des textes an, die mir erst bei durchsicht des reindrucks aufgefallen sind: 29, 5 l. dar umbe; 35, 2 l.* gerehticliche; *79, 7 l.* wardn; *116, 5, 7 l.* gelimpfen: schimpfen; *130, 5 l.* brand; *131, 2 l.* alein; *148, 1 l.* herze; *155, 6 l.* jage; *159, 4 l.* jä; *175, 4 l.* lop; *179, 5 l.* wolte; *182, 3 l.* jä; *205, 1. 207, 1 l.* Sin; *205, 5 l.* sin; *207, 2 l.* gelimpfen; *214, 4 l.* lose; *216, 1 l.* jagt; *250, 5 l.* din; *293, 2 l.* abnemnder; *398, 7 l.* solte *359, 4 l.* uu. *aufserdem fehlt hier und da ein comma oder ist ein solches an unrichtiger stelle gesetzt.* **nöne** *stf. neunzahl. der ausdruck in dieser bedeutung zwar nirgends belegt, doch wird bei Mone Zeitschrift für die geschichte des Oberrheins 7, 64 eine ‚ninne‘ als hazardspiel erwähnt (Lexer II, 90; vgl.* drie dreizahl. *obige neunzahl wird gebildet von den hunden* Herz, Fröude, Wille, Wunne, Tröst, Staete, Triuwe, Gelücke *und* Lust. *der sinn des satzes ist also dieser: nähme das wild gegen diese neunzahl von hunden seinen lauf, so wäre mir dies lieber als aller könige krone.* **künge** *vgl.* küne *184, 187;* voglin *22, 23;* lebndec *123;* hungere *17;* mügn *194;* abnemnder *293;* geschnden *420, 415;* lebnden *511;* lebndez *531;* klagnden *531.*

14. Die hunde: Liebe *und* Lust. **Liebe** *canif. nom. 14. gen.* Liebe *503. dat.* Liebe *11 und* Lieben *15; acc.* Lieben *15, 501 und* Liebe *106, 262, 265, 390, 501. vgl. Suchenw. 85, 21; Spiegel 126, 13; Jagd c. 67, 95, 122...* **Leit** *canif. nom. 11, 201, 501 und* Leide *390; dat.* Leiden *11 und* Leide *200, 511; acc.* Leide *15, 390, 501 und* Leiden *15, 501.*

15. hetzä *über die partikel* ä *s. Grimm Gr. III, 290; Zingerle Germ. 7, 257 ff. bei Had. folgende beispiele:* hetzä *15, 101, 171;* lazzä *57;* schönä *60, 62, 98;* kerä *98;* losä *115, 370;* hoerä *115, 116, 511, 370;* jagä *336, 552;* schriä *106;* váhä *111;* verhaltä *501, also durchwegs nur bei imperativen.* **sö** *dagegen; in derselben bedeutung auch: 52, 70, 108, 110, 122, 161...*

16. Genäde *canif. 169, 170; dat.* Genäden *115, 169; acc.* Genäden *16, 168, 170, 171.* **sö dinge ich ez an in** *so rechne ich auf ihn: vgl.* Ich dinge ez an Genäden *170.* **stande** *nebenform des gewöhnlicheren* staper, stant *s. Weinh. Bair. 271.* **jägerkneht** *st. a. jagdgeselle, jäger: vgl.* vil jägerkuehte rieten jü jä *515.* in miner herren lande die meister dich niht jägerkneht sin liezen *118.*

17. *V. 7 ihe sollt meine faust in euerem gesihte verspüren; eben o kräftige drohungen in 320:* daz er dar umb hienge! *339:* ich jach, ich wolde in blenden *und* vil dicke dröte ich im aldä ze henken.

18. Harre *cauif. nom. 18, 19, 63, 129, 140, 164, 229, 230 . . : gen.* Harren *199: dat.* Harren *209, 231, 286, 551, 565; acc.* Harren *18, 50, 166, 262, 268 . . . vgl. K. Jagd v. 16, 99, 108, 275; Spiegel 126, 25; Hugo 170, 38; Jagd v. 98, 285 . . .* **bruch** *stm. schade, vnfall, misgeschick; auch 192:* vil brüch gen widerbrüchen ergiengen dä mit meisterlichen sachen *und 302:* wirt al den handen bruch. *vgl. Jägerkunst vnd wäydgeschrey Nürnberg 1616, 13 a:* so hat der hund, wann jhm ein broch geschicht . . . *Fürst-adliche neu-ersonnene Jagd-Lust 1, 125:* Item, wann den hinden ein bruch geschiehet, so, dafs der hirsch einen widerlauff that . . . *fehlt bei Grimm im DWb. II, 407 ff.* **überlistie** *adj. überaus listig.* **bil** *stm. „der augenblik, wo das gejagte wild steht und sich gegen die hunde zur wehre setzt, umstellung durch die bellenden hunde".* *vgl.* dö was der bil mit jämer mir zerbrochen *121;* der bil ist ewiclichen ungebrochen *265;* Ich sach den bil ez brechen *316;* dä von ez muoz den bil durch nöt zerbrechen *354;* ich zoch in verre von dem bile danne *315;* lät Enden hin zuo jenem bile gähen *348;* Daz wilt sich von dem bile machet *361:* an disem bile schouwen *363 und* an einem bile richen *361. s. Grimm Gr. I, 389 note; II, 45, 71, 1021; Altd. wälder 3, 105.* **seine** *adj. läfsig, träge;* seinez jagen *18, 552;* seiner Muot *126;* seiner hunt *157, 421, 557;* seiner hofwart *163;* seinez hurren *486;* waz ist daz seine? *445.*

19. keine = deheine; *vgl.* lüte und keines (deheines) dönes *112,* wil daz nu kein (dehein) geselle *401.* **ein sterben** *vgl. 364, 461, 561; Parz. 128, 22; 740, 18; 750, 25.*

20. *Zu v. 3. 4. vgl. Jagd-Lust 1, 41:* Die jungen wölffe solle er zu der ältisten hündin kuppeln, damit sie desto eher bändig werden; *1, 49:* man kupple alle junge hunde zusammen, und vier oder fünff der ältesten darbey, welche die jungen anführen. **abrihten** *swv. eine richtung geben, acc. obj.* die jungen. *s. Schmeller² II, 36; fehlt bei Lexer I, 4 und nichts. 6. — vgl. anm. 110. Zu* lä sin **gelücke walten** *vgl.* gelücke walte min *32,* gelücke muoz sin walten *240,* des hundes mac gelücke walten *288 und* des müez gelücke walten *327.*

21. überfliehen *str. weidm. „überfliehen sagt man, wenn hochwild über tücher, netze, zäune oder gräben springt" Hartig s. 152; fehlt bei Lexer.* **senden** *für* senenden *hier und 369, ebenso* sendem *für* senendem *90, 100;* dontem *für* donentem *73.*

22. durchgimmen *swv. mit edelsteinen erfüllen, verzieren; hier bildlich.*

23. entrüsten *swv. bildlich: aus der fassung bringen; vgl. Lasb. Ls. 3, 309, 152:* ir muot wart entrust. **saffen** *swv. hier: mit thränen erfüllen: vgl.* den frawen ir augen safften recht als der mai der wortzel tut *Cgm. 713, fol. 83 und Lasb. Ls. 1, 389, 11.* **nieman** *ist dative.*

24. fruot *stf. verständigkeit, instinkt! das durch die überlieferung aller hss. gestützte* frucht *bei Schmeller scheint alter fehler zu sein. denn was sol't hier* sin angebornin frucht *bedeuten? Schmeller antworte in seinem vocabular zu dieser stelle „indoles?"* **bracke** *swv. weidm. spürhund? hier und 541.*

12*

‚Die blut-hunde oder bracken die führet man am wind-stricke, alsdann suchen sie wohl und beharren den schweifs, wann das wild gewundet ist *Jagd-Lust 1, 6 f.*

25. ûf den gedingen *auf diese hoffnung hin (dafs mein* Herz *instinktiv die rechte fährte findet).* **gesuoch** *stm. weidm. das aufspüren des wildes; vgl. 30:* Einen forstmeister klnogen vant ich an dem gesuoche; *Lassb. Ls. 2, 293, 13:* Mir was vff den gesuch gach; *Minne Falkner 142:* vind ich dich noch an dem gesûche? **widerbringen** *stn. ersatz, vergütung; vgl.* Man mac ez ouch versmurren än allez widerbringen *486; fehlt bei Lexer.* **mit gedanken** *ein von* Had. *häufig gebrauchter ausdruck: die bedeutung verschieden. hier und* 143 *‚nach meinem dafürhalten, wie ich glaube, wie ich es mir denke'. vgl.* Gregor; *1406 sô kan ichz mit gedanken baz so wie ich es mir denke, verstehe ich es besser. s. anm. 92.* **rēren** *swv. fallen lassen, verlieren. zahlreiche belege bei Lexer II, 408. Der sinn dieser 4 verse (1—4) ist wol nur der: ich will mir die fröude dort zu verschaffen suchen, wo ich sie verloren: bei der geliebten.* **verbrechen** *stv. weidm. ‚Verbrechen heifst so viel, da man das abgebrochene ästlein oder den bruch nimmt, und mit der spitze, wo es abgebrochen worden, in die ferte legt' Döbels Neueröffnete jägerpraktik. Wien 1785 ff. 1. 289: vgl.* damit der jäger soll von stund an darauf, dieweilen sein hund noch hitzig ist, dem hirsch fürgreifen und bestättigen, und hoch- und niederjägerischem gebrauch nach, verbrechen, sowolen auf den grossen breiten offenen wegen ..... als in dickem gehölz ... *Jagd-Lust 1, 183. der ausdruck verbrechen begegnet in alten wie neuen jagdbüchern oft. ich verweise hier nur auf die Jägerkunst 18 b, 19 a, auf die schon genannten jagdwörterbücher und auf Grimms Altd. wälder 3, 132.* etlich (vart) was verbrochen *heifst demnach: einige fährten waren ‚von anderen jägern bereits' mit ‚brüchen' markirt worden; vgl. 69:* mit einem rise balde ich si (die vart) verbrach. *Schmeller² 1, 339 und Lexer III, 81 übersetzen beide male* verbrechen *irrthümlich mit ‚zerbrechen, zu nichte machen u. ä.'*

26. vervâhen *stv. weidm. ‚die witterung in die nase fassen, spüren'.* häst dû ez iht vervangen *80;* Mîn Herz vervie ir wirde *81:* daz soltest dû nu lange hân vervangen *89;* wâ sol Trinwe vnd State niht vervâhen *h.* **von veld ze wald** *stehende formel, s. 68:* Hie her von jenem velde gât disin vart ze walde; *69:* Dô ich die vart ze walde von dem velde brâhte; *vgl.* von der weide gên holz *200;* von dem weg zuo walde *555. in den jägersprüchen bei Grimm, Köhler, Wagner u. a. meist* vom feld gen holz. **die vart bûwen** *die fährte verfolgen, auf der fährte dahinziehen; vgl.* ez mag die fart ûf uns her wider bouwen *Schmeller 221: s. anm. 103.*

28. weidenlich *adj. jagdgemäfs, jagdgerecht: vgl. 32, 45, 331, 351, 492; Minne Falkner 80.* **wiltban** *stm. ‚wildpark, jagdbezirk und ausschliefsliches recht darin zu jagen', Haltaus 2113; vgl.* ob min gejeit den wiltban boeser machet *44,* dar an sô brichet nieman den wiltban *431,* in der herrn wiltbanne vlörh ez *189. das wort erhält sich bis ins 17. jh. das letztemal begegnet es, wofern mir nichts entgangen ist, in der Jägerkunst 8 a:* Wann einer ein thier wundet in seinem wildbahn, vnd das fleucht von jhm, vnnd kompt in einen andern ..: *vgl. Schwabenspiegel 197, 20 ff. es ist zwar auch hier schon das ban (auser bann, vgl. bannfrist, bannzeit) in ein ‚bahn' verwandelt*

worden, doch sind bedeutung und geschlecht des wortes dieselben geblieben. die
spätere weidmannssprache kennt nur ‚eine wildbahn‘.

29. swigend an geschelle; *ähnliche tautologien*: beschouwet nnd er-
blicket *59*; verstummet sunder sprechen *61*; lûte und keines (= deheines) dönes
112; alten grisen *181, 231*; alte grise *190, 235*. **würde ich jagent**; *die*
verbindung von werden *mit einem part. präs. bei Had. häufig: 40, 49, 75,*
111, 200, 391, 472: vgl. Grimm Gr. IV, 7. **daz ich danne swehe**, *daron*
abhängig are. e. inf. ieman mich irren.

30. *Die bezeichnungen* **forstmeister** *und* **jägermeister** *kann mit bezug*
auf eine rangstellung. in der Jägerkunst wird diese 10 a in nachstehender
weise angegeben: ‚Zum weydwerck vnd jagen gehören fürnemlich, nachbenannte
personen .. erstlich der jorstmeister. 2. jägermeister. 3. meister jäger. 4. wind-
meister. 5. pirschmeister. 6. jorstknecht. 7. jägerknecht. 8. hüger oder hunds-
buben.‘ wesentlich anders die reihenfolge der personen, so zum jagen und
weydwerck gehören‘ in der Jagd-Lust 1, 407. **durch fuogen** *wie es die*
höflichkeit, (der anstand, die sitte) erjorderte. vgl. mit fuogen: 308, (338), 392,
436, 486. **gelücke dines jungen suochens ruoche**, *ein ‚weidmanns heil!‘*
wolf *in Hadamars gedicht die allegorische bezeichnung für* merker, *s. 132:*
und von wolfen müeste ez swigen stille. ich mein die merker, die ez dicke
noeten; *vgl. 31, 116, 130, 134, 212, 214, 287, 345 ...* **din suochen ich**
besorge *ich bin in sorge um dein suchen.*

31. rennen *stn. weidm. hetze, jagd. vgl.* waidelichs rennen *Pontus und*
Sidonia 43 d vnd das swr.: sô man die engen ricke muoz rennen *458,* und
swenne er nâch jagens site daz (wilt) errande dâ mit (mit den hunden) *Erec*
7158. **louf** *stn. weg, gangbare stelle; der gegensatz dazu in dem jolgenden*
wan die brüeche sint durchgründe. **bruoch** *moorbo len, sumpf; pl.* brüeche
also hier nicht wie gewöhnlich stn., sondern stm. vgl. in einen bruoch Troj. 36878.

durchgründe *adj. wo man bis auf den grund versinkt, bodenlos, grundlos*
Oberl. 262; hier in eigentlichem sinne. bildlich bei Seijr. Helbling 2, 370: diu
durchgründen wort. **hûchen** *swr. sich in böser absicht ducken, über etwas*
herfallen; vgl. phathucke, *das im Voc. erat. von 1422 durch* schachir, latro ..
erklärt wird, s. Frisch II, 46 b; ferner ‚Allen dyben, röwbern. phadehawchen,
mortprennern‘ Clm. 12011, fol. 68. s. Mhd. Wb. II, 1, 485; Schmeller² 1042;
Grimm DWb. IV, 2, 572; V, 306.

32. gelæze *stj. benehmen; bei Lexer I, 806 nur durch stellen aus*
Walthers von Rheinau Marienleben belegt.

33. minne *hier mit der bedeutung ‚brunjt‘. zur brunjtzeit versammeln*
sich die hirsche wirklich an gewissen plätzen sehr zahlreich, s. Hartig s. 93; vgl.
‚Inn der brunjt solt du hirsch suchen, wo du die wild weist, auf den wälden
sind sie gern bey den hinden‘ Jägerkunst 38 a. **louf** *stm. lauf des schicksals,*
gang der ereignisse; vgl. der werlde louf 231, 241.

34. lôch, -hes *stn. gebüsch, niedriges geholz.* Zu gên löhen von dem
walde *vgl. daz hoeren von den ören 61.*

35. gerehticliche, -en *adv. in rechter weise, ordentlich. -e: 35, 183,*
535; -en: 70, 250, 281. mit bezug auf die jagd erhält g. *die prägnante be-*
deutung weidgerecht, hirschgerecht (jehlt bei Lexer I, 875): ob ich nâch diser

verte würd gerehticlichen jagent *75*, läze uns immer kéren gerehticlichen *81*;
Girde gerehticlichen nâch der verte ringet *150*, Ich bin gerehticlichen alles
nâch im komen *201*, Swer jagt gerehticlichen *216*, einen fuoz beschouwen, der
sich gerehticlichen schicken welle *536*.   **trennen** *stn. das 'renn n.*

36. insigel *stn. spiegelbild, gepräge, kennzeichen. auch ein kennzeichen
der fährte des hirsches heifst das* insigel *(fehlt bei Lexer I, 1443 f.): Wann
der hirsz in der fetten heet lopt, so schabt er sich, wann der heed ausz ist, so
wirt er den schub ganz von im. das czeichen ist gŏt, wann es haist des
hirsch insigel, darumb ist es genannt des hirss insigel, wan man alle ding
dar inn sicht. dabey man ein hiess cart erkennen sol die er mit dem fuosz tont.
Mae. Geheimes jagdbuch herausgg. von Karajan s. 80.*

37. kuntlich die ougen schouwe: *deutlich zu sehen.   Zu den das
sprichwort e. 5 ji) einleitenden worten* **die alten wisen grisen sprechent** *vgl.:*
Ich hoere wise liute jehen *Troj. 13058;* Sus hört ich ie die wisen sagen
Licht. 381. 2; Des hört ich die wisen jehen *Licht. 522, 9;* Die wisen sprechent,
ez si wâr *Winsb. 37, 3 u. a. s. Zingerle Die deutschen sprichwörter im mittel-
alter 1864 s. 7 f.*

38. rüeren *stn. das röhren, berührung; d'e von Zarncke im Mhd. Wb.
II, 1, 811 b angeführte bedeutung ,hochspur des wildes im laubwerk' kaum zu
rechtfertigen, vgl.* aldâ ir lieber fuoz die erde rüeret *92.*   **sich schanzen** *swv.
angestrengt arbeiten, sich anstrengen s. Schmeller² II, 455; fehlt bei Lexer II,
658.*   **glitzen** *stn. glanz: vgl.* ein wip die kunde widerstriten dem sunnen
liehten glitzen *j. Tit. 5558.*

39. *Zu 1. 2. vgl. Buch der natur 131: den hirzen iubet süez gedœn
also sêr, daz si wider zuo den luotlaufenden hunden koment in selber ze schaden,
sô si in vor eerr entloffen sint. V. 5: was oft ,wehselt'.*   **und lât sich umbe
triben,** *derse he vers 589, 6 und 290, 6.   Die strophe scheint darauf anzuspielen,
daſs man frauen, die sich leicht und gern fangen lassen, möglichst aus dem
wege gehen solle.*

40. *Bemerkenswert die verstellung der ersten 4 sätze: dem sinne und der
construction nach gehört vers 3 zwischen 1 und 2: vgl. 433, 5—7.*   **hengen**
stn. weidm. das nachjagen, fehlt bei Lexer. mit hengen *hier und 12;* min hengen
87; wol im der mit der mâze hengen wage *186.*   **Gelücken warte;**
vgl. 111, 290, 519.   **sich riden** *sich wenden; vgl. 209, 255, 319, 391. Die spur
des rechten wildes ist frei von jedem fehler, nach ihr muſst du jagen. jagst
du nach ihr, dann wie die jagd noch glücklich enden.*

41. *V. 1—4 enthalten kennzeichen einer hirschkuh, daher das ,nâch dem
niht enhenge', vgl. ,Die hind geht für sich in den wald, vnd sucht die dickung,
vnd schlupft von einer standen in die ander, vnd bestattet sich in einer dicken,
darbey soltu wissen, daſs das ein hinde sey' Jägerkunst 38 b. V. 4. bei Schmeller
nur 5 hebungen.*   **nâch dem nicht enhenge.** *doppelte negation bei Hadamar
nicht gerade häufig; ich verzeichne: sô wurdn wir nimmer niemen mer
zerbarmen 79,* swie er doch niht enkunde *127,* kein geschehen dinc nieman
erwendet *128,* wan vor in leider nieman niht gehoeret *158,* kein küne
wart nie sô riche *181,* doch wil ich ez von wârheit niht ensprechen *219,*
ich enkunde mich noch nie entriden *703.*

42. *Zu* **in die vart grifen** *vgl.* Dô ich diu zeichen rehte sach und ouch grifen mohte *66:* Wie dicke ich ûf die herte greif mit min r hande *77;* ich sach, ich greif *77;* von stûden hin ze boume g if ich *87;* Dô begunde ich grifen mit spur nâch minem fuoze *340.* **misselâzen** *hie in übertragener bedeutung.* Man der letzten 2 verse: es ist, um rechte fründe geniefsen zu künnen, nicht nôt g schaufel und haue zu gebrauchen schütze aus der erde zu heben.

43. lâzen *mit ellipse des objectes* (hunde) *auch 14, 54, 279, 186.* **birsen** *swv. weidm. aus afrz.* berser (bercer) = *mit bolzen und pfeil jagen und schiefsen, mlt.* bersare, *ital.* berciare. *weidm. schleichend und spürend ein wild aufsuchen, um es zu erlegen, jagen. später, doch schon in mhd. zeit, erhält das wort den nebenbegriff des jagens auf hochwild (in dieser bedeutung heute noch gebräuchlich. bei Hadamar findet es sich, aufser an unserer stelle, wie noch substantivisch in 46:* Göuflichez birsen muoz ich underkumen, *510:* nu wil man ez (daz wilt) mit birsen sô durchwalken *und adjectivisch in 426:* gebirset wilt. **sich einen** *swv. sich absundern, allein gehen; fehlt bei Lexer I, 523.* **daz lâ im guot:** *daran hindere ihn nicht. Zu v. 6, 7. vgl.* Swer alliu diue besorgen wil daz ist alles leides vil *Veld. 58, 13:* Swer alliu dinc wil besorgen der dunket mich der sinne ein gouch *MSH. 2, 246 u: s. Zingerle Sprichwörter s. 11 u. 189. Die ganze strophe besagt nichts anderes als, der dichter möge sich hüten einem anderen jäger unbefugner weise in den weg zu kommen.*

44. *Vers 4 bei Schmeller nur 5 hebungen.* **boeser machen** *verletzen, beeinträchtigen.* **ungeswachet** *part. adj. unbehelligt. In v. 7. zwischen* mir *und* sicherlichen *für die übersetzung ein* danne *d. h. wenn du mir winke für mein verhalten gibst einzuschieben.*

45. under stunden *von zeit zu zeit, zuweilen: ein wiederholt von Had. gebrauchter ausdruck: 51, 114, 117, 280, 290, 291, 313, 324, 376, 558, 559. vgl. Weinhold BGr. 249.* **rüedischer hunt** = rüde *grofser hetzhund.* **weidenlich** *adj. hier: auf jagd bezüglich; fehlt bei Lexer III, 746 f.*

46. göuflich *adj. diebisch, raubschützenmäfsig. fehlt bei Lexer; belegt erscheinen nur* göufler *stm. dieb und* göuflichkeit *stf. diebereien.* **gelüpt** *part. adj. zu* lüppen *mit gift bestreichen:* ân gelüpte stråle *ohne vergifteten pfeil; vgl.* gelüptiu strål ist gen ir nindert *630,* got dich vor ir gelüpten schôz behüete *124.*

47. gewe *Öffnung; zu* giwen *das maul aufreifsen, gähnen, Schmeller² I, 967; Lexer I, 1026.* **widerloufen** *stv. begegnen; vgl.* si, daz dir widerloufen mîne hunde *54;* het ez halt widerloufen c. *V. 5, bei Schmeller nur 5 hebungen. V. 6, 7: die ich der lieben not willen der liebessehnsucht willen wol früh und spät dahin treiben mufs.*

48. din hunt: *das herz.* **snurren** *swv. rauschen, sausen; weidm. vom jagdhunde: spüren mit schnauben auf der fährte des wildes; vgl.* Nâch mangen verten snurren mîn Herz aldâ begunde *55,* du snurrest *57,* nâch dem (wilde) mîn herze snurret *98.* **abstôzen** *stv. weidm. von der rechten fährte abweichen und falsche verfolgen.*

49. dâ von mit nieman göude *damit prahle dich gegen niemand.* **bis sagent.** *über die verbindung von* sin *mit einem part. präs s. Grimm Gr. II, 4 f. vgl.* daz ich iht mêr si der klagent *75,* swâz ich si worden jagent *111*, des nieman sol sin gerent *472*, Sit liebe und leit ist wegent stæte in minem herzen und sin der wâge ist phlegent *477*, Ich sprach: mir was got gebent *490*. **eine:** *für dich*.

50. setzen *swv. weidm. in sätzen herauspringen; vgl.* ez setzent doch ze Triuwen die gerehten *107*; ich hoffe, daz Harre unde Wille zuo einander setzen *129*; zuo den hort ich dô al die hunde setzen *343*; Ende zuo mir satzte *345*.

51. kobern *stv. weidm. das spüren, suchen von jagdhunden: vgl.* 114, 337, 437, 466, 506, 539, *d. s. Grimm DWb. V, 1546.* **gerehte** *adv. in rehter weise* (spür ichz gereht *93*, *hier prägnant: weidgerecht, hirschgerecht: fehlt bei Lexer I, 875. vgl.* den fuoz gereht mîn Herze suochet *93*, ich muoz gereht nâch dirre verte ringen *220*, Blâ sol gerehte erzeigen *246*, swâ sich gereht vereinent *298*, ez gât im gereht von herzen grunde *380*, er hât gerehte ûz mangem wazzer funden *449*. *auch das adj.* gereht *erhält zuweilen den nebenbegriff des weidgerechten:* Triuwen den gerehten hetzâ her *101*, ez setzent doch ze Triuwen die gerehten *107*, Mâze gereht ez jagen machet *323*, des selben hundes jagen ist sô gereht *335*, mac iur gerehtez kobern nindert riuwen *466*. **verniuwen** *swv. erneuern:* die vart; *vgl.* 170, 172, 272, 286, 288, 387, 390, 405. *s. anm. 466.*

52. abjagen *swv. weidm. einherjagen, dahinjagen: fehlt bei Lexer. vgl.* swâ der (Triuwe) ab jagt *108*, nu hôrte ich daz Wille vor ab jagt *113*. **grüezen** *weidm. grüßen, ansprechen, um anzutreiben, zu hetzen; s. anm.* 337. **tôthellic** *adj. zu tode erschöpft, gehetzt. Zu v. 7: hirsche pflegen bei tage in haufen beisammen zu sein Hartig.*

54. niemen *ist dativ.* **fürhetzen** *swv. vorhetzen; vgl. Wolkenst. 117, 5; 14.*

55. widerzucken *swv. zurückreißen.* **phnurren** *swv. ,durch einen plötzlichen ruck wenden und an sich ziehen'; vgl. Weinh. Btir. 128.*

56. weidespruch *stm. jägerspruch, jägerschrei. eine sammlung alter weidsprüche gab Grimm nach einer gothaischen papierhs. vom j. 1589 in den Altdeutschen wäldern 3, 97—148 heraus: ihm folgten u. a. R. Köhler im Weimar. Jahrb. 3, 329—358, Gräße im Jägerbrevier 1, 1 ff., Wagner im Archiv für die geschichte deutscher sprache und dichtung 1, 133—160. aus Hadamars Jagd führe ich nur folgende* weidesprüche *an:* hüet alwee din, geselle *8*; waz witert dich nu an, geselle *57*; schônâ, geselle lieber, bite *60*; schônâ, geselle *62*; hin, hin zuo guotem heile *67*; Du hüete diner verte, geselle, und miner êren *72*; geselle, hie her wider umbe rize *81*; hüete din *81*; hin wider zuo der verte *82*; kêr, lieb geselle, wider zuo der einen *82*; hin, hin war ez nu welle *83*; schôn, aber schôn *89*; schôn, hüete din *89*; Geselle, hüete ir êren *97*; kerâ, zuo mir kere *98*; schônâ herre, schône *98* ... *wie sich aus dieser anführung sowie aus dem auszuge von Le livre du Roy Modus et de la Reine Ratio hs. 2573 der Wiener k. k. hofbibliothek ergibt, waren die weidsprüche schon im 11. jahrhundert und gewiss auch früher bekannt; vgl. A. Ritter v. Perger Studien über die mittelalterl. hirschjagd in der Wiener jagdzeitung 17 1871, s. 34. sie waren aber eigentlich nur auf die damals aus Frankreich eingeführte parforcejagd berechnet s. Zacher’s Beiträge s. 165 anm. 4. Zu v. 1—7 vgl.* Vil schoner plumen ich da vand Rott, weisz, in praun gemenget, Gel, plaw, durch grön gesprengt, So was geziert schon der plan. *Cl. Hätzl. 167 a, 34—37.* **temperie** *stf. gehörige mischung; vgl. 175, 250, 309, 399, 476. In v. 7 bei Schmeller 7 hebungen.*

57. anmenen *swv. vorwärts eilen. Zu dem weidspruch in v. 5 vgl. Grimm nr. 1;* Lieber waidmann, was wittert dich heut an? *nr. 34.* dn junger waidmann was wittert dich an? . . . ein hirsch und ein schwein wittert mich an. **58.** *Die fährte ist also gefunden.* **60.** *Zu v. 5 vgl.* schona lieber Hund schon *Grimm nr. 118*, was wittert dich an traut guter gesell schon *nr. 119* **fürgrifen** *str. weidw. vorgreifen, d. h. den leithund, wenn er die fährte nicht mehr fortbringen (verfolgen) kann, von ihr ab und in einem bogen so führen, dafs er quer über den gang des wildes kommen und die fährte von neuem anfallen* (verniuwen) *mufs. vgl.* swie ich jedoch mit Triuwe greif wite für und wider umbe reifet *296;* für grifet in ein terre. mügt ir mir armen wol die vart verniuwen *405;* ich grife dicke für, daz mir din vart noch wider stüende niuwen *512;* Fürgrifen mit Gedingen daz tuon ich dicke wite *c; s. anm. 234.*

62. *Zu v. 6. 7.* Harre *und die andern alten hunde bewahrten auch jetzt ihren ernst, während die jungen* (Herz und Wille) *ihre freude nicht bezähmen konnten.*

64. Diu spur mit meisterschefte = diu meisterliche spur. **tagalt** *stf. zeitvertreib; vgl. 240, 351, 419, 432, 443, 491, 564, f. V. 6. nach einer würdigen spur.* **verslahen die vart** *weidw. von der rechten fährte abkommen.*

66. armen *hier: arm machen c. gen.* fröuden; *fehlt bei Lexer I, 94. in der bedeutung arm sein 233:* Swer lib und guotes armet; *arm werden 493:* dä von ez an fröuden armet.

67. *Zu dem weidspruch in v. 1 vgl.* hin, trauter gesellmann, hin, hin! *Grimm nr. 96;* Wohl hin, wohl hin, traut guter gesellmann, hin, hin, hin! *nr. 98;* hin, hin, lieber gesell, lasz sehen *nr. 104 u. a.*

68. prüefer *stm. merker, aufpasser; vgl.* aller brüefer leiden vermugen darzů wenig *Der minneuden zwist Schmeller, 694;* daz ez ergieng wol ân der brüefer melde *698;* Ich achtet kleine aller. brüefer melden *707. handschriftlich (in B und b durchwegs* prüfer; hüeten vor der prüfer meld besunder *Minne Falkner 161.*

69. *Zu v. 1. 2. vgl.* ich bräht ez von der weide gên holz *200.* **ich wolte ouch jagens rehte dä geniezen.** *worin in diesem falle die* jagens rehte *bestehen, sagt v. 6. 7.* **bruch** *stm. abgebrochenes stück; vgl. Willir. 57, 1 Seemüller:* Dine hüffelon sint sâmo der brüch des röten äpfeles. *hier in der prägnanten bedeutung ,abgebrochener zweig, laubzweig', s. anm. 25; fehlt bei Lexer I, 362. ,Der jäger markirt nicht nur die fährte und den schweifs des wildes mit* brüchen, *er bedeckt auch das erlegte selbst mit solchen, er strickelt damit den leithund und steckt endlich* brüche *auf den hut, um anzuzeigen, dafs man ein zur hohen jagd gehöriges wild erlegt habe. ursprünglich war wol dieser* laubbruch *ein symbol der besitznahme, wie in anderen fäl'en R. A. 130)' Grimm DWb. II, 407 f.*

70. beschaffen *durch das schicksal bestimmt; vgl.* ez ist mir liht beschaffen *266;* unheil ist mir beschaffen *367. Zu v. 1. 2. vgl.:* Niemau kan wider schaffen daz geschehen ist *Francal. Spr. 115, 1;* Gedenke ouch, vrouwe wol getân, daz enkeiner slahte list hilfet, waz geschehen ist daz daz müge widerkomen *Heinzlin M. L. 2406; Zingerle Sprichwörter 50 f.*

71. wunderminne *stf. wunderbare, herliche minne: fehlt bei Lexer.*

kunder *stn. lebendes wesen, geschöpf: vgl.* Ich jag der minne kunder *468.* **varbe** *stf. weidm. schweifs* = blut *des edelwildes; fehlt bei Lexer III, 26.* ân aller varbe *ohne schon von jemand verwundet zu sein.*

72. Zo hüete diner verte *vgl.* Gardeviaz hiez der hunt: daz kint tinschen Hüete der verte *W. Tit. 143, j. Tit. 1157:* Nu hüte wol der verte *j. Tit. 1817 ff.* **blide** *adj. artig, sitsam: fehlt bei Lexer I, 307.* hier wie *in der rabenschl. 116, 6:* sich vrouten dô die bliden zuo den balden; *867, 6;* er geböt den bliden und den balden) *entgegengestellt dem worte* balde, *in 88 dem worte* frech: Man mac ez dem bliden und dem frechen geliche nennen.

merker *werden bei Hadamar ausdrücklich nicht unter der allegorischen bezeichnung* wolf) *erwähnt 72, 132, 133, 321, 356, 407—410.*

73. slichen *stv. weidm. schleichen, häufig vom hirsch gesagt:* und sol (ez) alles hie her slichen *85. Grimm nr. 98, 100, 110, 125, 126, 127 . . .*

74. dontem *für* donentem. *V. 6 bei Schmeller 5 loben gen.*

75. büezen *hier mit dat.:* sorgen, *474 mit acc.:* daz kan diu zarte büezen. **tûsent:** *die hyperbel mit* tûsent *bei Had. sehr beliebt:* der im mit tûsent steten werte *76,* Den fuoz bi tûsent füezen gerekt min Herze snochet *95,* solte ez tûsent widergenge machen *101,* ez wurde in tûsent jâren nimmer helle *186,* tûsent tôde sterben *208,* man mac vil balder vallen ab tûsent mil *227,* die vart bi tûsent ich erkennen *310,* ich nœme ein wilt gevangen für tûsent *113,* ich wœne, er bueze tûsent menschen sünde *182,* ein ach mit ache mir tûsent ach machet *491,* sô bin ich wol von ir tûsent mile *518;* ich wœne in einem tac wol tûsent stunde *496,* sündie weinen kan bringen dort ein tûsentvaltic lachen *266* und daz kan mir tûsentvaltic swœre erwerben *372.*

77. schal *stf. weidm. ,Schaalen werden die unten hornichten theile am längste des hirsches genannt.' Döbe' (1746) 1, 17; fehlt bei Lexer II, 639. vgl.* ez müeze sich von siner schal zerklieben *78;* ein jeder hirsch so in gebürgen und steinichten orten erzogen ist, hat die schaalen stumpff und abgetreten. *Adelige jagdwerke Frantz, 1661, s. 71 und 115.*

78. Zu v. 4. 5. vgl. *,Wann der hirsch im grafs gehet, oder in dem acker da korn ist, oder an der saat, so tritt er das grafs oben mit dem ballen, als ob es mit einem scharsach abgeschnitten wer' Jägerkunst 12 b.*

80. widergân *stv. weidm. einen* widergang *tua; vgl. 81, 89 (dâ hât ez widergangen).* **widergang** *,nennt man es, wenn wild auf seiner fährte oder spur eine strecke zurückgeht, und dann einen absprung macht, um seinen aufenthaltsort dadurch zu verbergen, oder die ihm auf der fährte folgenden jäger, hunde oder raubthiere dadurch irre zu machen' Hartig 596. vgl.* ez (das wild kan mit widergengen spehe litze *87,* solte ez tûsent widergenge machen *101,* Diu vart sich leidet unde süret mit mangem widergange *266,* er hât überobert vil widergenge *305,* Swer wunder wolte spehen von kluogen widergengen *136; bildl.* wilt du alle widergenge enden, die uns diu Minne machet *80,* huoge ûf schalkes widergenge schanze *36,* Nieman kan wol vol hengen der weilde widergenge *485. in den weidsprüchen bei Grimm u. a. hat* widergän *durchwegs die bedeutung ,begegnen'; rgl.* was ist dir hent vor dem holz widergangen *Grimm nr.* 7, Ein edler hirsch mit seiner hohen stangen, ist mir widergangen *nr. 32,* ein hirsch und ein schwein wittert mich an, und ist mir widergangen *nr. 31. das subst. aber erscheint in derselben bedeutung, wie oben angegeben; rgl.* Sag an, mein lieber waidmann, wie vil wieder-gäng hat hent der edle hirsch vom feld gen holz getban *nr. 24;* Sag mir weidmann.. wie vil hat der hirsch hent widergäng gethan? Sechs oder sieben.. hat der hirsch hent widergäng getrieben *nr. 156, 181;* den widergang machte er fein *nr. 193; übertragen:* Lieber waidmann, sag mir an: wann hat der edle hirsch sein ersten und letzten widergang gethan? Wann er liegt in mutter leib umfangen, so hat der edle hirsch sein ersten und letzten widergang begangen *nr. 37:* Waidmann sag mir an: wo hat der hirsch seinen ersten widergang getan? Wenn er kommt aus mutterleib und fröhlich um sie springt das dünket mich frei, dafs es sein erster widergang sey *nr. 53.*

81. umberizen *str. einen kreis ziehen, umkreisen; rgl. anm. 60.*

83. *Ähnlich hyperbolisch wie* der keiser æhte und aller bæhste banne, die möhten mich der verte niht erwenden *sagt Hadamar:* die wol nam ich für aller künge krône *13;* ich nam für allin riche *59;* ob durch tagalt ein keiser jagen wolde *61;* ich wæn, der im mit tusent steben werte *76;* kein künec wart nie sô riche *184;* si küne wer hab gesehen *187;* daz tæte ich und war offen mir diu helle *190;* ich jagte, ez möhte hoeren wol ein keiser *334;* ê wolte ich sterben, ê ich ez mit solhen phanden phendet *352;* ich wolte ê lieber sterben, ê ich in solhem leben lenger düret *368;* von himelrich ein engel; dâ für ein gnot geselle wær ze haben *396;* Geselliclicher läge üf alle schanze warten næm ich für alle mäge *397;* ein rehte gnot geselle dem solte ein keiser üf die füeze nigen *398;* ê müesten si mich üf der merhen morden *403;* ein ris möht wol verswinden zeinem twerge *457;* man möht mit einem halme dâ zwischen niht *517; rgl. anm. 75.*

84. *Zu v. 6 rgl.* Da hat er angerührt, her gesell, da hat er angerührt *Grimm nr. 131.*

86. *Zu v. 3 ff. rgl.: Du solt och luogen, wann er an den boemlin geschlagen hab sin gehnern: wann er schlecht dick so er gewerbt hat, das zaichen haist geschlagen. Geh. jagdbuch s. 60.* zeichen: *das sog. ,himmelszeichen'; rgl.* Lieber weidmann sag mir an: wann hat der edle hirsch sein himmelszeichen gethan? Wann er hent vom feld zu holz ist gegangen, hat der edle hirsch mit seiner langen stangen herabgeschlagen die zehr zweige und æste von den bäumen und stauden und hat sein waid empfangen; ist mir anders eben so hat er das himmelszeichen daran geben. *Grimm nr. 36. Zu v. 7. rgl. ,auff das zeichen sol in gar genaw lugen, denn es thuts kein hunde mit den ohren' Jägerkunst 39 a.*

87. erstaten *hier wol =* dem *oft gebrauchten* bestæten *,mit dem leithund den distrikt oder ort ausmitteln, wo das wild sich verstcckt hat' Kehrein rgl.* ich grife dicke für und suoche Triuwen, ob siu sich wold bestæten *512;* als es nun am morgen tag wart, zoch hin in den wald der jeger und bestettet in dem leger den hirschen mit seinem gehürn *Teuerdank 33, 44.* morgenfluhte *str. feuchtigkeit am morgen.* V. 7: *Es treibt mit mir durch die wider-gänge seinen spot.*

88. ansprechen *str. aus der fährte eines wildes beurtheilen, was es für ein wildstück sei oder wie viel enden der gespürte hirsch, nach verhältnis der stärke oder größe der fährte, tragen kann Hartig : fehlt bei Lexer I, 63 ; s. Döbel 1746 I, 4, 17 ; 2, 100 ; 3, 160 und Grimm DWb. I, 468 : vgl.* ez hilt sich in den leisen, daz man ez für ein kelbel mac an sprechen *188;* worbei sprichst du den edlen hirsch im feld an *Grimm nr. 67, 30.* **klimmen** *stn. fehlt bei Lexer.*

91. *Im v. 5 dem sinne nach zu ergänzen: um so mehr also mein herz.* **helfet mir si lieben :** *heljet mir, daß sie mich erfreue ; auch die lesart von B a* mich ir lieben *gibt einen guten sinn.*

92. mit gedanken *mit den gedanken, indem man denkt ; vgl.* Sit wünschen mit gedanken belibet ungeslagen *95,* dar nach mit gedanken niht gedenke *97,* min herz daz kan sich mit gedanken winden *111,* ich vähe ez mit gedanken froelichen an *160,* ich ziuhe mit gedanken güet uz ir güete *165,* daz siu sich inwendic mit gedanken wirret *192,* Sit daz man mit gedanken unmuotes muot mac weren *378,* dar an min fröude mit gedanken leinet *513.*

93. ungefluochet *part. adj. ohne zu fluchen ; ir ist von mir ungefluochet : ihr ist fern mein fluch ; vgl.* ich wil ir anders ungefluochet lan wan sö *MSF. 205, 8.* **nách im:** *während ich nach ihm jage.* **linder sâmen:** *lindes, grünes saatfeld.* (linder *im gegensatz zu* kratzen *und* rizen).

94. V. 1. 2. *Mein hund das* Herz *sprach: ,beseht euch alles genau und überlasset mir die hut ansicht'. nach Schmellers schreibung, die nebenbei erwähnt sich nur auf junge handschriften stützt* — allez honbet. Und mir die hüt, geselle — *verlangt der hund kopf und haut als antheil an der beute, zu einer solchen unbescheidenen forderung ist er jedoch durchaus nicht berechtigt; er erhält nur um genozzen zu werden einiges b'ut und stücke der milz, s. anm. 112. auch die construction ist bedenklich.* **daz:** *dafs ich ihm wachstel'e.* **ich wolt im die zen schinden:** *ich woll'e ihm der zähne berauben,* schinden *hier in übertragener bedeutung.* **ungeslagen** *part. adj. überte. unerfüllt: fehlt bei Lexer II, 1867.*

96. dicke: *dickicht ; vgl.* Im holtz gehet er wo er ein dicke findet, da bestehet er, vnd bleibet alda, das heisset desz hirsch wandlung. Wo du das sehest, so soltu wissen, dass das ein hirsch thut *Jägerkunst 38 b.* **Schalc** *canif. gen.* Schalkes, *vgl.* Schalkeswalt *anm. 12; acc.* Schalken *211 ; vgl. Jagd 212, 251 . .* **schanze** *stf. wechselfall.*

97. der êren króne *tragen eine oft hegende metapher; vgl.* er hät bi sinen ziten gelebet also schöne daz er der êren króne dö truoc *Iwein 10;* des trugens auch die króne riterlicher êren *ib. 6952;* dü von din lip êren króne treit *Lichtenst. 556, 26;* diu muoz der êren króne tragen *ib. 557, 5;* Die adel hochgeporn trait Alber êren ain Cron *C. Hätzl. 154 a, 153; s. Winsbeke anm. zu 42 5.*

99. *Wie Wolfram umschreibt auch Hadamar gerne die person der gottheit, des geliebten des wildes etc. dur h einen ganzen satz; vgl.* wä sol ez uberfliehen, daz uns von senden sorgen scheiden welle? *21: des* walte der,

der sin dâ alles waltet und der mit sîner krefte himelrich und ertrich gar ûf
haltet 67; ez hât hie angerüeret, des lop mit lobe nieman kan erlangen 84;
ez was im nähen des lop hât allin lop gar überobet 99.

100. *Zu* **fröuden wunsch** *rgl.* fröudirtære 134; fröuden nest 142;
fröude weide 143; fröuden brunne 191; fröuden zit 232, 421, 469, 531; fröuden
ende 248; fröuden verch 363; fröuden saf 375; fröuden ende 377; fröuden
wile 452, 536; fröuden widervart 511; fröuden hort 514; fröuden tac 534.

101. hetzâ *sing. gegenüber* verhaltet; *gemeint ist mit dem* hetzâ *eben
nur der knecht, der den* Triuwe *hält und führt.*

102. *Die rechte führte ist wieder gefunden.*

103. den walt bûwen *sich im walde herumtreiben: rgl.* buwest du ze
allen ziten den walt? *Erke 115; ähnlich* Swer daz wazzer wolde bouwen 435.
rgl. anm. 25.

104. durchbern *swv. durchhauen; hier übertragen* diu vart was durch-
berte mit mangen löufen *die führte war durchzogen mit* .. : *fehlt bei Lexer I, 478.*

berihten *swv. refl. sich in die richtung bringen, den rechten weg einschlagen,
sich zurecht finden; s. Schmeller² II, 36. fehlt bei Lexer I, 192. rgl.* Und kunde
sich berihten Wille in disen gengen 157; Ir kunnet iuch berihten bi wazzer
und ûf walde 406; Swaz sich berihten kunde gar wol an allen sachen 443.

er solte ez balde von dannen scheiden: *er würde bald die löufe von
der verte zu scheiden vermögen.*

106. Girde *canif. nom.* 150, 323, 361; *acc.* Girde 160, 155. *Vers 2
gleichlautend mit* 126, 2. **röst** *stm. hier glut, feuer rgl.* Ich glü auch in
der minne rost *Cl. Hätzl.* 75 a, 10; zarter mynne rost *ibil.* 155 b, 122.

107. wenden *hier intr. eine Richtung einschlagen, sich wenden, kommen.*

108. Rüege *canif. nom.* 454; *dat.* Rüegen 108; *acc.* Rüegen 288,
560. **fuoz:** *der fuſs des wildes.*

110. Helfe *canif. nom.* 305, 308, 498; *acc.* Helfe 110, 131, 498, 561,
und Helfen 465, 546. **Rât** *canif.* **Stiure** *canif.* **kobern** *swc. weidm.
von jagdhunden, suchen, spüren; rgl.* 118, 131, 140, 155, 164, 166, 182,
230, 305, 337, 371, 406, 415, 454, 467, 511, 540; *s.* Grimm *DWb.* V, 1546.
Von v. 2 *ab eine fast wortgetreu wiederholte darstellung in str.* 155.

112. ungenozzen *part. adj. der nicht genossen hat. s.* Grimm *Altd.
wäld.* 3, 123 *anm. und Jägerkunst* 13 b: *Wenn man sie (die hunde) auff
die jagt führet, so muſs man jnen nichts zu essen geben, so sind sie desto
leichter zu lauffen, vnd desto begieriger zu fangen, denn sie hoffen dacon
auch etwas zu geniessen, wie man jhnen den auch gemeiniglich etwas pfleget
daron zu geben, wann sie gefangen haben, als nemlich, die eingeweid, oder
man duncket brot in die farbe, vnd gibts jnen zu essen, dafs sie folgends desto
williger seyn. vgl.* sein hofwart ungenozzen deheinez wilt kan morden 163;
der bunt hât ûf der hiute vil genozzen 415; Swinrüden wol genozzen wæn
ich al dâ gehoeren 461; ein rüde ûf einem âze sol geniezen 539; Sin bracke
hât des wunden alze niht genozzen 544; *übertragen:* het er mit einem lieben
blick genozzen 113; er mac noch wol geniezen 114. *in einem weidspruch bei*
Grimm *hur.* 55 *heiſst es:* **Ein bespengter (mit spangen gezierter) Jäger ver-
drofsen, ein trabender leithuud ungenofsen und ein zeltender wind, das ist

das unnütze hofgesind; *ähnlich nr. 202.* **lüte:** *damit ist d r helle, recht-zeitige anschlag des spürhundes, das weithörbare kluffen der verfolgenden meute gemeint. Uhland in Germ. 1, 11 : vgl. das in den weidsprüchen als gewöhnliches beier gute jagdhunde gebrauchte* wollautend, *s. Grimm nr. 127 anm. und Jägerkunst weidgeschrei nr. 61.* Lieber waidmann rund, thue mir kund; hastu mit hören jagen drei wollautender jaghund? Lieber waidmann, das kan ich dir wol sagen, dort in einem grünen grund, da höret ich jagen, drei wollautender jaghund. **lüte und keines** (= deheines *dönes; entweder liegt hier ein alter üher vor die hss. haben an dieser stelle* frones, dones, trones, lones, wones) *oder Bb bieten die ursprüngliche fassung* dönes, *von der die schreiber ab-weichen, um die reimlosigkeit von* dönes *: dönes zu vermeiden. Schmeller schreibt rönes wol für* rünes), *reim ö : ü jedoch bei Weich. Bitr. nicht belegt. Bech bei Lexer II, 483 vermuthet* krönes *g zwitscher der vögel, dann laut überhaupt?*

114. überobern *swv. bewältigen, gewinnen; vgl.* Swie doch verzagte sinne niht guotes überobert 230, lip und guot des kan niht überobern 233, so daz er hät überobert vil widergenge 305, daz wirt wol überobert 167.

115. Das Herz spricht. Zu lôsa lôsa *vgl. Zingerle in der Germ. 7, 206; ,Wird ein wort wiederholt, so wird ä das erste mal gesetzt... ausnahmsweise findet sich* losä losä.' **den lieben:** Willen.

116. *V. 5. Dafs sie und r edlen von denen sie keinen verrat zu fürchten haben sich gehen lassen, nicht zurückhalten.* **hoenen** *stv. das heulen.*

117. erlöschen *swv. übertragen ,aufhören zu bellen, zu jagen' Schmeller² 1, 1521; fehlt bei Lexer I, 656. vgl.* der hunt kan nimmer mêr erleschen 118; üf einem brand hört ich die hunde erleschen 130; man siht bi heizer sunnen si erleschen 161. **widerloufen** (= widerganc) *stn. vgl. anm. 156.* **dreschen** *stv. vom jagdhunde: laufen. mit* a b e: doch hörte ich bald ab dreschen Stæten 117; Dö ich nû hörte ab rihten Stæten und ab dreschen 118; s. Weinh. Bitr. 234. *mit* h i n: Harr, Stæte und Triuwe ûf herten wegen koberut und hin dreschen 161. **sich seinen** *sich aufhalten; vgl.* ob sich der indert einez der verte wolte seinen 425.

118. abrihten *swv. abs. eine richtung nehmen s. Schmeller² II, 36; fehlt bei Lexer I, 4 vgl. nachtrag 6. bei Hadmar begegnet das wort noch an folgenden stellen:* 166; ich han den alten Harren ab rihten sehen, 337: Si kunnen wol ab rihten, 311: Nu hörte ich Wunne und Frönden mit jagen schöne ab rihten. **fürgewinnen** *stv. einen vorsprung gewinnen; vgl.* 131, 156, 182, 287, 411, 467, 488, 517. **rinnen** *stv. hier: schwimmen,* allin wazzer abenhinder ausdruck; vgl. Stæt unde ouch Triuwe beide ungern rinnent besunder in dem wazzer 128. Ach verrez fürgewinnen daz machet widerlönfe und vil in waze rinnen 223.

119. hüglichen,-e *oder hüglich, munt vgl.* Eines herren hunde hört ich huglich her doenen 322. **wehen** *stv. wellen, laut werden, anschlagen.* *Ähnlich dem* Dö ich hüglichen hörte die hunde also wehen *heifst es 129:* Frœlichen ich die hunde hôrte dar zuo wehen. **slahen** *str. intr. eine richtung einschlagen.* Zu dö sluoc ich an ein orte *vgl.* ich sluoc hin da ez solte ûf mich loufen 322; Nu sluoc ich her nâch Triegen 119; Slach ich dar oder danne 558, s. anm. 124.

120. *Das* Herz *wirft sich aus dem seile und wird (121 dem wilde nahegekommen verwundet.* Zu **unheiles heil** = unheil *rgl.* unmuotes muot = unmuot *148, 378, 513. s. einleitung.* Zum reim **gewaltec : valtec** *rgl.* zwivaltec : gewaltec *171;* unwirdec : ungirdec *177;* drivaltec : gewaltec *179* und bellec : fürschellec *186.*

122. ob ir min dienst versmâhe *ob ihr mein dienst geringfügig erscheint.*

123. *Zur betonung von* **lébndic** *rgl.* aldâ min lébndic leben *364,* bin ich vertilget ab dem lébndic buoche *464 gegenüber* der sol mich heizen den lebéndic tôten *363 und* ûf ein lebéndic sterben *464.*

124. fürslahen *stv. vorwärts ziehen, vorwärts eilen; fehlt bei Lexer. rgl.* ich hân dâ für geslagen *203;* Ich sach ouch dâ für slahen *317;* (ich muost) aber verre slahen für mit Liden *318;* ich sluoc ét für in zorne *320;* ich wil für slahen, è ez werd ze spâte *125;* sô sleht er swigent für nâch einem gruoze *553.*

125. als im nindert wande swære *als ob ihm die wunde durchaus nicht beschwerlich, schmerzlich wäre.*

126. Muot *cani. nom. 127, 131, 362, 467. acc.* Muoten *126, 231.*

doch jagt ez niht an seil noch zuo den netzen *ein böser seitenblick auf jene jäger, die das wild nicht in der allein für edel gehaltenen parforce jagd erlegen, sondern mit seil und netz fangen; rgl.* swenn ez das wild sîn eines solchen jägers dan erbitet, sô hetzt er rüden dran und vâhtz in seilen *213.* Zu **nâch der verte bliuwen** *rgl.* die strâze bern *u. a*

127. *V. 3. 4. Wenn er auch nicht vermöchte, den urgrund ihres glückes zu ergreifen; ohne allegorie: wat allein vermag noch nicht die geliebte zu gewinnen.*

128. aujagen *swv. aujagen, hinjagen, anreiben; fehlt bei Lexer. rgl.* doch jeit in an vil manger *304,* ich jeit in an für Triuwen mit dem horne *419,* Nu jage ich mine hunde froelich an mit schalle *480,* jeit man in lustlich an *553; s. anm. 131.*

130. fliehen *stv. weidm. vom hirsch gesagt; s. Grimm Altd. wäld. 3, 111 anm. rgl.* swâ guot wilt gerne fliehet swinde *163;* Owê dir tumben narren, jagst dû waz vor dir fliehet *191 u. o.* warum fleucht der edle hirsch vom feld gen holz *Grimm nr. 41;* da fleucht der edel hirsch über den weg *nr. 112,* ... durch den thau *nr. 156 u. o.* **brant** *stm. platz, wo durch brand ausgereutet worden ist, neubruch s. Schmeller² 1, 360. rgl.* Muot kobert âne Helfe alein ûf hertem brande *131;* Ir kunnet hunden ûf dem brande helfen balde *103;* In walde, ûf dem brande *508.* **schrickenlich** *adj.* = schriclich; *fehlt bei Lexer.* **heschen** *stn. das schluchzen; rgl.* Toetlicher züge hischen kan sich ze mangen stunden zuo minem herzen mischen *484.*

131. muot *freudig erhöhte stimmung, frohsinn, lebensmut; gegensatz:* **unmuot** *mismut.*

132. von *ist causal. V. 1. bei Schmeller 7 hebung n.*

134. fröndirræere *swm. freudenstirer; fehlt bei Lexer.*

135. *Zu v. 5. 6. rg̃l. Zingerle Sprichwörter 4. 105.*

136. *Bemerkenswert der bau der periode in v. 1—4. subjekt und prädikat* (wer kan) *stehen hier statt am anfange des satzes nach den beiden ersten objekten.* **höchmüeticliche** *adc. in erhobener stimmung, hochsinnig; fehlt bei Lexer I, 1317.* **muot in uumuot geben** *frohsinn in missmut verwandeln.*

137. **èren muot** *sinn der auf ehre gerichtet ist; vgl.* dô ir muot ûf ère stuont *Walth. 90, 33. Zu* er ist ez dû *und* dû bist ez er *vgl. Grimm Gr. IV, 222. 271; Benecke zu Iwein 2611: Zeitschrift für deutsche philologie 4, 84.*

138. **bequicken** *swc. wieder lebendig machen.*

141. **ir:** *der geliebten.* **wæjen** *swc. intrans. wehen; hier trans. und übertragen:* ob ich daz ze einander wæge *wenn ich das zu einander bringe.*

142. **swâ ich ê fröuden wizzenlichen weste:** *wo ich früher bestimmt wußte, daß freude war.* **weste** *s. Weinh. BGr. 333.*

143. **ballen** *hier refl.: zu einem bal werden; fehlt bei Lexer I, 115.* daz sich diu fiuhte ballet *daß die feuchtigkeit die aus den augen dringt zu tropfen wird.*

144. *Der sinn dieser ziemlich schwierigen strophe dür te folgender sein: rauch und wasser — so heißt es in alten büchern — suchen, wenn man sie fangen will, fugen, um zu entflichen. diese worte sind nicht mehr richtig, wenn ich sie auf mein herz anwende; denn dieses, das sich besser winden kann als wasser und rauch, sucht nicht zu entfliehen, sondern sucht nur gnade zu finden. Zu* diu geschrift von allen buochen lug *vgl. es liege denn die geschrift der buchen Minne Falkner 34.*

147. **brestenlich** *adj. ==* brestlich *s. Lexer nachtr. 102.* **enweste** *s. Weinh. BGr. 333. V. 6. 7. Hält jemand das für möglich, so weiß ich, ihr knechte helfet . . .*

148. **schrenken** *stn. das verschränken, umarmung.* **getwungenliche** *adc. zusammenpressend.* **ruoliche** *adr. in ruhe, ruhig; fehlt bei Lexer.* **trûren dürre** *an trauern arm; bei Lexer unter* dürre.

149. **widerparte** *stf. widerwärtigkeit.* **endes tac** *stm. todestag; vgl.* daz was ein werder endes tac *Wolfr. Wh. 361, 20; er brachte im sinen endes tac ib. 110, 3.* **in mînem sinne** *nach meiner ansicht.*

150. **unvergezzen** *part. adj. hier activ: ohne zu vergessen, eingedenk.*

151. **wint** *stm. windhund.* winde werden bei Hadamar außer an unserer stelle erwähnt 158, 163, 315, 324, 452, 454.

156. **widerlouf** *stm. Schmeller[2] stellt I, 1418 als bedeutung dieses wortes bei Hadamar nach Grimm Mythol.[2] 1072 und dem Mhd. Wb. I, 1046 ,das begegnen, namentlich vordeutendes, glück oder unglück anzeigendes begegnen' auf, während Lexer III, 843 richtiger gegen-, wider-, rücklauf annimmt   es scheint aber die bedeutung von* widerlouf *noch prägnanter gewählt werden zu müssen, da im entgegengesetzten falle einzelne stellen unerklärt bli-ben. Ich glaube daher die bedeutung ,widergang' annehmen zu können, wie ja bei Hadamar* loufen *und* gan *ohne unterschied für das ,fliehen' des hirsches gebraucht werden. als beispiele greife ich heraus:* töthellic wilt mac ouch wol ûf dich loufen 52; so daz ez liefe swinde 454; ich hoffe, ez loufe 190; ich wæne, ez loufe 273 . . . . und ez gat alhie her sicherlichen 66; ez gât hie her 67;

ez gêt her ûf die herte *72;* ez gêt nu hie her abe *80* . . .). *die bedeutung von* widerlouf *als* widergane *erscheint mehr oder minder deutlich in nachstehenden (sämmtlichen belegstellen:* nu hât ez im gewunnen für sô verre, daz ich die widerlouf besorge sêre *156;* Ach, verrez fürgewinnen daz machet widerlöufe *223;* daz (Herze) jeit ir beider eine an einem widerloufe *202:* sô möhte ich und min Herze in langen widerlöufen wol verzagen *336;* swaz ez den tac mir widerlonfe machet *371;* Ir kunnet krumb widerlöufe slihten *406;* È ich die widerlöufe ûz rihte *540;* doch sich ich dick, daz Harre den snellen hunden widerlouf ab rihte *552;* Ich spüre an sînem fliehen der widerlouf sich driet *559;* *bildlich:* sô sint ir hazzes widerlöuf gedriet *446;* Ein widerlouf der triuwen hât frönden vil versoumet *534.*

157. abslihten *swv. auseinander schlichten; fehlt bei Lexer.*

158. *V. 1. 2. Mich haben meine hunde (mein jagen grau gemacht. Zu dem indir. anführungssatze* unnoetez klaffen von manger diet *ist ein „ist es' zu ergänzen.*

159. Ze bilde: *um ein bild zu gebrauchen, bildlich gesprochen.*

biulen *refl. „rundlich sich erheben, sich aufwerfen, anschwellen' s. Zeitschrift f. d. a. 4, 493 und Schmeller² I, 232; fehlt bei Lexer.*

161. niht liegent ez sich mæret *nicht mit lüge läfst es sich erzählen, es läfst sich nicht leugnen. V. 5—7. Beinbrüche, auswüchse, beulen und wunden (die man sich im dienste der minne zugezogen) werden oft gering geachtet, ein schönes haar gewährt manchem (bewerber) gröfsere rechte bei der geliebten .*

162. diu ougen verklænen *die augen verkleben, verschmieren: vgl. dâ mit im doch diu ougen sint verklænet 293;* Diu ougen hât gemachet der glaser dir, diu lâ dir gar verklænen *420.* **daz sin gesihte linget:** *dafs sein gesicht ihn täuschet.* **genæme** *adj. was gerne genommen wird, annehmbar; vgl.* Waz sol dem zagen ein schoenez wib genæme *Minners Klage (Schmeller) 625.*

163. hofwart *stm. hofhund; vgl.* swâ sich hofewart geheime flizzen *122,* sol ein geruoter hofewart nu Triuwen von einer verte dringen *539. s. Wackernagel in Germ. 4, 144.*

164. Holôr, Spitzmûl *hundenamen.* **ungenge** *adj. störrig, träge; vgl.* Gönd ist ein bunt ungenge *389.*

165. neren *stn. die nahrung: fehlt bei Lexer. vgl.* sô sol man sunder wanken gedenken durch ein neren *378.*

166. unrihtie *adj. hier: nicht abgerichtet; vgl. anm. 420.*

167. *V. 1—3. Ich habe meine zeit versäumt.* **erdûren** *swv. ertragen, aushalten.*

168. Heil *canif. nom. 391; dat.* Heile *168 und* Heilen *391, 502.*

169. Hoffe *canif. nom. 169, 466, 564; acc.* Hoffen *319 und* Hoffe *498.*

Gedinge *canif. nom.* Gedinge *169, 551, 564, b und* Gedingen *466: dat.* Gedingen *c; acc.* Gedingen *286, 319, 376, 559.* **Twinge** *canif. nom. 169: acc.* Twingen *370.* **durch versuochen** *um die fährte zu prüfen.*

172. versprich din eigen *vertheidige deinen sklaven.*

173. und hiete ich pris, daz würken wær din eigen: *und gelänge es mir, etwas preiswertes zu jagen, so wäre es dein verdienst.* **würken** *stn. fehlt*

194

bei *Lexer: vgl.* daz man diner güete würken an im schouwe *176. Zu beachten das wortspiel mit* din eigen: *172, 1, 6; 173, 6.*

174. zwivachen *refl. sich doppeln, zweifach sein.*

175. *Zu v. 1. 2. zu ergänzen ,bist du'.* wildieliche wilde: *unerreichbar. V. 3 bei Schmeller 5 hebungen.* hengel *st. subst. hier: zulassung, verhängung:* gœbe ich hengel *liefse ich auch ihnen freien lauf.* kober *adj. eifrig suchend, spürend; s. Grimm DWb. V, 1546 und Lexer I, 1658.* glien *stv. schreien, bes. von raubvögeln.* ungirdec *adj.* ich bin ungirdec *ich verlange nicht.*

179. drivaltec: *1.* das Herz *ist verwundet; 2.* das pferd *hat einen huf verloren; 3. die hunde haben sich verlaufen.*

180. wuofen *stn. das schreien, jammergeschrei.*

184. jagebære *adj. jagbar.* ,Jagdbar wird der hirsch angesprochen, so *10 enden trägt, auch wol schlicht jagdbar; so er aber mehr enden hat, wird er ein jagdbarer oder ein guter hirsch . . . genennt.' Döbel 1, 17; vgl. Grimm nr. 7, 17, 40 . . s. Weinh. BGr. 230. V. 6. 7. Kein könig war jemals so glücklich, es wäre viel, wenn er 'als könig' zum ziele gelangen würde.*

185. *Zu den worten* wan ich hân ic gehôret, *die das sprichwort* si müezen ab dem schifle, die verzagen *einleiten vgl. Zingerle Sprichwörter s. 6 f.*

186. niht ein vesen *nicht eine spreu = gar nichts; vgl.* ich wige ez gên ir allez als ein vesen *224. s Zingerle Über die bildliche verstärkung der negation s. 13 f.* hellic *adj. ermüdet; vgl.* der jagt daz hellic und daz wunde *287,* si jagent niur daz hellic und daz wunde *411.* fürschellic *adj. scheu vorwärts springend.*

187. *V. 1. Meine hunde haben das wild dennoch aufgespürt. V. 3. 4. König sei, der jemals unter bekannten oder fremden eine zartere gestalt gesehen als ich.*

188. leise *stf. spur, gefris; vgl.* hie her in jener leise sich ich die vart vermezzen *325.*

189. *Zu* man spricht *vgl. Zingerle Sprichwörter 6 f. Zu dem sprichwort in v. 6. 7. vgl. Zingerle Sprichwörter s. 129.*

190. vâhen *stn. das fangen; fehlt bei Lexer.* nuner dumen *entstellt aus lat.* in nomine domini, *s. die zahlreichen belege bei Lexer II, 119 f.*

193. affe *thor; vgl.* dort än lôn und machen hie ze affen *260,* Goud ist ein hunt ungenge, er machet mangen affen *389.* der sich mit irem wandel muoz besachen: *der sich mit ihrem umgang befassen muß, der der liebe verfallen ist.*

195. lieben *angenehm werden,* leiden *verhasst werden.* sich geheimen *swv. vertrauten umgang pflegen; fehlt bei Lexer.*

196. daz *in v. 3 concessive conj. obgleich.* geheime *stf. vertrauter umgang.* verlegenlich *adj. = verlegen durch zu langes liegen in trägheit ersunken, träg, tatenlos; hier entgegengestellt dem* ritterlich *in v. 6. Zu Schmellers schreibung* erobern *vgl. Lach. in Germ. 18, 271.* von fremden durch ihr zartes sich ferne halten.

197. under ougen *im gesicht; vgl. dagegen ob ez sich lieze durch Liebe, Harren under ougen sehen 262: diu siht ez under ougen daz ich für*

alle creatûr anschouwe *303;* die merker ich besorge, ob er in ander ougen
wurde erfunden *324;* swie ich doch under ougen etlichen hielt *325 und* der
wint im spotlich ünde sieht under ougen, daz er möhte erblinden *437.* **des
wil (ich) nimmer zougen** *das will ich nie vor augen bringen: ich will mit
ritterlichem werben nichts zu thun haben.*

198. *Allegorie von der architektur entlehnt; ebenso 282—285.* **ver-
varen** *hier ,einen falschen weg gehen, sich verirren.'* **snüeren** *hier ,mit der
schnur messen' Mhd. Wb. II, 2, 455; Lexer II, 1044 , ,die gerütelte schnur auf
ein holz, brett etc. schlagen' (Schmeller* [2] *II, 581).* **der wisen strâze wirt
gên dir verswigen:** *du wandelst (sonst) nicht auf der strafse der weisen,
du begehst etwas thörichtes.*

199. unjæric *adj. noch nicht ein jahr alt; vgl.* jæric *ein jahr alt:* ein
jærigez kint, swin, lembelin, *belege bei Lexer I, 1473 (Haltaus 1914 setzt für*
unjæric *,minderjührig' an).* *V. 7:* die fäuden sich mit ganz jungen hunden,
dazu bedürfte es keiner jägerkunst.

200. wart dienest dir erlonbet?: *hat dich deine herrin in ihren
dienst, als ihren ritter, aufgenommen? über die aufnahme in den dienst einer
herrin vgl. Weinhold Die deutschen frauen in dem mittelalter s. 164 f.*

202. weidgeselleschaft *stf.; vgl.* Ein herre ist wol geselle in weid-
geselleschefte *404.* **si** *in v. 7 :* Wunne und Fröude.

203. herte *adv. ausdauernd, hartnäckig; fehlt bei Lexer. V. 5—7:*
Wunne und Fröude *sind in gesellschaft treuer hunde auch treu, befinden sie
sich aber unter verschiedenartigen hunden, so hört man sie nie recht laut.*

204—208 *treten ganz aus dem rahmen der jagdallegorie: die allegorie
ist hier wie in 527 dem rechtsleben entnommen. Der zusammenhang zwischen
204 und 203 ein sehr loser: nur die worte* mit solhen bünden *könnte man
zur not auf die das wild verfolgenden hunde beziehen.* **ich leit mîn herz
gehenket dar an:** *das herz wird also hier der urkunde als siegel angehängt.*

205. geistlich, werltlich mac si mich wol laden: *sie mag mich vor
ein geistliches oder weltliches gericht laden. V. 6. 7. Ich kann kein* recht
gegen sie geltend machen, ich begehre nur ihre g u a d e.

206. ze solhen mæren *in solchen dingen, hierin.* **billich der sin
selbes triuwe anschouwet,** *der sieht wie billig seine eigene treue d. h. ist er
treu, kann er billiger weise auch auf treue rechnen'.*

207. *Der sinn der strophe folgender: nach den im lande geltenden
gesetzen mag sie recht haben, nach gottes recht aber habe ich es, wenn man mir
auch hier durch glossen gefahren bereiten will.*

209. Lide *conif. nom. 391, 437; dat.* Liden *318; acc.* Lilen *209, 319, 370.*

210. nein ich. *über die pronominale wiederholung des hauptbegriffes
der frage in verneinender antwort vgl. Grimm Gr. III, 766, Mhd. Wb. II, 1, 328.*

212. ralz *stm. hier: das begatten der vögel, bes. des federwildbrets; vgl.
Grimm DWb. I, 1094 f.* **mürdic** *adj. = mordic mordgierig.* **jäger-
hunt** *stm. jagdhund; vgl.* swâ wilt die leckerie næm durch neren vor valscher
jägerhunde *440.*

213. mit mangem ralschen eide si *(die jäger* swerent: *vielleicht eine
anspielung auf die lockrufe, womit die jäger das wild an sich zu locken*

suchen. **daz** *ist hier final.* **diu minneclichen bilde** = *das wild. Mit* **sin**
und den folgenden **er** *greift der dichter der gröſseren anschaulichkeit willen
aus dem collectiv si .r. 4. 5. ein individuum heraus und stellt dieses in den
vordergrund: vgl.* si tribent alefanzen ... der in mit gelt umb sinen hals
bezalte *316.* Untriuw si betzent .. den scheidet er *388.* **rüde** *sm. groſser
katzhund: vgl. 292, 314. 417, 507, 539.*

214. Wenc *canif. acc.* Wenken. *ein hund* Wenc *auch in der K. Jagd
c. 115, 139, 210 und bei Seifr. Helbling 4, 457 s. einl.).* **Wal** *canif.* **si** *in
c. 3 ist acc.* **ir edeln:** *im gegensatz zu den lögnerischen hunden*

215. hecke *stf. ,eine art falle zum fang jagdbarer thiere, wol daron so
genannt, daſs sie mit reisigem holz bedeckt ist' Grimm DWb. IV, 2, 744.
das fangen mit hecken galt für unweidmännisch; vgl.* swer aber wil erslichen
an hecken väben, des sol nieman prisen. ir ist vil, die ir ēren tuont ze leide
216; nu slahent si die hecke sô verborgen, nieman weiz wâ und wenne, ein
edel wilt sich dar inn mac erworgen *321;* das nyemant in demselben wiltbanne
jagen sall, dann ein keiser und ein faudt von Minzenberg, der sall jagen âne
hecken und âne garn tzu zocken; were darüber jagt tzu der hecken und be-
griffen wirt, der hat ein hant verloren *Grimm Weisth. 1, 498 (v. j. 1338).*

218. dri und drizie *bezeichnet wie das einfache* drizie *oft nur eine
gröſsere an sich ungewisse zahl; vgl.* driu unt drizec jâr *MS. 2, 143 b;* dri
unt drizec hundert *Bit. 48 b.* — drizec *erscheint sehr häufig in dieser un-
gefähren bedeutung:* Theodric ahte thrittig wintra Maringaburg *bei Grimm
Deutsche heldensage s. 20 vgl.* ih wallôta sumaro enti wintro sehstic *Hilde-
brandsl. 50;* Swenne iwer starke vinde ze helfe möhten hân drizec tûsent
degne, sô woldich si bestân *Nib. 159, 2 vgl. Lachmann zu dieser stelle;* Er
wolt in füeren dannen: dô wart er an gerant von drizec sinen mannen *ib. 189, 2;*
Die drizec er ze tôde vil werlichen sluoc *ib. 190, 1;* sold ich herverten durch si
in drizec lant *ib. 762, 3;* dar zuo git iu min herre wol drizec fürsten lant *ib. 1175, 3;*
er holte bi dem häre wol drizic in die ünde *Kudr. 135, 3;* daz vole von
drizec landen möhtz den ougen niht enblanden *Parz. 231, 25;* welh tugent
sich ir gelichet, der wærn gehēret drizec lant *W. Wh. 52, 20;* mir geschâhen
drizec ungemach *Trid. 4, 17;* Swelch man drizec tugende begât *ib. 46, 1;* Manec
man nimt von vremden landen eine mit drizec schanden *ib. 102, 15;* unt quæmen
zAkers drizec her *ib. 155, 10;* unt hete ein man mit siner hant verbrennet liute
und drizec lant *ib. 151, 15 u. o.* — *wie dreiſsig die bedeutung einer ungefähren
zahl erhalten konnte, läſst sich leicht aus dem umstande erklären, daſs man ein
menschenalter auf 30 jahre berechnete. später wurden* drizec jâr *auch die
bezeichnung für ,lange zeit' überhaupt ,so Parz. 226, 22* sine gæben für die
selben nôt ze drizec jâren niht ein brot; *ib. 565, 1:* für allen sturm niht ein ber
Gæb si ze drizec jâren; *Mad. 300:* dar nâch in drizic jâren wolt ich ir ge-
sehen niht; *ib. 420* lâ dich nâch einem bolze drizic jâre an widerkomen senden
u. o., es war somit nur ein schritt weiter, wenn man nach analogie von drizec
jâr *auch* drizec lant, drizec man *u. ä. sagte.* — *in den genealogischen legenden
bedeutet dreiſsig im allgemeinen das ganze geschlecht s. Lang Über die fabel
von den grafen Babo von Abensberg dreiſsig söhnen München 1813 und Baierns
alte grafschaften und gebiete 1831.* — *über den ähnlichen gebrauch von 20 als
unbestimmte zahl s. Sommer zu Flore 1292.*

219. die zwêne: Wunne *und* Fröude *202.* **der eine:** *von den*
drin *218, 6.*

223. fürgewinnen *stn. das gewinnen eines vorsprunges: fehlt bei Lexer.*
rinnen *stn. das schwimmen: fehlt bei Lexer. vgl.* ich wæn, der drier keinez
die dræten leckeri mit rinnen mîde *437.* **ez mac sich küelen in geselle-
schefte:** *es may sein herzeleid, im umgange mit anderm lindern; vgl.* welt ir
sanfte küelen iuwer herzeleit *Alphart 156.*
225. hinder sich gedenken *stn. erinnerung; fehlt bei Lexer I, 768.*
vgl. waz kan gedingen mit verzagen krenken? diu beste zit vergangen und
wider hinder sich dar an gedenken *226;* Mit hinder sich gedenken kan ich
min swebend herze in jâmers phuole senken *229;* hinder sich gedenken vil
manic swærez leit in herzen kündet *294.* **sinftliche** *adv. senfzend; fehlt
bei Lexer.*
226. Zu Waz kan schreckliche erschrecken *vgl.* mein herz schrick-
lich erschricket *Minne Falkner 17.*
227. widerkomen *stn. ersatz:* verlust an widerkomen; *fehlt bei Lexer
III, 840.* **verzaglich, verzagenlich** *adj. verzagt, mutlos; vgl.* Verzagenlich
gedenken vil guoter dinge wendet *236.*
228. meinen *stn. wolwollende gesinnung, liebe.*
230. sinne *stf.* = sin; *hiemit entfällt der augenaue reim bei Schmeller*
überkobernt : kobert.
231. stüend min zit gelichen an alter *erg.* mit dir.
232. dieben *swv. refl. sich heimlich einschleichen.* **bi fröuden zit:**
so lange sie jung sind. *V. 6. 7. Verließe unser wirkliches* (wesenlichez) *Leben
so, wie wir es wünschen, wir müßten uns darüber freuen. V. 7 bei Schmeller
7 hebungen.*
233. sich bekobern *swv. sich erholen, sich zusammennassen.*
234. fürgrifen *stv. vorwärts eilen; vgl.* Für grifen, balde ab stürzen kan
Helfe wol der alte *308;* Daz wazzer ûf und nider fürgrifet Stæte und Triuwe *438.*
sô trage ich wol in grâwe wize strifen: gräwe *adj. graue farbe;
fehlt bei Lexer)* hier die farbe des leides und der trauer *vgl. 529:* grâ trag
ich mit leide), wiz *die der hoffnung vgl. 244 : anders Cl. Hätzl. 166 a, 21*
Graw bedeütet mynne gût, Daby adel vnd hochen mût *und ib. 33* Weise vnd
graw vil fräd pringet, Wem an hocher lieb gelinget.
brûnen *swv. braun, dunkel werden: vgl.* ir klârheit muost vor jâmer
brûnen *j. Tit. 2414.*
236. *V. 4. 5. Soll man nicht lieber auf liebe verzichten, um nicht von liebe
leid zu erfahren?* **ûzbrüchic** *adj. ausgebrochen:* der êren ein ûzbrüchic scharte.
237. *V. 6 bei Schmeller 5 hebungen.*
238. töhte: *so wäre es gut, ich könnte mir daran ein beispiel nehmen.*
239. verwerrenlich *adj. verwirrend.* **vor vischen** *wegen des fischens.*
bêre *swm. sackförmiges fischernetz.* **vischen âne bêren:** *etwas nutzloses
thun; ähnlich die sehr häufig begegnende redensart* vischen vor dem bêr: Lieber
kneht, mir ist leit, daz du vischest vor dem bêr *Seifr. Helbl. 2, 549;* Ir rät-
mezzer gar âne sin, sam der vischet vor dem bêr, welt ir volgen miner lêr
ib. 4, 77; Ze hant er wônt er sy gewert Er vischet fer vor dem bere

dert *Lassb. l.s. 1.* 155, 98; Ze bannd maint er, sy ze hân, Vnd sol In pald geweren; Der vischet vor dem peren! *Cl. Hätzl.* 169 b, 126; Ich bin so tumb des mnotes. daz ich gar ferre vische vor dem bêrn *Minne Falkner 176*; Wer vor dem pern fischen wil, der mag sein arbait verliesen *Cym.* 270, *fol.* 74 b und 379, *fol.* 37.

240. durchkumen *str. durch etwas kommen.*

241. stein: *probierstein. V. 7. Untersuche ob der gewinn ein echter ist.*

242. *Über die farbensymbolik im mittelalter vgl. F. Portal Couleurs symboliques dans l'antiquité, le moyen âge et les temps modernes. Paris; Weinhold Die deutschen frauen 438 ff.; Bartsch in Germ. 8, 38 ff.; Zingerle ib. 8, 497—505; F. Stark ib. 9, 455 f., Wackernagel Die farben- und blumensprache des mittelalters in Kleinere schriften 1, 146 ff. und Geschichte der d. Lit.² 374, 90.*

243. Grüen *bezeichnet den anfang der minne; vgl. die belege Germ. 8, 499 f.* **daz diu liebe sich mit lieben fünden müeze niuwen**: *dass die liebenden immer nur schöne eigenschaften an einander entdecken und sich um so inniger lieben.*

244. Wiz *bedeutet hoffnung; vgl. Germ. 8, 497 f. noch unbekannt und ungedruckt ist eine deutung der weissen farbe, die sich im cod. 2940 der wiener k. k. hofbibliothek (15. jh.: papier) findet und die ich nachstehend mittheile.*)

    Westu van der witten varwe nycht mere   *fol. 110 a.*

     wit is en leue wan

     we vu holt vp der lene ban,

     dem wert en vmebefanck

5   van twen witten armen blanck

     vnd en kussent dorch wit ghestrichet

     dat leff van leue blvst vnnerblicket [1])

     gach ieman van naturey

     dorch reyne wit so dan figurey

10   de gheschycket was vp lenen wan

     druut is dy nycht mer kunt ghedan

     wit is dat hogheste kleyt

     dar de engile syn mede bereit

     in mennigher hande cyren

15   wor men den hilghenlicham schal succiren [2])

     dar wit banen alle varwe gât

     god ghift sik suluen an en wit dat broet

     men lecht gude vp en wit corperal

     dat nene varwe van altemal

20   nach der witten varwe liken syn

Der text ist wortgetreu zum abdruck gebracht und sind nur die abkürzungen aufgelöst sowie die grossen anfangsbuchstaben der verse 2—27 durch kleine ersetzt worden.

[1]) blvst vnner — *unleserlich.*   [2]) succi — *unleserlich.*

ge gheit banen al den schyn
wiff wultu wit draghen tv rechte
so hebbe leff de truwen knechte
dar tv dynen werden deustman
25 so drágestü wit vp leuen wan
vnd lenest wol in aller enghel wise
dyn schaffer sy de voghet van dem paradise.

245. Rôt *bezeichnet ein liebendes herz; vgl.* lieb die ist roit, wis in der noit bla is si an der stede *Muscatbl. 38, 86. s. Germ. 8, 501 j.* laben *stn. erfrischung, labung; jehlt bei Lexer. vgl.* geselleschaft was ie der minne ein laben *396;* din mir ze helfe kæme an krefte laben *471.*

246. Blâ *ist die farbe rechter treue; vgl. Germ. 8, 500.*

247. Gel *die der erfüllten, gewährten liebe; vgl. Germ. 8, 498.* gewert *part. adj. gewährt; jehlt bei Lexer.* brechen *stn. vgl.* der unstæten trugelichez brechen *447;* ein brechen rehter stæte *523.*

248. Swarz *bedeutet leid und trauer; vgl. Germ. 8, 502.* anvâhen *stn. anfang; jehlt bei Lexer I, 84.*

249. visament *stj. beschreibung.* blenke *adj.* = blanc; *jehlt bei Lexer.*

252. *Übergang des satzes aus einer strophe in die andere auch 326—327, 392—393.*

253. *Zu dem sprichwort in v. 1. 2:* zuo liebem kinde gehoeret besem grôze *vgl.* Je lieber kint, ie groezer pesen *Wolkenst. 19, 4, 10:* Wie lieber kint, ye scherffer ruot *Muscatbl. 120, 8;* Liebem kinde ist guot ein ris *Marner MSH. 2, 251 a . . . Zingerle Sprichwörter s. 81.* lunzen *swv. schlummernd verweilen, schlummern.* ze schanze ligen *auf dem spiele stehen.* der = *wenn einer.*

254. *V. 3. 4. Oft nennt man etwas* minne, *dem der name der minne nicht zukommt.*

255. *Wende dich von der welt ab und jage nach der fährte, die zur ewigen seligkeit führt.* Wolt ez din jugent lîden: *im gegensatz zum alter, wo eine abwendung von der welt leichter zu begreifen wäre.*

256. gelouben *stn. Glaube; fehlt bei Lexer.*

257. ob aber ich erwinde *erg. dieser irdischen fährte nachzujagen.*

259. in gesellechefte: *in freundschaft.* ob dû ez wilt ze guote mir vervâhen: *wenn du mir es nicht übel nimmst.* V. 6. 7. *Es könnte einem, der das wild nie gejagt, nicht jerner stehen als es dir steht.*

260. verhelen *mit doppeltem acc.* (dich und das verschwiegene ez)

261. die zal überzelen: *ausdruck für etwas unnützes; vgl.* vischen âne bêren *239.*

263. unhelfliche *adv. unnütz; jehlt bei Lexer.* immer *subst. adv.; jehlt bei Lexer.*

265. Riuwe *canif. acc.* Riuwe *265, 296 und* Riuwen *288. V. 6 bei Schmeller 5 hebungen.*

266. Gedulde *canif. dat.* Gedulden *266; acc.* Gedulde *552.* sündic *adj.* sündic weinen *ein weinen über sünden; jehlt bei Lexer II, 1303.*

267. **sich verharren** *sich aufhalten; fehlt bei Lexer III, 125.* **ungotliche** *ode. gottlos.* **ungotliche wise** = **vernarret.**

268. **slä** *stf. spur, fährte.*

269. **fürgebûwen** *stn. das sich erlassen, die zuversicht; fehlt bei Lexer.*

271. **vaste** *des reimes wegen für* **vastes,** *s. einl.*

273. **des endes in eum** locum, *dahin; ebenso 313:* Des endes ich dô kêrte. **seil:** *seil, mit dem sie die hunde gehalten werden, koppel.* **im:** *dem wilde. V. 6. 7. . . . damit es diesen hunden entgehe.*

274. *V. 1—3.* Doch hiefs ich *(meine knechte, ihm dem haufen fremder hunde zu erlauben, dem wilde nachzujagen (*vz rouben*), so lange es schneefreie offene stellen meidet (*= eine hindin ist*. V. 3 bei Schmeller 5 helmngen. In v. 7 nach Schmeller zu lesen:* liefén und ich.

276. **gunnen** *stn. wolwollen; fehlt bei Lexer.*

277. **genâden** *mit dat. der sache: von etwas abschied nehmen, auf etwas verzichten. s. Schmeller[2] I, 1726; fehlt bei Lexer I, 851.* **daz** *in v. 6 =* so dafs.

278. Zwischen dieser und der vorhergehenden strophe *277* scheint zum mindesten eine strophe zu fehlen; sie mufs eine hindeutung auf gesellschaft oder gesellen *und die frage des miauwjägers enthalten haben, wie man einen* guoten gesellen *erkennen könne.*

281. **geselleclicher orden** = gesellichiu fuore *203!, gesellschaftliches benehmen, betragen in der gesellschaft, gesellschaftliche pflichten.*

282. **mezzen** *stn. das messen;* vgl. ob si mit mezzen wæren niht besachet *323.* Swer siner jâre mezzen alsô muoz vertriben *380.*

283. **ez ist doch ie daz leben:** *es ist doch immer nur das lebensverhältnis die lebenstage, das die hier den ausschlag gibt.*

284. **denen** *stn. das denen; fehlt bei Lexer.*

285. **beginnen** *stn. das beginnen; fehlt bei Lexer.*

287. **Wâge** *canif. nom. 289; dat.* Wâgen *288; acc.* Wâgen *287, 288, 289.*

288. **Rüege** *canif. nom. 451 acc.* Rüegen *288; vgl. Jagd 207, 251 . . .* **Klaffe** *canif. acc.* Klaffen *288, 389.*

289. **Mâze** *canif. nom. 323; dat.* Mâzen *153; acc.* Mâzen *289 und* Mâzo *369; vgl. Jagd v. 110.*

291. **Gedanke** *canif. nom. 372; dat.* Gedanken *319; acc.* Gedanken *291, 371.*

292. **mit ungerate fröuden:** *mit mangel an freuden, ohne freuden.*

293. Über die persönlichkeit herzog Ludwic des grisen von Decke *vgl. Stälin Wirtembergische geschichte 3, 697; K. Pfaff Geschichte der herzoge von Teck in den Wuettembergischen jahrbüchern 1846, I, 110 f.; Zeitschrift f. d. a. 22, 271. hier erwähne ich nur kurz, dafs Ludwig IV(?) von Teck etwa zwischen 1275—1280 geboren wurde, bald mit dem hofe von Bayern in verbindung trat und sich wegen seiner grofsen anhänglichkeit bei kaiser Ludwig dem Bayer h he gunst erwarb. der kaiser machte ihn zum hofrichter vor dem 11. Juni 1337 und später zum hofmeister. Ludwig starb um das jahr 1352, ohne kinder zu hinterlassen. sollte er sich erst als bejahrter mann vermählt haben? eine solche annahme würde die nicht gerade zarten anspielungen in str. 293—295 leicht erklären. von seinen familienverhältnissen ist eben nur wenig bekannt; nach seinem tode löste Otto von Nisenbach die veste Farzburg von seiner*

witwe ein und wurde damit am 22. september 1352 von markgraf Ludwig von Brandenburg belehnt Lang Reg. boic. 8, 852. die erwähnung des greisen herzogs ist für die zeitbestimmung von Hadamars gedicht von gröfster wichtigkeit, da es ohne sie wol kaum möglich wäre, einen bestimmten schluss auf die person des dichters und die zeit der abfassung seines gedichtes zu ziehen.

294. Zu nù lât in büezen, dâ mit er gesündet *vgl.* man büezet dâ mit, mit dem man dâ sündet *541: s. Zingerle Sprichwörter buchlese, s. 192.*

295. Der ist nu abgeschriben: *der ist nun abgeschrieben, du bist die* copie. kom ez al sô her: *geht es so fort dafs ich nutzlos dem wilde nach-* jage. also kom (ich) ouch hinne: *so komme ich auch dahin dafs mir wie jenem herzoge* alters kranken der minne were entwildet). *zu* hinne *vgl. Weinh. BGr. 252.*

298. muotmacherinne *stf. die mut macht, die den mut aufreibt.*

299. phlihte *stf. gemeinschaft.*

301. Zu v. 1. 2. zu ergänzen swenn ich ... wolte. V. 3 bei Schmeller 5 hebungen. und (swenn ich) minem herzen borgen (wolte) *und wenn ich mein herz schonen wollte.*

302. widerwegen *str. aufwiegen, das gegengewicht halten.* volkomen *stn.* = volkomene *vollkommenheit; fehlt bei Lexer.* der kan niht witze phlegen: *der hat keinen verstand.* widerwegen *stn. gegengewicht; vgl.* kein widerwegen mak din gepflegen, die wil daz leben hat heiles segen *MSH. 2, 344 b.*

303. værlichen-e *adv. aus dem hinterhalte, hinterlistig, in böser absicht; vgl.* niht værlich gezucket *326;* ir falscher muot værlichen ioch erværet *409;* ê daz ich immer wolde værlichen mir gedenken *417.*

304. Werre *conij. dat.* Werren *563.*

306. spotte *swm.* = spottære *spötter; fehlt bei Lexer. Schmellers* Vil hunde ist gemeine, die lûten unde rötlen. An iglichem beine wünsch ich in lam, die man dâ nennet spöthen *beruht auf jüngerer überlieferung.* widerspot *stm. gegenspott.*

307. Gelückes rat *das sich wälzende rad des glückes, s. Lexer 1, 829; II, 346.*

308. abstürzen *swv. zum sturze bringen, stürzen; obj. acc. (ez) verschreiegen. das Mhd. Wb. II, 2, 646 b und Lexer II, 1282 nehmen hier irrig die intr. bedeutung ,umsinken, fallen' an.*

312. Irre *conij. acc.* Irren *312, 314.* Triege *conij. nom. 447, 448, 450, 452, 557; dat.* Triegen *449; acc.* Triegen *312, 498; vgl. Jagd 189, 295.*

314. zerwalken *swv. zerbläuen, zerreifsen; vgl.* ob man ir læt den bale die wind zerwalken *432;* ouch wart al dâ den schalken ir lip vil wol zerwalken *Martina 212, 30.* — sô si (die hunde acc. die wolfe walken *Had. 214.* — nu wil man ez mit birsen sô durchwalken *510.*

315. vil jägerknehte: *es sind fremde jagdgesellen, die unserem minnejäger conurrenz machen.* jû *interjektion zur bezeichnung der freude, ein jägerschrei; vgl.* Hetztet vnnd jagt er (der jäger) inns horn, schreyt: ju, ju, antwortet den jagdhunden den hirsch für. *Jägerkunst 19 a;* miu munt nû aber jû! an Harren schriet *Had. 559;* in schoch! in schoho ob ers horen mchte *Minne Falkner 79;* Mein lüder warff ich umbe, und schrai laute: iu schoho!

ib. 96; in schoho! wart nit verswigen *ib. 120.* **etlicher:** von den jäger-knehten.

316. schranze *swm. schranze, geck, böser jäger:* si tribent alefanzen, gnot wilt wær von den selben unernerte. **alefanzen triben** *schelmerei treiben; rgl.* Swer wil mit allen schanzen ûf heben ân dar legen und tribet alfanzen *399.* **der in mit gelt umb sinen hals bezalte:** *wenn einer ihm doch seinen hals mit geld bezahlen könnte!* **318. blâsen** *stn. das blasen; fehlt bei Lexer.*

319. Swige *canif. acc.* Swigen *319, 371.* **Mid** *canif. acc.* Miden.

321. den guoten den muot = den guoten muot. **in der gemeine:** *öffentlich.* **si:** *die fremden* jägerknehte, *die* schranzen. *Zu v. 5 rgl. anm. 215. jäger, die mittelst wildhecken jagdbare thiere fangen, nennt die jägersprache heckenjäger, heckjäger; rgl.* So zucht dort her by ainem hag Ain heck jäger dem was zorn *Lassb. Ls. 2, 297, 143;* Der heck jäger iagt bald hin nach *ib. 306, 463;* wo man einen drüher *fallensteller,* begriffe oder einen heckenjeger, dem sall mann iglichem die rechten hant abeslagen. *Grimm Weisth. 1, 498 (v. j. 1338).*

323. machet: *prädikat im sing. zu mehreren subjekten s. Grimm. Gr. IV, 198 ff. rgl.* Bete, ersinftie rinwe, gerhtieclich begeren erwirbet fröude niuwe *1:* nâch dem sô kobert Harre und Wille *140; 186, 6; 265, 4; 319, 4; 438, 2; 447, 3.* **grillen** = grellen *laut, vor zorn schreien.*

324—329 *sowie 356—358 und 474 abschweife von der sonstigen zartheit unseres dichters.* **324. Blic** *canif. acc.* Blicken. **ranc** *stn. das ringen, schnelle wendung, bewegung.*

326. smutzerlichen, -e *329. adv.* = kusliche.

328. tjost *hier scherzhaft den coitus bezeichnend. Zu v. 5 rgl.* ob ich bi liebe læge; Sulch kouf brichet arm, noch brein, man vellet ouch dâ ûf keinen stein, Der ie man bræche den gebel *Gesammtabent. 3, 377, 776 ff.*

332. süezen *stn. das angenehm machen, die erquickung; fehlt bei Lexer.*

334. herzentrûte *swf. herzensgeliebte; fehlt bei Lexer.*

337. si kobernt bi gruoze: *,der jäger grüfst den hund, wenn er ihn anspricht, ihn auffordert die fährte zu verfolgen'; rgl.* Jagt ein man eins herren wilt mit sinem willen, und fluhet ez in des herren banvorst, er sol den winden wider ruofen. und mag er si niht wider bringen, er sol in nâch volgen und sol sin horn niht blâsen in dem vorste noch die hunde niht grüezen *Schwabensp. 252, 10.* dô gruoztern als ein snochhunt *le. 3891;* den sol din jagen lieplich grüezen *Hod. 52;* ob sich Lust lieze hoeren und daz ich in mit jagen solde gruezen *ib. 385.*

338. daz mort mit mordes übergolde *erg.* geschiht. übergolt *stn.* = übergulde *übergeldung; rgl.* ô güete, dû ein übergolt und ein gezierde bist alles des wunders *Myst. 1, 371, 22.*

340. ich erkennen, *ebenso* ich wænen. *über die endung -en in der 1. rgl. präs. s. Grimm Gr. 1, 915, 958, 1013;* Weinh. *Bür. 280, Mhd. Gr. 350.*

341. Zo der Kriechen golt *rgl.* wær diu al der Kriechen hort von golde *416;* Daz næm ich vür der Kriechen golt *Gesammtabent. 2, 361, 5.*

342. schrewen *swv.* = schrejen *spritzen, stieben; fehlt bei Lexer.* **allermännclich** *jedermann; fehlt bei Lexer.*

344. wilt daz sich lât durch gâb mit gelde koufen = *meretrix.*

345. Ende *canif. nom.* 345, *416; dat.* Enden *359, 415; acc.* Enden *348, 352.*

346. frechen *swr. refl. sich frech benehmen; fehlt bei Lexer III, 494.*

347. toeren *stn. das betören, betörung; vgl.* lâset euwer toeren sein *Keller Erz. 212, 22.*

349. frâg und antwort: *mit beziehung auf die meist in frag und antwort gegebenen ,Wâydgeschrey oder jägerische* Dialogi.'

356. Smutz *(kuss)* canif. nom. *356; dat* Smutzen *357, 358.* Smutz *hat hier gewiss die bedeutung kuss und hängt nicht, wie Grimm in der Mythol.[4] 3, 6, meint, mit dem jägerausdruck* schmotzen, *den hasenruf nachahmen (Schmeller 3, 479, zusammen.* widerbrennen *swr. fehlt bei Lexer.*

357. butze *swm. poltergeist, schreckgestalt.*

358. Schrenke *canif. nom. 358; acc.* Schrenken *358, 359.* siden breit *bildliche verstärkung der negation; vgl. unser ,haarbreit'. belege für jenen ausdruck, die bei Zingerle Über die bildliche verstärkung der negation fehlen, s. bei Lexer II, 904.*

367. Ich muoz mich armen wenen *ich mufs mich daran gewöhnen arm (unglücklich) zu sein.* Sene *canif. gen.* Senen *370; dat.* Senen *367, 371, 405; acc.* Senen *370.*

369. *Zu r. 7 vgl.* dâ ich was wirt mit stæte, dâ zelt man mich nu leider zeinem gaste e.

371. Troum *canif. acc.* Troumen.

374. *V. 2—4. ...dafs ich die wegen ihrer liebessehnsucht verspottete, die mir früher (als* senende, *bekannt wurden, die ich als s. kannte...*

375. storre *swm. baumstumpf, klotz.*

377. bite *stf. das stillhalten, verweilen, zögern.* Zu hoert ieman sagen oder singen *vgl.* hoert ieman sagen, singen *523. selbstredend ist in beiden fällen das* sagen *und* singen *zur blofsen formel geworden.*

378. vider *stn.* = gevider; *fehlt bei Lexer.*

382. ungewouliche *adv. ungewohnt; fehlt bei Lexer. V. 3—5. Es ist bitter die angeborene natur einer gewohnheit anzupassen; ebenso thut es aber auch weh, mit einer gewohnheit zu brechen.* in: natûre und gewonheit.

383. *V. 1 zu* frô *erg.* sîn. ûzwendiclichen *adv. äufserlich.*

384. *Vgl. zu dieser strophe das gedicht ,Nein und ja' in Germ. 17, 442 f.* neinen *refl.:* wil jâ sich neinen *will ja zu einem wiu werden.*

388. si: *die jäger.* Untriuwe *(canif.)* in Triuwen lûte: *Untreue mit der stimme der Treue.* wer (der frouwen) des niht erkennet: *wer den unterschied zwischen Untriuwe und Triuwe nicht kennt. Zu* er *vgl. anm. 213* von der hûte scheiden = die hût abe schinden.

389. Göude *canif.*

390. sich begân *c. gen. sich ernähren: hier in übertragener bedeutung* er muoz sich begân ir beider *er mufs beide* Fröude und Leit *hinnehmen.*

392. *Von anaphoren noch zu verzeichnen:* wâ ist lieb âne riuwe? wâ ist der stæte bunt ân allez trennen? *35;* Owê der widerparte, owê dem armen senden! *149.*

395. der dâ wænet, der weiz ét niht *das bekannte ,glauben heifst nichts wissen'; vgl. 12;* swaz mîn ouge reht ersiht, daz weiz ich unde wænes

niht *Trid. 115, 24;* Herre, der wænet, der enweiz *Neijr. Helbling 8, 543;* Sol
einer recht sein, er mafs wifsen und nicht wänen *Aventin Chron. 177;* du
solt wizzen und niht wænen *Bert. 87.*

397. geselliche läge *entweder nachstellung, die man dem beisammen-
sein der liebenden bereitet oder* = *coitus.* **ûf alle schanze** *auf alle
wechselfälle. V. 4—7.* Dagegen wäre der **muot** desjenigen mit der barten
besniten, *der wol um das beisammensein wüfste und auch zur rechten Zeit ver-
schwiegen und sagen künnte, was ihm dem beisammensein unheil anwenden
möchte, und es doch nicht thäte diese letzten worte sind zu ergänzen).*

398. Gesellen mit dem munde ... dar zuo so sollen guot gesellen
swigen : *anakoluth.* **und daz** *und wenn auch.*

399. schanz *hier: spiel, glückspiel.* **legen** *stn. das legen; fehlt bei
Lexer.*

400. einen zoumen *einen gefangen nehmen, indem man den zaum seines
rosses ergreift, ihn gefangen fortführen; hier bildlich.* **beschüren** *mit einem
schür einhegen, beschützen; vgl.* harr, ob dich ieman welle beschüren vor ir
giftic zunge snalle *403.* **kein** = dehein. **entûren** = entiuren *swv. den
wert benehmen, erniedrigen: hier mit gen.:* sîn.

403. horden mit *mit etwas wucher treiben.*

404. ein herre: *wer wol dieser herre sein mag? aus den worten* nu
ist ze hôch sîn wirde *könnte man vielleicht auf kaiser Ludwig den Bayern oder
auf markgraf Ludwig von Brandenburg rathen. keinesfalls aber dürfte dieser
herre mit jenem in str. 293 erwähnten* herzog Ludwic dem grisen von Decke
*identisch sein. V. 6. 7. Er steht mir zu hoch, als dafs ich armer es versuchen
könnte seinen beistand anzurufen.*

407. merken *stn. das aufmerken, aufpassen; fehlt bei Lexer. vgl.* än
merken nieman wesen mac geselle *408;* Man mac mit merken leiden und lieben
sich, diu beide *410.*

409. ervaren *swv. überlisten, betrügen.*

411. abgelâzen *part. adj. verlassen;* mit hunden abgelâzen *von hunden
verlassen.* **einen:** *es ist dies der 3. weidmann, der unserem minnejäger
begegnet.*

413. die zit veraffen *die zeit in thörichter weise hinbringen; vgl.* ob
wir veraffen unser jugent *Renner 6629. Zu dem sprichwort in v. 6. 7. vgl.*
Plus valet in manibus passer quam sub dubio grus *Mone Anz. 7, 504;*
Ein sperling in der hand ist besser denn ein storch in der luft (eine taube
auf dem dach) *und das derb-volksthümliche:* Besser eine laus am kraut als
gar kein fleisch. *vgl. auch Zingerle Sprichwörter s. 111.*

415. hôre: rôre *auch 502.* Zâ der hunt hât ûf der hinte vil
genozzen *vgl. „Man sole brod nehmen, und dasselbige mit käfs vermischen, zu
kleinen stücklein zerschneiden, alsdann den schweiß des hirsches nehmen, das
brod und käs damit begiessen, und wann es alles mit schweiß wohl übergossen
ist, einen guten hafen voll warmer milch darüber schütten, alles miteinander
vermischen, auf die hirschhaut an einem lustigen sauberen ort ausgespreitet,
ausschütten ..... wann dann der gepfntisch wohl auf die hent ausgeprasset,
so solle der hirsch-kopf in die mitte gelegt werden.' Jagd-Lust 1, 177 f*

416. unbeschatzet *part. adj. hier ungeschätzt, nicht nach seinem (grofsen) werte geschätzt.*

418. erben *mit acc. der sache: vererben.* **lâ si dinem lieben kinde:** *Hadamar IV. der sohn unseres Hadamar und der Elsbeth (von Vainingen) erscheint zum ersten male in einer urkunde rom jahre 1350: ,Die Weidenhüler haben dem kloster und pfarrer zu Pulnhofen eine gült auf dem hofe zu Egelsee zu einem seelgeräth vermacht. herr Michel, z. z. pfarrer das. wechselt dieselbe gegen 16 schilling reg. pfg. auf dem, dem herrn Hadamar von Laber dem ältern und Hadamar von Laber dem jüngeren gehörigen eigenen hofe zu Prunn, worauf Ulrich der maier sitzt, aus, worüber die beiden h. v. Laber urkunde ausfertigen.' Verh. des hist. vereins von Oberpfalz und Regensburg 23, 122. Hadamar IV. mochte, als sein vater die Jagd dichtete, ein knabe von 5—10 jahren gewesen sein, vgl. über ihn Plass: Die herren von Laber ib. 21, 161.*

419. rat *hier: ein hinrichtungswerkzeug.*

420. nnrihtic *adj. hier: nicht recht geschaffen, misgestaltet.* **unbesachet** *part. adj. misgestaltet.* **widerkomen** *stn. wiederkunft; vgl.* min herzo grôzen kumber dolt umb daz widerkomen din *Dietr. 7303.*

421. widerspenen *stn. das widerstreben.*

422. *Den beiden streitenden gesellt sich ein neuer jäger zu.* **ez·** *das von den hofhunden gejagte wild.* **hahse** *swf. kniebug des hinterbeines; vgl.* daz ist ein warte, diu bedarf wol winde, die im (dem wilde) die hähsen rüeren 434.

423. satelgêre *swm. satteltasche.*

424. vil manger jeit ân bogen: *mit netz und seil.*

426. er *in v. 5 bez. auf einer in v. 3.* **der lac und sliefe:** *also nichts that, um das wild zu gewinnen.*

427. er: *der 2. weidmann.* Die **leckerie,** *von der hier und in den folgenden strophen die rede ist, besteht darin, dafs das wild, wenn es gejagt wird, nicht selten seine letzte zuflucht zum wasser nimmt und sich durch schwimmen zu retten sucht. vgl. Jagd-Lust 1, 161 f: Weiter ist zu wissen, dafs wann der hirsch erjagt ist, und irr gemacht worden, seine letzte freyheit dem wasser zu ist, und rinnet viel eher das wasser hinab, dann hinauf, sonderlich wann der flufs starck laufet, dieweilen er wohl weifs, dafs die hunde viel grössers verfahen im aufsteigen, dann sonsten von ihme gehaben mögen, und der flufs den besuch hinweg nimmt, so mufs er auch mehr arbeit im aufsteigen haben. Dorbey ist auch zu wissen, dafs ein hirsch, der lang geloffen ist, und ein wasser antrifft, sich von stund an hinein begiebt, mitten dadurch rinn' und sich aufs beste hütet, dass er nicht etwann hecken oder stauden, zu beyden seiten des wassers berühre, und dadurch ihm die hund verfahen möchten ... vgl. noch die stellen bei Hadamar:* diu leckerie hât vil manic giezen *428;* ez wirt in der leckeri verloren *429;* daz ist ein warte, diu bedarf wol winde, die im die hahsen rüeren, ê man ez in der leckerie vinde *434;* ez ist diu leckerie kunt dem wilde *435;* ich wæn, der drier keinez die drâten leckeri mit rinnen mide *437:* Stæt unde ouch Triuwe beide nngern rinnent besunder in dem wazzer, dâ si sich tief der leckeri versinnent *438;* Ez kan diu leckerie wildes neren wunder *439;*

Daz wilt bedarf wol flühte ouch gên der leckerie *410:* swâ wilt die leckerie
næm durch neren vor valscher jägerhunde, den selben louf im nieman solte
weren *440;* Gelücke ist zuo der leckerî der beste *442:* Swenn ez hât für
gewunnen in der leckerie *444;* Sol Triege Triuwen dringen von siner verte
stieze, dâ mac ouch wol entspringen diu leckerie und ir falscher grüeze *447.*

429. trenken *swv. hier: nass machen.*

430. undersetzen *swv. weidm. über die art und weise des „untersetzens‘
belehrt ausführlich die Jagd-Lust 1, 162: „Auf solche weise (vgl. anm. 427) sollen
die zu rofs und fufs wohl abgerichtet seyn, und an dem ort, da der hirsch ins
wasser sich begeben hat, verbrechen, und achtung geben, wo hinaus er seinen
kopff gewendet, welches sie verstehen können aus der fluche und hunden, die
sie hindurch schwimmen lassen sollen, dann wann der hirsch angerühret hat,
so können sie dadurch die rechte fahrt bald wiederum einfallen. Oder es mag
der jäger an der trübe des wassers, oder dafs der hirsch etwann grafs-bintzen
oder anders niedergetretten, seine fahrt, und wo er hindurch gerunnen, ver-
mercken, wann dann sie gewisse urkund haben, wo der hirsch hinaus ist,
sollen sie ihren hunden zurücke aus dem wasser ruffen, damit sie sich nicht
verderben oder erfrieren, und da drey zu rofs bey einander seyn d, zween auf
der einen seiten des wassers halten, der ander der länge nach hinnach, da der
hirsch den kopff hinaus gewendet, nachfolgen, und zusehen, ob er ihn etwann
rinnen oder sonst ersehen möchte. Die andern zween, so auf der seiten des
wassers blieben, sollen ihre hunde wiederum zu beyden seiten des wassers an-
führen, und doch ziemlich weit vom wasser, dieweilen sie viel eher den hirschen
auf 20 oder 30 schritte, dann nahe darbey, oder auf dem gestade, verfahen
können.‘* **schelkel** *stn. dem. zu schalc.* **widerstillen** *swv. gegenseitig
zum stehen bringen; vgl. Weinh. BGr. 236.* **Zu die vohen man mit** *vohen*
widerstillet *vgl. Swer vuhs mit vuhse vähen sol, der muoz ir stige erkennen
wol Vrid. 139, 3. Zu v. 6. 7. vgl. lat. spriche. Siluis immissum solet echo
remittere bombum und Sicut silva personet, sic echo personet; swie man ze
walde rüefet daz selbe er wider güefet Vrid. 124, 3; Wie yeder vor dem wald
jn hylt, des glich jm allzyt widerhyllt Brant Narrenschiff 69, 5; Zingerle
Sprichwörter 162 f.*

431. schalkes fuore walken *sich wie ein schalk benehmen.* **oder
vähen sust in netzen** *schliefst sich an hetzen in v. 5 an; vgl. str. 433, in der
ebenfalls ein satz v. 6 mitten in einen andern gestellt ist.*

434. Rummelslite *jag. name: vgl. anm. 12. -lite bergabhang, halde.
eugilde : wilde s. Weinh. BGr. 146.*

439. Zu v 7. vgl. *parva scintilla magna sæpe excitat incendia.*

440. Mit der durch alle alten handschriften bezeugten schreibung
flühte : zühte fällt Bechs bemerkung in Germ. 18, 274.

444. Affental *jag. name: vgl. anm. 12.*

445. serben *hier mit gen. der sache: hochgemuete: vgl. die in rans.
bedeutung (dahinsiechen in 161: muoz ich immer mêre serben.*

446. von hals: *mit der stimme, mit rufen: von halse und mit dem
horne jagen die jagd mit rufen und hornklang begleiten.*

451. müslichen *adv. nach mäuseart, heimlich.*

455. beizen *swv. weidm. vögel mit falken jagen.*　**sunder** *hier adv.*

456. schraf *stm. zerklüfteter fels.*

457. Tautenbere *fing. name; vgl. anm. 12.*

458. rie *stm. hier: enger weg, engpass.*

459. sperîsen *stn. die eiserne spitze des speeres.*

460. sich überdenken *sich vergessen.*

461. swinrüde *swm. saurüde; fehlt bei Lexer. die saurüden gehören zu den schweren (grofs und starken) hatzhunden, womit man grobe sauen, und selbst hauende schweine fangen kann. sie haben viel muth und können gut laufen Hartig.* **Scham** *canif. nom. 540; acc.* Scham *461.*

462. toeten *stn. das töten; vgl.* welt ir uns toetens machen vri Parz. *259, 11.*

466. Gruoz *canif. dat.* Gruoze *466; acc.* Gruozen *514. V. 5 hat bei Schmeller 7 hebungen.* **verniuwen** *stn. das erneuern; fehlt bei Lexer.*

467. widersinnen *str. auseinander gehen, sich widerstreben.*

471. abdonen *swv. herabsinken; fehlt bei Lexer.*

472. diu kan, daz mir diu stimme wol kan weren = ir stimme mir (ez) wol kan weren *(gewähren).*

473. *V. 7 hat bei Schmeller 7 hebungen.*

474. henden *swv. mit händen versehen; vgl.* der also gehendet, geherzet wære *MSH. 2, 198 b.* **füezen** *swv. mit füfsen versehen; fehlt bei Lexer.* vapores henden, füezen = bombisare, pedere.

482. alsô: ân allez hoffen.

483. verkasteln *swv. umfassen, einschliefsen.* **brasteln** *s. Weinh. BGr. 210.*

484. hischen: **mischen**; *vgl.* ir weinenlichez hischen sich mit rede begunde mischen *W. Wb. 252, 27. s. Had. 130, wo* heschen : erieschen.

486. versnurren *swv. tr. weidm. die spur des wildes durch den spürhund verfehlen.* **burren** *stn. sausen, brausen, s. Schmeller² I, 268; Grimm DWb. II, 545 f.*

487. *Die frage, so unvermittelt sie auch erscheint, kommt wol nur aus dem munde des 2. weidmannes.* **daz :** *hier mehrere substantiva zusammenfassend: vgl.* ros unde kleider daz stoup in von der hant *Nib. 42, 2. u. a. s. Grimm Gr. IV, 283 f.* **sæch ich :** *sähe ich auch.*

489. in der herrn wiltbanne vlôch ez. *B a schreiben* des herren, *ohne dafs dadurch der sinn dieser worte deutlicher würde. vielleicht steht* der herren *allg. für* fremder herrn *und geht* des herren *zurück auf den in str. 404—406 erwähnten.*

490. *Wer ist das* **zæme wilt gehiure,** *dessen zemlich geheime ihm dicke ernerte? frau Elsbeth?*

491. diu *bez. auf* binden. **widerloike** *stf. gegenlogik, gegenschlauheit.* diu der widerloike meister wære: *die der schlauheit schlauheit entgegensetzte.*

492. im: der hin umb rit. **saz** *stm. hier* satz, sprung: *vgl.* nu wil man manic sätze riten *510;* Die orss nu gar mit satze der witen sprvnge wielten j. Tit. 5638; s. anm. 50. **widerbruch** *stm. gegenbruch.*

497. umbeblickel *stn.* -blickel *dem. zu* blic. **litzen** *swv. leuchten.*

498. *Zu* **wicke** *vgl. Zingerle Bildliche verstärkung der negation s. 10.*
ein dicke : *ein gedränge.*

499. **heimen** *hier: heimisch, vertraut machen.*

501. **die warte nam ez** *(das wild)* **beide:** *das will wechselt gegen* Liebe *und* Leid. **er:** *der knecht, d r beide hunde zu halten hatte; s. str. 14, 15.*

502. **geilen** *stn. fröhlichkeit, übermut; fehlt bei Lexer.*

503. **vertammen** *swv. = verdammen verstopfen; s. Lexer III, 97.*

507. **dem selben armen:** *der treu die jährte verfolgt.* **er: der** selbe arme. **oede** *thöricht.* **heimbachen** *part. adj. zu hause gebacken;* *bildl. gewöhnlich. s. Weinh. BGr. 229 lies 507, 6).*

508. **trat** *stf. hier: weide, trift.*

510. **durchwalken** *str. wilt mit birsen durchwalken: das wild mit* *jagdhunden verfolgen.* **verschalken** *swv. zum schalke werden, verderben.*

512. *Zu v. 6 ergänze* lân. **bestæten** *swv. weidm. s. anm. 87.*

513. **rouchloch** *stn.* fumarium.

517. **twingen** *stn. vgl.* ob siu ez wil ir twingen lâzen scheiden *526;* Den text von minnen mac man hin her glôsieren 527.

521—525 *stehen in deutlicher beziehung zu den minnehöfen (cours d'amour),* *die gegen ende des 12. jahrh. in der Provence entstanden bald weitere verbreitung* *fanden. vgl. Aretin Aussprüche der minnegerichte. München 1805; Diez Bei-* *träge zur kenntnis der romanischen poesie. Berlin 1825; Capefigue Les cours* *d'amour 1863; Méray La vie au temps des cours d'amour. Paris 1876, die an* *unserer stelle der beantwortung empfohlenen fragen sind folgende: ,wenn sich* *zwei liebende in treue ohne zwang vereint haben und dann der eine von ihnen* *spricht: ich habe die treue gebrochen, entbindet dieser bruch nun auch den andern* *von dem gegebenen versprechen der treue?' (521, 522); ,kann jemand einen bruch* *wider gut machen?' (523); ,liegt für jeden der zwang vor, ein gegebenes wort* *zu erfüllen?' (523).*

524. widerbrechen *str. tr. wieder brechen, von neuem brechen; fehlt* *bei Lexer III, 830.*

526. in beiden: den verwisen alten *und den* gar unwisen jungen kinden.

528. brâchvogel *stm. brachvogel (Numenius L.)* **reigervalke** *swm.* *falke, welcher reiher jagt.* **übergüften** *swv. = übergiuden vollständig rühmen,* *übertreffen.*

529. er schrei grâ, grâ; jâ grâ trag ich mit leide: *wortspiel;* grâ, grâ *nachahmung des rabengekrächzes,* grâ = grau. **koppen** *swv. vom krächzen* *des raben. Lexer führt kopp unter koppe swm. rabe an.*

530. beschouwen *stn. das beschauen; fehlt bei Lexer.* **bogstal** *stn.* *bogenschussweite; vgl. ein pogestal si von ime saz Genes. Fundgr. 32, 33.*

532. widerklimmen *str. wiederholt emporklimmen, sich erheben; fehlt bei* *Lexer.* **überrüste** *st. subst. überladung. vgl. Weinh. BGr. 227.* **slitereise** *str. schlittenfahrt.*

534. übergonnen *swv. übersehen, nicht beachten. vgl. Weinh. BGr.* *256.* **abestân** *str. hier gerichtet sein; fehlt bei Lexer I, 5 f. stêt ir vart* *nüt ab gên rehter stäte: ist ihre fahrt nicht gerichtet gegen .. V. 6. Zwischen* ach *und dem erg. gên.*

535. holen *stn. das erreichen; fehlt bei Lexer.* **durchgraben** *stn. das durchgraben; fehlt bei Lexer.*

538. stempfel *stm. grabstichel.* **kempfel** *stm.* = kempfe *kämpfer,* *streiter.* **ûfhalten** *s'n. rettung; fehlt bei Lexer 11, 1712.*

539. wiederdriezen *stn. verdrufs, ärger.* ân allez widerdriezen *vgl. Alexius 76, 512; Elisabeth 7187.*

540. ein gefuoge mîle *eine „gute" meile.*

541. Sinue *canij. acc. Sinue.*

543. birswre *stm. birscher, jäger, der auch mit netz und seil das wild fängt, darum hier der gegensatz::* Swâ ein birsær müzet *und ob* jäger hengen ich sô niht erschricke *und der direkte hinweis* swâ der zerwürket des wirt innen niemen. swer wænet wilt erziehen bî im, sô sint die hiute worden riemen.

544. göudenlichen *adv. in prahlerischer weise; fehlt bei Lexer. vgl. das adj.* göudenlich: durch göudenlichez jagen vin^d ich vil weideliute *f.*

545. mürdiclichen *adv.* = mordeclichen *auf mörderische weise; vgl.* er sach mich mürdiclichen an *MSH 3, 194 b;* er sach sô mürdiclichen *ibid. 3, 281 b.*

546. Gewalt *canij. acc.* Gewalten.

551. *v. 6 bei Schmeller stumpfen ausgang!*

555. lenken *stn. das lenken; fehlt bei Lexer.*

558. jagen *stn.* 18, 34, 39, 48, 50, 52, 69, 73, 80, 102, 106, 115, 119, 156, 267, 304, 308, 318 323, 334, 336, 337, 339, 341, 385, 415, 419, 428, 436 454, 455, 466, 485, 486, 487, 498, 510, 552, 554, 555, 558; b.

561. vart *hier eine übersicht über die verwendung des wortes bei Hadamar. als subjekt:* diu vart kan machen 53; gât 68; wil sich lengen 74; ist verworren 74; wart mir gesüezet 75; büezet 75; geschach sô reine 78; quâlet 79; ist gestellet 79; kan süezen 93; was worden niuwe 102; was durchberet 104; wîset 258; leidet sich unde sûret 266; müet mich 270; wær erfunden 451; wirret sich 512; stât niuwen 512; stât ab 534; leidet mir i; ist verfirmet r. — *als objekt im acc.:* die vart beschouwen 4, 25, 42, 59, 103; jagen 6; erkennen 7, 60; verbrechen 25; bûwen 25; verniuwen 51, 170, 272, 286, 288, 387, 390, 405; miden 51; vinden 52, 59; erblicken 59, 60; verslâhen 64; bringen 69; enden 70; suochen 74; erleiden 76; geleiden 91; volenden 184; bekennen 256; sehen 338; erben 418; spüren 427; lâzen 452, 453; halten 510. *im gen.:* der verte hüeten 72; erwenden 83; seinen 117, 424; gezemen 261; wisen 291. *im dat.:* der verte nâch kumen 60; nâhen 133; volgen 457. _{>>} *als adnominaler gen.:* der verte trôst 257; verniuwen 466, als ez mac die vart her wider ûf uns fliehen 221. — *als präpos. bestimmung mit* an: verzagen 179; berouben 200. bî: vinden 68, 181; belîben 102, 166, 506; grisen 109; behalten 275; im nâhen komen 489. in: scheiden 50; brinnent 497. nâch: wîsen 7; lâzen 44, 110, 155, 289; abstôzen 48; hetzen 50, 320; streben 74; jagen 75, 185, 202, 297; streichen 76; luogen 104; blinwen 126; ringen 150, 229; müede werden 183; düren 266; tôt sîn 490; zeigen 312; grifen 478, 485; nigen 561; wære mînem Herzen niht nâch der verte wille 132. ûf: kobern 118; für slagen 203. von: kêren 29, 453; wite sîn 133; kumen 156, 425; rîden 255; den sin kêren 263; sich machen

297, 453; dringen 147, 539; mnezen 489; triben 556; verdringen 560.   z u o:
hin wider zuo der verte! 82.   d u r c h : vergezzen 355.   i n : grifen 12;
platzen 58.

562. des besten dan des boesten *gewöhnliche alliteration: vgl.* der boeste
ist dir der beste nnd der beste der boeste *Iw.* 144; er miste gern ir beider,
der boesten unt der besten *Parz.* 375, 7: sun, diene manne boestem, daz dir
manne beste löne *Walth.* 26, 29; Ich schilt' an ir, daz si den boesten lon ir
besten git *MSH.* 2, 136 *b.*

568. strange *swf. hier strophe; vgl.* Ein Gardiviasses strangen hastu
Wolfram v. Eschenbach! so wol geblüemet *Wilhelm v. Österreich in Arctins
beiträgen* 9, 1205.

a. *v. 1 hat* 5, *v. 4 7 hebungen.*

k. *v. 6 ist* 5 *hebig.*

l. *v. 5 ist 7 hebig.*

n. *v. 2 hat* 5, *v. 7 nur 4 hebungen.*

o. *Anstössig die betonungsweise in v. 7:* immer nâch irén genäden ringèt.

———

Register.

(Die römischen ziffern beziehen sich auf die seiten der einleitung, die arabischen auf die nummern der anmerkungen.)

14*